ライブラリ 基礎からまなぶ心理学❻

基礎からまなぶ
教育心理学

小山義徳 編著
岩田美保・大芦　治・樽木靖夫
野中舞子・伏見陽児・真鍋　健　共著

はしがき

　本書は,『基礎からまなぶ教育心理学』というタイトルが示す通り,はじめて教育心理学を学ぶ人が読むことを想定しています。特に,将来,教師になることを目指している方々を対象に執筆しました。そのため,単に理論の羅列にとどまるのではなく,小学校や中学校で教える際に出会う可能性のある事例を用いて,読者のみなさんが教員になった際に,本書で学んだ内容が役立つように心がけました。

　本書の特徴は3つにまとめることができます。

1. わかりやすい文章で教育心理学の基礎的な理論を紹介。
2. 読者の方々の理解がすすむよう豊富に取り入れた図表。
3. 教育心理学の理論が教育現場でどのように応用できるかを例示。

　時代によって教員に求められることは変わります。しかし,基礎的な知識やスキルが児童生徒に定着していなければ,その時代で要請される教育の実現は困難です。そこで,本書では,教育の本質である,「基礎的な知識やスキルを教師が児童生徒に伝える」ことに関する箇所に,特にページを割きました。

　本書は,教育心理学のテキストであれば必ず載っているような事項をおさえつつも,最新の知見の紹介も行っています。本書が,教職を目指す皆さんのお役に立てばこれ以上の喜びはありません。

　最後に,研究で忙しい中,本書のために原稿を書き上げて下さった執筆者の先生方と,本書を出版する機会を与えて下さった,サイエンス社の清水匡太氏に深い感謝を申し上げます。

2018年1月

小山義徳

目　次

はしがき·· i

第1章　学ぶとは何か　　　　　　　　　　　　　　　　　　1
1.1　学習に関する初期の研究——パブロフとスキナー············ 2
1.2　認 知 主 義·· 11
1.3　構成主義とは·· 18
さらに読み進めたい人のために·· 21

第2章　知識の教え方　　　　　　　　　　　　　　　　　　23
2.1　世界と豊かに交渉するのにふさわしい知識···················· 24
2.2　学習者は誤った知識をもっている······································ 26
2.3　誤った知識は学習にどんな影響を及ぼすか···················· 32
2.4　ル・バー対決型（ドヒャー型）方略·································· 36
2.5　ル・バー懐柔型（じわじわ型）方略·································· 42
さらに読み進めたい人のために·· 46

第3章　勉強の仕方を教える　　　　　　　　　　　　　　　47
3.1　学習方略とは何か·· 48
3.2　学習方略の種類·· 49
3.3　学習方略を教える·· 55
3.4　自己調整学習·· 58
さらに読み進めたい人のために·· 63

第4章　やる気を引き出す　　　　　　　　　　　　　　　　65
4.1　動機づけはどのようにすれば引き出せるか···················· 66
4.2　まずは"できる"と思うこと·· 70

4.3 困難を乗り越え成し遂げる力 ……………………………… 74
4.4 やる気の出ない5つのタイプ …………………………… 78
さらに読み進めたい人のために ……………………………… 82

第5章　授業を組み立てる　　83

5.1 授業目標の立て方 …………………………………………… 84
5.2 発問・指示・説明 …………………………………………… 85
5.3 問う力を育てる ……………………………………………… 90
5.4 児童生徒中心の授業活動 …………………………………… 91
5.5 基礎基本の定着を図る習得型の授業展開 ………………… 94
さらに読み進めたい人のために ……………………………… 100

第6章　評価とは　　101

6.1 いつ評価するのか …………………………………………… 102
6.2 誰が評価するのか …………………………………………… 104
6.3 何を評価するのか …………………………………………… 106
6.4 どのように評価するのか …………………………………… 109
さらに読み進めたい人のために ……………………………… 121

第7章　個人差に応じた指導　　123

7.1 性格とは ……………………………………………………… 124
7.2 知能とは ……………………………………………………… 129
7.3 認知スタイル・学習スタイル ……………………………… 133
7.4 認知カウンセリング ………………………………………… 138
さらに読み進めたい人のために ……………………………… 142

第8章　学級集団の理解　　143

8.1 学級集団の状態についてのアセスメント ………………… 144
8.2 教師の影響 …………………………………………………… 148

8.3 集団の影響に関する理論 …………………………………… 153
さらに読み進めたい人のために ……………………………………… 162

第9章 発達の特徴を理解する 163

9.1 発 達 と は ……………………………………………… 164
9.2 人とつながる——乳幼児期の有能性と愛着 ……………… 168
9.3 子どものものの考え方——認知の発達 …………………… 175
9.4 子どもの世界の広がり——社会性の発達 ………………… 182
さらに読み進めたい人のために ……………………………………… 189

第10章 発達障害とは 191

10.1 学校現場における「発達障害」の処遇 ……………………… 192
10.2 発達障害とは ………………………………………… 195
さらに読み進めたい人のために ……………………………………… 209

第11章 児童・生徒の悩みを理解する 211

11.1 児童・生徒の話を「きく」ということ ……………………… 212
11.2 心理療法における諸理論の紹介 …………………………… 214
11.3 学校現場での支援 …………………………………… 222
11.4 チームで児童・生徒を支える ……………………………… 227
さらに読み進めたい人のために ……………………………………… 230

引用文献 ……………………………………………………………… 233
人名索引 ……………………………………………………………… 247
事項索引 ……………………………………………………………… 250
執筆者紹介 …………………………………………………………… 254

学ぶとは何か

　皆さんは，学ぶとはどのようなことを指すと思いますか。歴史の年号を覚えるのが学ぶことでしょうか。逆上がりや縄跳びができるようになることが学ぶことでしょうか。また，ある状況におけるルールに従って振る舞えるようになることは，学びといえるのでしょうか。

　「学ぶ」ということを皆さんがどのように考えるかによって，皆さんの教え方が変わってきます。「学び」を「教師から学習者への知識の伝達である」と考える人は，説明する時間に多くの時間を割いた授業をするでしょう。一方，「学び」とは「学習者が物事に対して自分なりの意味を構築することである」と考える人は，実験や見学，調べ学習といった，児童生徒が何かを実際に体験することを重視した授業をするでしょう。

　この章では，「学ぶ」とはどういうことなのかを考え，教育心理学における学習に関する3つの立場について解説します。自分はどの立場の考えに近いのか，それらは自分の教え方にどのような影響を与えているのかを考えながら読み進めてみることで，皆さんの教え方の幅が広がると思います。

本章のトピック

- 学習にはどのような種類があるのか？
- どのように教えると児童生徒の記憶に残りやすくなるのか？
- 頭の外部にある情報は頭の内部に貯蔵されるものと同じなのか？

キーワード

古典的条件づけ，オペラント条件づけ，観察学習，短期記憶，長期記憶，ワーキングメモリ，状況的学習，認知的徒弟制

1.1 学習に関する初期の研究——パブロフとスキナー

そもそも、学習とはどのようなことを指すのでしょうか。教育心理学では、人間が学ぶことに関して、行動主義、認知主義、構成主義という3つの立場があります。1つめの行動主義では、学習とは「行動の変化である」と考えます。まず、学習に関する研究の元となった、パブロフの古典的条件づけとスキナーのオペラント条件づけを紹介します。

■パブロフのイヌの研究——古典的条件づけ

生理学者のパブロフ（Pavlov, I.）（1927）は、ロシアでイヌの唾液の研究を行っていました。イヌの口の中に肉紛を吹きかけることで、イヌの唾液を誘引する実験をしていました。ところが、研究をすすめていくうちに、助手がイヌに近づいていくだけで、イヌが唾液を垂らすようになりました。これを見たパブロフは、助手の足音を聞いた後で、肉紛を口の中に吹きつけられることを、イヌが繰返し体験したことに着目しました。そして、助手の足音が聞こえた後に、肉紛が吹きつけられることをイヌが予期するようになった結果、足音だけでイヌが唾液を垂らすようになったと考えました。

パブロフは実験を行い、この仮説を検証しました（図 1.1）。「食べ物（肉紛）が口の中にあると唾液が出る」というのは、イヌが生まれつきもっている反応です。パブロフは、イヌの口に肉紛を吹きつける前に、ベルの音を聞かせるということを何回も繰り返しました。すると、イヌはベルの音を聞いただけ

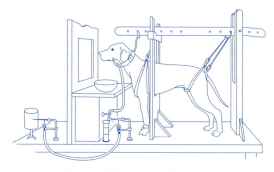

図 1.1　パブロフの古典的条件づけ

で，唾液を垂らすようになったのです。これは，最初は無関係であったベルの音と唾液の分泌という反応の間に，新たなリンク（連合）ができたことを示しています。そして，パブロフは刺激と反応の間に新たな連合ができることが学習であると考えました。これがパブロフのイヌの実験で，古典的条件づけとよばれています。

　同様のことは人間にもあてはまります。例えば，すっぱい食べ物が口の中に入ると唾液が出るというのは，人間が生まれつきもっている反応です。そして，すっぱい梅干しを食べるということを何度も体験すると，梅干しのことを想像したり，見たりするだけで唾液が出てくるようになります。しかし，梅干しを食べたことがない外国人が，梅干しを見ても唾液は出てきません。これは，日本人であれば小さい頃から「梅干し」を見た後で，口の中に梅干しを入れて，すっぱい味がするということを繰返し体験していますが，梅干しを知らない外国人は，梅干しと唾液の分泌のリンク（連合）が学習されていないことによります。

■スキナーの実験——オペラント条件づけ

　パブロフの実験ではイヌは自分から積極的に行動をとることはせず，ベルの音に対して反応をするのみでした。一方，スキナー（Skinner, B. F.）（1938）は動物が積極的に行った行動に対して報酬や罰を与えることで，その行動が起こる頻度が変わることを証明しました。

　スキナーは箱の中にネズミを入れ，ネズミが箱の中のレバーに触れたときにエサが出てくる仕掛けを施しました（図1.2）。そうすると，はじめは箱の中のレバーに偶然触れることでエサを得ていたネズミが，レバーを押すとエサがもらえることを学習し，自発的に頻繁にレバーを押すようになりました。このように動物や人間が自発的に行った行動に対して報酬が与えられると，その行動が起きる頻度が高くなり，罰が与えられればその頻度が低くなることを，オペラント条件づけといいます。例えば，「小学校の授業で先生がオルガンを弾いたら静かにするとほめられる」，という例では「オルガンの音」がレバーに該当し，静かにするというのが「レバーを押す」，ほめられるというのが「報酬」にあたります。

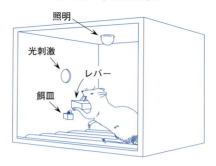

図 1.2　オペラント条件づけ

■正の強化・負の強化

　報酬を与えることで望ましい行動が起こる頻度を増やすことを**正の強化**といいます。また，人間や動物が積極的にある行動をとることで，嫌なことが起こらなくことを**負の強化**といいます（**表 1.1**）。例えば，ある日，児童がとても良い態度で授業に参加することができたので，教師が毎日出している宿題をその日だけなしにしたところ，児童が良い態度で授業に参加する頻度が増えたということが，負の強化の例にあたります。

表 1.1　強化と罰の分類

強　　化	罰
正の強化 ● 勉強をがんばったら，ほめられる。 ● 電車で席を譲ったら，感謝される。	与える罰 ● 授業中に騒いだら宿題が増える。 ● スピード違反をしたら罰金を科す。
負の強化 ● テストで良い点をとったら，家のトイレ掃除をしなくてもよい。 ● クラス全員が集中して授業に参加していたので，予告していたテストをなしにする。	取り上げる罰 ● 宿題をやらなかったので，ゲーム機を取り上げられる。 ● 門限を破ったので，外出禁止になる。

■罰 とは

　「負の強化」と混同されやすい概念として，「罰」があります。**罰**はある行動をとると嫌な経験をするため，その行動が起こる頻度が減ることを指します。

罰の与え方は「嫌なことを与える」罰と，「楽しみを取り上げる」罰の2種類の罰があります。例えば，児童が授業中に騒いだので宿題を課すのは「嫌なことを与える」罰。また，教師の言うことを聞かなかった児童の休み時間をなしにするのは「楽しみを取り上げる」罰にあたります。

■罰の効果

　罰は一時的に望ましくない行動を抑制することができても，罰がなくなったとたんに抑えていた行動が再び生起する場合があります。また，教師が罰として与えたことが児童生徒にとって報酬として機能する場合があります。例えば，教師の注意を引きたい場合やクラスメートに注目されたいという欲求のある児童生徒にとっては，授業中に騒いでみんなの前で教師に叱責されるということは，罰ではなく報酬として機能し，授業中に騒ぐという行動の頻度が高まる可能性があります。そのため，罰を与える場合は，望ましくない行動を抑制するだけでなく，望ましい行動がとれたときにきちんとほめることが大切です。上記の児童のケースでは，児童が騒いだときは無視をし，静かにできているときにほめるという対応等が考えられます。実際に小学校で教えている先生が授業中に騒ぐ児童にどのように対応しているかについては，小学校の先生が書いた次のページのコラムを参考にして下さい。

■プログラム学習とは

　スキナー（1954）は自分の娘の算数の授業を見学した際に，学習理論が全く生かされていない指導内容に驚き，オペラント条件づけの理論を人間の学習に応用した**プログラム学習**（図1.3）を開発しました。

　プログラム学習は，主に
1. スモールステップの原則
2. 自己ペースの原則
3. 即時フィードバックの原則

という3つの原則によって成り立っています。

　スモールステップの原則とは，学ぶ内容を達成しやすい，いくつかの小さな段階に分けて，1つずつその段階をクリアしていくことです。例えば，バレーボールのレシーブを教える際には，以下の5つの段階に分けることができます。

コラム●授業中に騒ぐ児童への対応

　40人弱の児童が在籍する学級の中で静かに授業を行うということはたやすいことではありません。また，どんな授業においても静かなままの学級が学びのある学級ともいえません。当たり前のことではありますが，聞くときは聞き，話すときには話すという秩序づくり＝学習態度の育成が必要です（現場では，これを躾とよびます）。これには色々な方法がありますが，前提として「どういった態度が望ましい態度なのか。それはどうしてか」をきちんと説明し，児童に理解させておくことが大切です。そして，その上で行いたいことが「ほめる」ということです。特別頑張っている児童をほめることも大切ですが，ぜひ考えてほしいことは当たり前のことをしっかりと守って行動している児童の存在です。「友達が発表しているときには静かに聞く」「話している人のほうを向いて聞く」「手を挙げて指名されてから発言する」など，当たり前のことをきちんと守り，学習に参加している児童を「当たり前」で済ますのではなくきちんと賞賛したいものです。できていない児童を諭してしまいがちですが，全体の前で注意をすることは本人にとっても周りにとっても決して得策ではありません。学級の認め合う雰囲気の醸成という点からも，ほめるという方法を積極的に活用したいものです。

　しかし，どんなに一生懸命に態度育成を図っても，騒いでしまう児童がいます。この場合はまず，担任としてその児童が何に対して反応をしたかをしっかりと把握したいものです。学習内容にのめり込み，ヒートアップしてしまったときなどは，児童の発言したい気持ちを受け止めた上で，各々の児童に発言の場を与えていけばよいでしょう。それが，授業内での積極的な意見交換の場となり，学習活動の活性化につながるでしょう。反対に，きちんと制しなくてはならない場面もあります。それは，仲間や人を傷つけるような発言をしたときです。この場合は，全体であっても毅然とした態度で諭す必要があります。また授業と関係のない話や度を超した態度の場合には，話を一度止め，全体を落ち着かせてから授業を再開するなども必要でしょう。

　いずれにせよ，騒いでしまった児童には授業後に話をする場を設け，どうしてそうなってしまったのか，何がいけなかったのか，どうすればよかったのかなどを話し合い，次へつなげることが大切です。叱りっぱなしにするのではなく，きちんと本人が向き合い，次へ向かえる場とし，改善がみられたときにはほめる。児童の伸びる力を信じ，根気強く指導を重ねていくことが大切です。

（八木橋朋子）

図 1.3 **プログラム学習の例**（スキナー，1954）

1. レシーブの際の手の組み方
2. 両腕を板のようにつける
3. ボールが当たる腕の位置の確認
4. 膝の屈伸の使い方
5. 狙ったところにボールを返す

　段階の分け方が大きすぎるとそのステップの達成が難しくなり，学習者はやる気を失ってしまいます。しかし，段階が小さすぎても簡単すぎてチャレンジする気が起きません。学習者の能力に合わせて適度な段階に分けるのが教える側の腕の見せどころです。

　自己ペースの原則とは，学習者が自分のペースで進めることができるということです。集団指導では，まだ解き終わっていないのでゆっくり進めたい場合や，早くに課題が終わってしまって先に進めたい学習者がいると思います。プログラム学習では，それぞれの学習者に適した学習のペースがあると考え，学習者が自分のペースで進めることを重視します。

　即時フィードバックの原則とは，学習者がとった行動に対して，その行動が正しいのか誤っているのかの結果のフィードバックをすぐに返すことです。例えば，小学生が算数の計算課題を解いたとします。そのときに，答えが合っているのか，間違っているのかが分からなければやる気を失ってしまいます。ま

た，合っていれば，より難しい問題，間違っていれば同様の問題にとりかかることができますが，フィードバックがないと次にとるべき行動がわかりません。そのため，教える側は学習者がとった行動に対してすぐにフィードバックを返すことが大切です。

これは児童生徒が提出したレポートやテストについてもいえます。教員は忙しいため，毎回すぐに採点できるとは限りませんが，児童生徒が提出した課題に対して，先生が採点してすぐに返却したほうが，テストを受けた時点からしばらく時間が経ってから返されるよりも，児童生徒はうれしいですし，やる気につながります。

プログラム学習を深く理解するには，プログラム学習を用いて自分で誰かに教えてみることです。実際に行ってみると，ステップとステップの間が大きすぎてうまくいかない等，理論通りにはいかない難しさが実感できます。

■観察学習

スキナーのオペラント条件づけのように報酬や罰を与えられなくとも，人は他者が報酬や罰を与えられていることを観察することからも学習をします。これを**観察学習**とよびます（バンデューラ，1963）。

バンデューラ（Bandura, A.）の実験では，子どもに対して大人がおもちゃの人形を蹴ったり叩いたりする場面を見せました。その結果，子ども自身は何も報酬をもらっていないのにも関わらず，大人の行動を模倣して人形に対して攻撃的な行動をとるようになりました（図 1.4）。

これを学校場面に置き換えると，例えば，小学校で授業中に計算ドリルを早く解き終わったクラスメートが先生からシールをもらうなどしてほめられるのを見た児童は，シールをもらえるのなら自分も頑張ろうと思います。また，小学校において，掃除当番をさぼったりしてクラスのルールを破った児童を，クラスメート全員の前で叱ったとします。すると，他の児童もルールを破った児童が罰を受けたことを観察することで，罰の対象となった行為をする頻度が少なくなります。一方，「掃除をさぼっても叱られない」など，ある児童がクラスのルールを破っても罰を受けないという状況を目撃すると，他の児童は「ルールに従わなくてもよい」ということを学びます。

図1.4 バンデューラによる観察学習の実験の様子（バンデューラら，1963）

　モデルとなる人物は児童生徒と年齢が近いほうが**モデリング**の効果があるという研究結果があります。シャンクとハンソン（1985）は小学2年生に引き算を教えたときに，教師がモデルとなって引き算をした場合と，小学2年生がモデルとなって引き算をした場合の引き算の学習効果を調べました。その結果，小学2年生をモデルとした場合のほうが，その後のテストにおける成績が良くなっただけでなく，自分の能力に対する自信が高まったことが報告されています。そのため，児童にモデルを示す際には教師がモデルを示すよりも，能力が近いクラスメートがモデルを見せたほうが，「自分にもできそうだ」という気持ちを喚起し，やる気につながると考えられます。

■**行動主義の台頭——ワトソンの恐怖の条件づけ**

　ワトソン（Watson, J. B.）（1920）は，極度の昆虫恐怖症であるなど，「人間が特定の刺激に対してポジティブやネガティブな反応をするのは生まれつき」ではなく，「生まれた後にすごした環境の中で学習されたもの」だと主張しました。ワトソンは自分の主張を裏づけるために，現在では倫理的に許されない研究を行いました。それが，「**恐怖の条件づけ**」の研究です。

　この研究では幼いアルバート君に白いネズミに対して恐怖を抱くように学習

させました（図 1.5）。まず，人間が生まれつきもっている反応として，大きな音が鳴る（無条件刺激）とびっくりする（無条件反応）というものがあります。ワトソンはこれに白いネズミを結びつけました。まず，最初にアルバート君に白いネズミや，イヌ，ぬいぐるみ等を近づけて，アルバート君がこれらの物に対して恐怖を抱いていないことを確認しました。次に，アルバート君の前にネズミを置いて，ネズミがアルバート君に近づいたらアルバート君の後ろで「バン！」と大きな音を立てて驚かすということを繰り返しました。すると，最初は何の反応も示していなかった白いネズミに対してアルバート君は恐怖を抱くようになり，ネズミが近づくと嫌がるようになりました。その後，アルバート君はイヌや，毛があってフワフワしたぬいぐるみ等に対しても恐怖反応を示すようになりました。

ワトソンは「自分に 12 人の赤ちゃんを預けてくれれば，その子の能力や資

①白ネズミに対して好奇心を示す。

②白ネズミと同時に大きな音を反復呈示する。

③白ネズミに恐怖心を示す。

④白い毛のあるものに恐怖心を示す。

図 1.5　**ワトソンの恐怖の条件づけの実験**（ワトソンとレイナー，1920）

質に関わらず，医者，弁護士，芸術家，犯罪者にさえも育ててみせよう」と述べ，人は遺伝や血筋などの生まれつきではなく，環境によって形作られると主張しました（ワトソン，1930）。また，ワトソン（1913）は「行動主義者が見た心理学」という論文の中で「心理学が科学になるためには客観的に観察可能な行動を対象にすべきである」と述べ，主観的な報告に頼って心の仕組みを探っていたそれまでの心理学を批判し，客観的なデータに基づく「行動主義」を主張しました。

1.2 認知主義

　客観的に観察可能な「行動」を研究対象にすることで発展した行動主義ですが，多くの批判も受けました。その主たるものは，「観察不可能な頭の中を『ブラックボックス』として考え，研究対象から排除するのではなく，頭の中で何が起こっているかを明らかにすべきである」というものです。

　例えば，トールマン（Tolman, E. C.）は迷路にネズミを入れゴールにたどりつけるか試し，ネズミの頭の中に「迷路の地図」が形成されていることを示しました。同様の研究を行ったブロットジェット（1929）の実験では，最初，迷路の中に入れられたネズミ（第2群，第3群）は何も学習していないかのように迷路の中を歩き回っています。しかし，第2群は3日目から，第3群は7日目から，ゴールに着くとエサが与えられる条件に変わったとたん，1日目からゴールに着くとエサが与えられていたネズミ（第1群）と同じ正確さでゴールにたどり着くことができました（図1.6）。これは，エサが与えられなかったにも関わらず，ネズミが迷路の中を歩き回っている最中に，「ネズミの頭の中」に「迷路の地図」が形作られる，潜在学習が行われていたためであると考えられました。

　また，ケーラー（Köhler, W.）（1917）が観察したチンパンジーは，檻の外のバナナを取る課題において，最初は，短い棒Aを使ってバナナを手繰り寄せようとして失敗していました（図1.7）。しかし，突然ひらめいたかのように，檻の中から長い棒Bを取って，バナナを手に入れるという解決策を見出しま

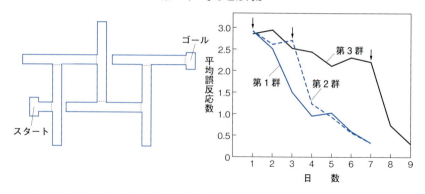

図1.6 潜在学習を示す実験の課題（左）と結果（右）（ブロットジェット，1929）

した（**洞察学習**）。このことから，ケーラーは行動主義者が主張するように，何度も行動し，報酬を得ることで学ぶということよりも，「生体が環境をどのように認識しているか」を問題にすべきであると考えました。

図1.7 チンパンジーの洞察学習の実験（ケーラー，1917）

これらの研究結果から，心理学では「人間の頭の中で情報がどのように処理されているか」に焦点をあてた研究が多く行われるようになりました（**認知主義**）。その代表が人間の記憶に関する研究です。

■**短期記憶と長期記憶**

心理学では，人間の記憶は大きく分けて2つの記憶に分かれると考えられています。その2つとは，**短期記憶**と**長期記憶**です（図1.8）。短期記憶では数十秒ほどの短い期間しか覚えておきたい情報を保持できません。また，保持できる情報の量にも限りがあります。一方，長期記憶は，ほぼ半永久的に非常に多くの情報を保持することができます。例えば，小学生が初めて掛け算の九九

を習ったときに，一度の授業では覚えられません。これは，九九という情報が短期記憶に保持されて短い期間は覚えられていても，長期記憶には保持されていないからです。

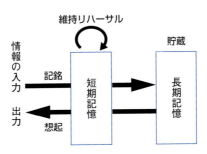

図 1.8　記憶の二重貯蔵モデルの概念図

しかし，授業の中で何度も復唱しているうちに，児童は九九を覚えることができます。つまり，短期記憶に蓄えられている情報を，半永久的に保持できる長期記憶に移すためには，維持リハーサルとよばれる，繰り返す作業が必要なのです。

長期記憶はさらに，**手続き的記憶**と**宣言的記憶**に分類されます（図 1.9）。手続き的記憶とは，身体の動作や物事のやり方に関する記憶で，いわゆる「体が覚えている」ことに関する記憶です。例えば，水泳のバタフライの泳ぎ方を，バタフライをしたことのない人に言葉で説明しようとすると，言葉でうまく表現することができません。一方，記憶した内容を言葉で表現できるものは，宣言的記憶に分類されます。

宣言的記憶はさらに**エピソード記憶**と**意味記憶**という2つの記憶に分けるこ

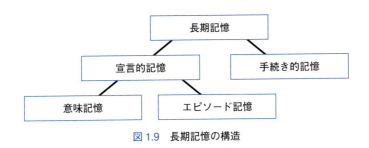

図 1.9　長期記憶の構造

とができます。エピソード記憶とは、「小学生のときの運動会の思い出」や「○○して叱られた」等、個人的なエピソードに関する記憶です。また、意味記憶は物事に関する記憶のことです。社会科であれば、「関ケ原の戦いは1600年にあった」「東軍が勝利した」等、言葉で説明できる記憶のことです。

■ワーキングメモリ

最近では短期記憶の一部が、人間が暗算などの作業を行う際に使われていると考えられており、ワーキングメモリとよばれています。ワーキングメモリは「頭の中にあるメモ帳」のような役割があります。例えば、人が他人の話を聞く場合、直前の話の内容を頭の片隅におきながら会話をしています。それは、ワーキングメモリが会話の情報を一時的に保持できるために可能になります。

また、「友人の会話に耳を傾けながら、携帯電話を操作する」のように、同時に複数の課題をこなす場合にもワーキングメモリは使われます。そのため、ワーキングメモリの容量が大きい人は、一度にたくさんのことをこなすことが得意であると考えられています。

ワーキングメモリの大きさは、リーディングスパンテストというテストで測定できます。これは年齢によって異なり、一般に幼稚園、小学生の頃は容量も小さく、中学生、高校生と成長するにつれ容量が大きくなり、20代頃をピークに減少していきます（図1.10）。小学生の児童が一度にたくさんのことをこなすのが苦手なのは、ワーキングメモリの大きさが小さいことに起因すると考えられます。そのため、特に低学年を教える場合、教師は1回の指示で1つの行動を示す必要があります（1指示1行動）。また、指示や説明を文字で黒板に書いて、理解をサポートする、ということも大切になります。そして、高学

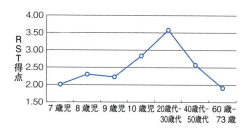

図1.10 年齢によるリーディングスパンテスト得点の変化 （中澤, 2008）

年になった頃に「1回の指示で複数の指示を出す」「1指示多行動」に徐々に慣れさせていけばよいのではないでしょうか。

■処理水準モデル

短期記憶に保持された情報を長期記憶に移す方法は，リハーサルだけではありません。クレイクとロックハート（1972）は「記憶の処理水準モデル」を提唱しました。このモデルでは，記憶の定着には記憶の処理の深さが関係していると考えます。そして，深い処理であれば何回も繰り返さなくとも長期記憶に記憶が転送され，忘れにくい記憶になると考えられています。

処理の水準には，処理が浅い順から，形態，音韻，意味，自己関連の4つの水準があり（ロジャースら，1977），処理が深いほど思い出しやすいと考えられています（図1.11）。

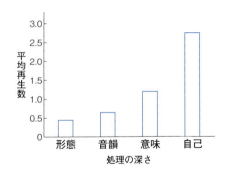

図1.11　記憶の処理水準と再生数（ロジャースら，1977）

例えば，社会科でペリー来航の年号を教える際には，単に「1853年」という年号を暗記させるのではなく，「その当時世界はどのような状況であったのか」，「なぜアメリカは日本に開国をせまる必要があったのか」等，時代背景を児童生徒に考えさせると，情報が「意味的に処理」され，記憶に残りやすくなります。

また，児童生徒の知識や経験に学習事項を関連させると，より深い処理が促されます。そのため，教師が児童生徒に覚えてほしい事柄を提示する際には，「ペリーが来航した際，あなたが幕府の役人だったらどのように対応するか」

等，児童生徒に関連させた「発問」や「課題」を教師が設定することが重要となります。

■**意味づける**

ブランスフォードとスタイン（1984）らは，覚えたいことに「意味を付与する」とよく記憶されることを指摘しています。

1. 「眠い男が水差しを持っていた」
2. 「背の低い男がハサミを借りた」
3. 「太った男がカギを買った」

という文を提示して，どの男が何をしたのかを参加者に記憶してもらいました。その際に，何も意味づけをしないと覚えにくいのですが，

1. 「眠い男はコーヒーを入れるために水差しを持っていた」
2. 「背の低い男は長すぎたズボンを切るために，ハサミを借りた」
3. 「太った人がダイエットのために冷蔵庫のドアを開けないようにするためにカギを買った」

と，理由をつけて覚えると忘れにくくなります（**精緻化リハーサル**）。このことからも，覚えたいことは丸暗記をするよりも，意味的な処理を加えたほうが記憶の定着がよいということが分かると思います。

例えば，社会科では「豊臣秀吉が刀狩りを行った」という事例だけでなく，「なぜ，刀狩りを行ったのか」という意味を児童生徒に考えてもらう課題を教師が出した授業のほうが記憶の定着がよくなります。

しかし，意味的な処理を促す教え方が何でもよいということではありません。例えば，掛け算の九九や，漢字の書き取り等，繰り返すことで定着が図れる基礎的なスキルや知識に関しては，繰返し練習をするほうが効率がよい場合があります。児童生徒に伝えたい内容や，学ぶ人の年齢や背景知識を考慮して，深い処理を促す教え方をするのか，浅い処理の反復学習を行って教えるのかを教師が考慮する必要があります。

■**知識の体制化**

精緻化リハーサルに関連した概念として体制化があります。**体制化**とは，関連する情報を整理して覚えることです。例えば，前述した記憶の分類も，整理

1.2 認知主義

せずに覚えようとするとなかなか大変です。ところが、「人間の記憶はまず、短期記憶と長期記憶に分けることができる」「長期記憶はさらに、エピソード記憶に分類できる」と、分類し、整理しながら覚えると、比較的簡単に覚えることができます。

■**先行オーガナイザー**

また、授業の最初に扱う内容の構造を、あらかじめ児童生徒に宣言しておくと記憶に残りやすくなります。これは、前もって情報をオーガナイズ（整理）しておくことから、**先行オーガナイザー**とよばれています。例えば、理科で鉱物について扱うのであれば、授業の冒頭で、いきなり「プラチナは○○という特徴があり、アルミニウムは○○という特徴があります……」と説明しても児童生徒の頭には情報が入りません。それよりも、まず、「鉱物は2つに分類することができます、金属と石です」「金属はさらに、貴金属、普通の金属、合金の3つに分けることができます」、と図を見せながら伝えます（図 1.12）。その後で、「これから、貴金属に属するプラチナの説明をします」と段階的に説明をすると、児童生徒の頭の中に知識の構造ができ、さらに既有知識の活性化が行われ内容の理解度が高くなるとされています。

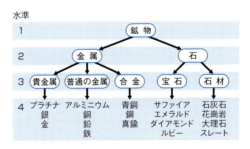

図 1.12　鉱物の階層構造（バウアーら、1969）

■**初頭効果と新近性効果**

人間の記憶のメカニズムに基づくと、児童生徒に覚えてほしい事柄は、授業の最初か最後に伝えるべきです。覚えるべき項目を順番に提示されたとき、人間の頭は提示された情報の最初の部分と最後の部分を特に記憶している傾向があるからです（マードック、1962）。この実験は次のように行われました。ま

ず，15個の単語が書かれたリストを用意します。次に，そのリストの単語を読み上げます。最後に，リストの中で覚えていた単語を書き出してもらいます。その結果，図 1.13 のように，リストの最初の部分と最後の部分の記憶成績が良くなりました。このようにリストの最初の部分を覚えていることを**初頭効果**，最後の部分を覚えていることを**新近性効果**とよびます。

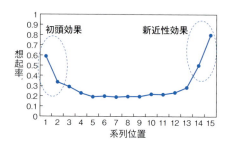

図 1.13　初頭効果と新近性効果（マードック，1962）

1.3　構成主義とは

　記憶の仕組みを考えると，人間は自分の外にある情報の中から注意を払ったものだけを記憶し，必要なときに検索して取り出していると考えられます。しかし，頭の外部にある情報は内部に貯蔵されるものと本当に全く同じなのでしょうか。

■個人的構成主義と社会的構成主義

　構成主義では，人間は自分の外部にある情報をそのまま取り込んでいるのではなく，学習とは「その人がすでにもっている経験や知識に基づいて，新たな意味をつくりだしていくこと」と考えます。

　構成主義は，さらに個人的構成主義と社会的構成主義の2つに分けることができます。**個人的構成主義**は，人間が個としてどのように概念や知識を構築していくかに関心があります。この立場の代表人物としては第9章で取り上げるピアジェ（Piaget, J.）（1948）がいます。ピアジェは外部から直接的には教えられない，「保存の概念」や論理的な思考法を人間が発達の過程でどのように

1.3 構成主義とは

獲得するかに関心がありました。ピアジェは認知の発達における他者との交流を否定したわけではありませんが、それほど重きをおきませんでした。

一方，他者との交流が認知発達に大きな影響があると考えるのがヴィゴツキー（Vygotsky, L. S.）（1962）に代表される社会的構成主義です。ヴィゴツキーは他者と一緒に活動することで，人は知識やスキルを獲得すると考えました。この，社会的構成主義の特徴を表す概念として，状況的学習と認知的徒弟制があります。

■状況的学習と認知的徒弟制

状況的学習とは，「さまざまな社会的活動に参加することで，知識やスキルを学習すること」を指します（レイヴとウェンガー，1991）。この立場では，知識は個人が構成するものではなく，コミュニティが長い時間をかけて形成したものであると考えます。そして，特定の場所での振る舞い方や，職場での仕事の仕方などを獲得し，そのコミュニティの一員として認められることが学習であると考えます。例えば，職場の規範に合わせて行動することや，その場の雰囲気に合わせた振る舞い，言葉遣いを身につけることが学習であると考えます。

また，認知的徒弟制とは，経験の浅い者が熟達者の指導の下で知識やスキルを獲得する関係を指します（コリンズら，1987）。例えば，職人の親方の元で働く弟子が，親方のやり方をモデルにしてスキルや知識を模倣して仕事のやり方を教えてもらうことで学んでいきます。この方法には以下のような特徴があります。

- 学習者は熟達者を観察しモデルとして学ぶ。
- 学習者はコーチングという形でアドバイスやフィードバックをもらう。
- 学習者は簡単な作業から徐々に難しい作業に取り組むように，熟達者よりスキャホールディング（足場かけ）をしてもらう。足場かけの度合いは学習者が熟達するにつれて，少なくなっていく。
- 学習者は自分の遂行状況を振り返り，熟達者と比べることで問題点，改善案を見つけ，新たな方法を見つけることを要求される。

■構成主義に基づいた実践例

　構成主義に基づいた学習としては，児童生徒が自ら問いを立て学習を行う探究的な学習や，発見学習等があげられます。また，「教師が教える部分」と「児童生徒が発見的に学ぶ部分」を合わせた教え方が提唱されています。

　例えば，トスら (2000) は小学4年生に理科の実験デザインを考えてもらう際に3つのステップで教えました。まず，児童が班で「ボールが坂道を転がる際に影響している要因」をみつける課題に取り組みます。次に，教師が，「調べたいものに悪影響を与える要因の取り除き方」や，「実験デザインの組み方」を教えます。最後に，もう一度，児童は実験デザインを考え，ボールが転がる距離に影響を与える要因を見つける実験を行います。構成主義的な考えを取り入れた授業を実際に行う際には，このように「教師が何を指導するのか」，児童生徒が「何に取り組むのか」をはっきりさせておくことが大切です。

　この章では，行動主義，認知主義，構成主義の3つの立場から学習とは何かを考えてきました。皆さんが学習をどのように考えるかによって，教え方が変わってきます。

　行動主義的な考え方の学習観をもっている人は，児童生徒が何かできるようになったことをほめることで伸ばそうとするでしょうし，認知主義的な学習観をもっている人は，意味づけることで学ぶことを重要視すると思います。また，構成主義的な考え方をもっている人は，教師が直接教えるよりも，児童生徒が話し合ったり，体験したりすることを重視した授業づくりをする傾向があると思います。または，それら3つを合わせた教え方をするかもしれません。

　自分が学習をどのように考えるかを意識して，それがどのように自分の教え方に反映されているのか，一度，振り返ってみてはいかがでしょうか。そうすることで，自分の教え方の背景にある自分自身の考えに気づき，時には自分が普段行わない教え方に挑戦してみることで，教師としての可能性がひろがるのではないかと思います。

1.3 構成主義とは

● さらに読み進めたい人のために

ワトソン，J. B.　安田一郎（訳）（2017）．行動主義の心理学　ちとせプレス

　「行動主義」を提唱したワトソンが1930年に書いた本の翻訳本で，2017年に復刊されました。ワトソン自身の言葉で「行動主義」を理解したい人におすすめです。「行動主義」にかけたワトソンの思いを感じることができます。

箱田裕司（編）（1996）．認知心理学重要研究集2——記憶認知——　誠信書房

　人間の記憶や認知についてもっと専門的に知りたいと思った人におすすめの本です。記憶や認知の領域で著名な論文を解説しています。元は英語で書かれた記憶や認知の論文の要約を日本語で読むことができます。この本で研究の概要をつかんだ後で，英語の論文にチャレンジしてみてはいかがでしょうか。

レイヴ，J.・ウェンガー，E.　佐伯　胖（訳）（1993）．状況に埋め込まれた学習——正統的周辺参加——　産業図書

　「状況的学習」を提唱したレイヴとウェンガーの翻訳本です。本章で紹介した内容の詳しい解説と例が載っています。状況的学習についてより深く理解したい人におすすめです。

知識の教え方

　教師は，子どもたちの生活指導や教育相談などさまざまな役割を担っています。けれども「知育を通して子どもの発達を援助する」（大田，1984）ことは，決して省くことのできない大切な役割の一つです。この章では，知識を教える際に教師としてどのような点に留意したらよいのかを，子どもがもつ既有知識の状態との関連で考えていきます。

　教えたい，学んでほしい内容について，子どもたちは何も知らないわけではなく，誤って知ってしまっていることが多いという事実をはじめに取り上げます。続いてこのような誤った知識が学習に大きく影響することをみていきます。その上で，誤った知識を適切な知識に修正する教え方を検討します。

本章のトピック

- 子どもたちは，どのような誤った知識をもってしまっているのだろうか？
- 誤った知識は学習にどのような影響を及ぼすのだろうか？
- 誤った知識を修正する教え方の方略にはどのようなものがあるのだろうか？

キーワード

宣言的知識，手続き的知識，ル・バー，誤概念，素朴概念，ル・バー対決型方略，ル・バー懐柔型方略

2.1 世界と豊かに交渉するのにふさわしい知識

■世界を見る際の「道具」としての知識

知識の「教え方」の検討に入る前に，子どもたちに教えるべき「知識」の特徴について少し考えてみたいと思います。

授業のねらいは，子どもたちが，自分を含めた身の回りの世界（自然環境・社会環境）と豊かな交渉ができるように援助するところにあります。このとき，世界を見る際の「道具」としての知識という観点を重視する必要があります。

西林（1994）は，道具としての知識と教師・学習者のあり方を図 2.1 のように示します。

教師は知識を提案し，学習者はその知識を使って世界と豊かな交渉をします。交渉するというのは，世界をよりよく知るとか，作り変えるということです。逆にいうと，世界と豊かに交渉するのにふさわしい知識を教師は生徒に提案する，それが教えるということだと西林はいいます。

図 2.1　**教師と学習者と世界の関係**
（西林，1994）

例えば，この世界にある物質は大きく金属と非金属に分けることができます。けれども子どもたちが「素手」で金属を探索することは困難です。そこで教師は「道具」として，「金属ならピカピカしている」「金属なら電気を通す」などの知識を子どもたちに提案するわけです。

この知識の便利さを知った小学 3 年生は，サンドペーパーと簡易テスターを手にして意気揚々と学校中の金属探しに出発します。防火扉の塗装が剥げているところで通電性を確かめ，鉄棒で確かめ，メガネのフレームで確かめます。銀歯の通電性を確かめ「やっぱり金属だった」とつぶやく子どもも現れます。「金属ならピカピカしている」「金属なら電気を通す」という知識を「道具」として使うことによって，身の回りの探索を積極的に行えるようになるのです。

■宣言的知識，手続き的知識

心理学では，概念や事実に関する知識を**宣言的知識**とよび，「ノコギリの挽

き方」のような，やり方に関する知識を**手続き的知識**とよんでいます。「金属はピカピカしている」「金属は熱膨張率が高い」を知っているというのは宣言的知識の例です。「金属かどうか確かめるにはサンドペーパーで磨いてみる」「ジャム瓶の金属蓋が開かないときにはお湯につければよい」を知っているというのが手続き的知識の例です。市川（1995）は，学校教育でよく指摘される「わかること」と「できること」の区分も，おおまかには宣言的知識と手続き的知識に対応しているといいます。

宣言的知識とそれに対応する手続き的知識とが，相互に関連を保ちながら保持されているとき，それらの知識は俗にいう「生きて働く知識」になることを小野寺（1995）は指摘します。

「世界を見る『道具』としての知識」というのも，宣言的知識と手続き的知識とが相互に関連したものになっている知識を指すといってよいでしょう。「金属ならピカピカしている」「金属なら電気を通す」という宣言的知識と，「サンドペーパーで磨いてみる」「テスターをあてがってみる」という手続き的知識が密接に関連しているからこそ，世界を見る「道具」として使えるのです。

けれども小野寺は，現実にはこのような関連がつけられていない場合も多いことを指摘し，つぎのような例をあげます。酸素と燃料の存在，発火点以上の温度の全部がそろってはじめて「ものが燃える（燃焼）」ことを知って（宣言的知識）いながら，灯油に引火した火災の初期消火の方法として，毛布をかぶせるなどで酸素の供給を断つやり方もある（手続き的知識）ことに全く気づかない，というような場合です。それとは反対に手続き的知識としてはもっているのですが，それに対応する宣言的知識にあたるものが組織されていないこともあります。先の「ジャム瓶の金属蓋が開かないときはお湯につければよい」というやり方を知って（手続き的知識）いながら，「金属は熱膨張率が高い」（宣言的知識）と結びついていない，というような場合です。

教師は，宣言的知識と手続き的知識の関連を常に意識し，授業で提供する知識が「世界と交渉するのにふさわしい知識」になっているかどうか，前もって十分に吟味しておく必要があります。その上で，その知識をどう教えるかを考えることが重要です。

2.2 学習者は誤った知識をもっている

■誤った知識の例——重さの保存

　授業場面で取りあげられる学習内容の場合，学習者である子どもたちはその内容について何も知らないことはほとんどありません。授業前にある程度知っている，しかも誤って知ってしまっていることがとても多いのです。どのような誤った知識をもっているのか，いくつか実例をみていきましょう。

　小学校の理科では「重さの保存」ルールの学習が扱われます。ものの重さは，出入りがなければ，形や大きさ，状態が変わっても変化しません。けれども子どもたちはこのルールを教えられる前に，「（出入りがなくても）形を変えたら重さは変わる」などの誤った知識をもってしまっています。

　実際，小学校入学前の幼児に，まず丸い粘土玉を示し重さを測ってみせます。その上で幼児の眼の前で縦に細長いノッポ形に変形します（図2.2）。「形をこう変えたら，さっきの丸いときと比べて重くなるかな軽くなるかな，それとも変わらないかな」と尋ねると，大半の子どもは「重くなる」と答えます。「どうして？」と理由を問うと，「だってノッポになったから」と答えるのです。そこで，丸い粘土玉をせんべい形にして重さの変化の有無を尋ねると，今度は「軽くなる」と言います。彼らはその場しのぎで解答しているのではなく，「高さが高くなると重くなる，高さが低くなると軽くなる」という誤った知識をもっていて，それを根拠にして答えていることが推測できます。

　小学生でも同様です。「体重計の上での姿勢変化」課題に対する子どもたちの反応がよく知られています（図2.3）。「体重計の上で①両足で立ったとき，②片足で立ったとき，③しゃがんでふんばったとき，のうち一番重いのはどれか，それとも④みな同じ重さか」という課題に対して，学習前の小

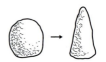

図2.2　形を変えたら？

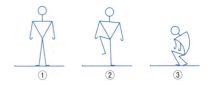

図2.3　体重計上での姿勢変化

学4年生はどう答えるでしょうか。板倉と上廻（1965）によるとつぎのようでした。小学4年生86人中，「①両足で立ったときが一番重い」が8％，「②片足で立ったときが一番重い」が5％，「③しゃがんでふんばったときが一番重い」が45％，「④みな同じ重さ」が42％という結果でした。5割近い子どもが「りきむとその分だけ重さは増える」と誤ってとらえていることがわかります。

実は大学生でも事情は同じです。高橋（1974）は，鳥かごの中にいる小鳥が飛んでいるときと，止まり木に止まっているときの鳥かご全体の重さの変化の有無を大学生に尋ねました（図2.4）。空気の流れの影響さえなければ「重さの変化はない」が正答なのですが，変化しないことを説明してもこの結論に納得しない学生が毎年必ず生じるといいます。小鳥が止まり木を離れたら，小鳥の重さ分だけ軽くなると判断し，それにこだわってしまうからでしょう。重力に抗して空中で浮いているためには小鳥は反対方向に地面をおさなくてはならない。それが大学生になかなか伝わらないらしいのです。

図2.4　重さは？
（高橋，1974）

幼児や小学生，大学生の「重さの保存」についての誤った知識（誤ルール）の例をみてきましたが，彼らは「重さ」について無知なのではなく，「誤知」の状態にあることがよくわかります。「出入りがあれば重さは変わる」ことは承知しているけれども，同時に「（出入りがなくても）状態が変わったら重さは変わる」という誤った知識をもってしまっているのです。

■誤った知識の例――慣性

マクロスキー（McCloskey, M.）ら（1983）は，等速で進む航空機から真下に落とした物体の落下軌跡を描くよう大学生に求めました。すると，切り離し地点よりも前方（航空機の進行方向）に落ちていくとした正答者は53％にとどまり，切り離し地点の真下に落ちるとした者が36％も生じたのです。「運動し続けるためには力が加え続けられなければならず，切り離された物体には力が働かない」とする誤った知識が適用されて，真下に落ちると答えたことがみてとれます。

■誤った知識の例──平行四辺形の面積

細谷（1976）は平行四辺形の面積判断をあげています。図2.5に示す平行四辺形A，B，Cは，底辺と高さが同じですから面積も当然同じです。けれども小学生に尋ねると，「AよりBが大きい，BよりCが大きい」と答える子どもが多く生じます。そこで4本の棒を組み合わせて周囲の長さを一定にし，E，F，Gと押しつぶしていきます。押しつぶされるにしたがって高さが低くなりますから，面積も小さくなります。けれども今度は「EもFもGも同じ大きさ」と判断します。子どもたちは「周囲の長さが長ければ面積も大きい，周囲の長さが同じなら面積も同じ」という誤った知識をもってしまっていると考えられます。

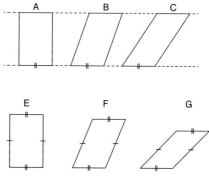

図2.5　平行四辺形の変形（細谷，1976）

■誤った知識の例──世界各地の気温

世界各地の気温について小学3年生が予想を立てていたときのことです。世界地図を眺めながらある子が自信をもって答えました。「この場所（赤道直下のシンガポール）よりもこっち（オーストラリアのシドニー）のほうが暑い！だってずっと南だもの」。

この子どもに限らず，「南へ行けば行くほど気温が高くなる」と考える小学3年生は少なくありません。子どもたちは正しい知識（気温は緯度の関数だ）をもつ前に，誤った知識を自力で作り上げてしまっていたのです。

■誤った知識の例──学生割引

映画館には学生割引があります。学生は料金を割り引くと映画を観る回数が増えやすいので，割引した分以上の収益が期待できます。社会人割引がないのは，社会人では割り引いても観る回数はあまり増えないので，割り引くと収益減になるからです。学生割引の背後には「利益追求」という企業活動の原理があるわけです。麻柄と進藤（1997）はこの点についての大学生の認識を調べま

した。「映画館には学生割引があります。なぜ映画には学割があるのでしょうか」という問いに対する大学生の反応は**表2.1**の通りでした。全体の56%までが福利的理由をあげています。福利的理由と経済学的理由（需要増，利益増）の両方をあげた者を除いて，福利的理由しかあげなかった者をみても全体の44%に達しました。麻柄と進藤はその他の問題への反応も含めて分析し，大学生は「需要の法則」や「需要の価格弾力性」という現象は知っているけれども，割引を受ける者が経済的な弱者として認識されやすかったりあるいは経済的恩恵を受けるという直接的な実感を伴う場合には，「福利的理由」という誤った知識を発動しやすくなるのではないかと述べています。

表 2.1 問題A（学生割引問題）の結果（麻柄と進藤，1997より一部省略）

領域	人数（%）	記述例
福利	25（56%）	●学生は経済的に自立していないから ●良い映画を観て教養を積んでもらいたい ●良い映画を観て色々なものの見方考え方を学んでほしいから ●映画関係者が教育上良いと判断したから ●お金を持っていない学生にも映画を観てもらいたいから
需要増	24（53%）	●値段が安くなればよく来るようになるから ●多くの学生を呼び入れたいため
利益増	11（24%）	●映画会社がもうけるため ●映画館がもうけるため
その他	1（2%）	●日本の映画料金は高すぎると関係者が感じているから

■誤った知識の例——動物の繁殖形態

伏見（1978）は，多くの幼児が「体の大きい動物は赤ちゃんで生まれ，体の小さい動物は卵で生まれる」と考えることを報告しています。「ワシは大きいから赤ちゃんで生まれる。リスは体が小さいから赤ちゃんなんて産めない，きっと卵だよ」と判断したりするのです。

■誤った知識のいろいろ

紹介したもの以外にもたくさんの誤った知識の例が報告されてきました。「夏に暑いのは太陽と地球の距離が近くなるからだ」「しょっぱいものは物を浮

かす（だから砂糖水に卵は浮かない）」もみんな誤った知識の例です。これまでどのような誤った知識が報告されてきたか，進藤と麻柄（2006）のまとめを表 2.2 に示します。実にいろいろな例があることがわかります。

表 2.2 「学習者の誤った知識」の例（進藤と麻柄（2006）より一部省略，改編して引用）

領域	対象	内容	出典
物理	小 6，中 2	電球がつくと電流は消費される	Johsua ら，1987
	小 5	物質はそれ自体の温度を持っている	Tiberghein, 1985
地学	小 1, 3, 5	地球は円盤形で，その上に人が住んでいる	Vosniadou ら，1992
	小 4, 5, 6	太陽は地球の周りを回っている	縣，2004
化学	中 1〜高 3	金属は燃焼すると重さが減る	Furio Mas ら，1987
	小 6	塩酸に溶けた Al は泡になり液中に溶けている	八嶋，2002
生物	全学年	植物は根から栄養を吸収してそれを葉に蓄える	Wandersee, 1983
	大学生	光合成をするのは葉だけだ	工藤，2001
数学	小 5	角を示す弧が大きければ角度は大きい	吉永ら，1984
	小 6，中 2	1 つの文字式中の異なる文字は違う数字を表す	藤井，1992
歴史	大学生	江戸時代の日本は中央集権的な国家である	麻柄，1993
	大学生	明治政府が開国を決断した	工藤，2001
地理	小 6	メルカトル地図上の面積は実際と対応している	進藤，1987
	大学生	北海道はどこでも夏より冬の降水量が多い	進藤，1997
経済	幼児〜小 5	物理的特性や効用が価格を規定する（例：自動車は行きたい所へ行けるから高い）	Burris, 1983
	小学生	商品の小売値は仕入値と同じまたは安い	麻柄と小倉，1996
法律	大学生	違法な内容であっても，誓約書を出した以上，それを破棄することは違法である	高橋，1987
国語	小 6	動詞は動作を表す単語である（例：「マラソン」は動詞，「休む」は動詞ではない）	駒林，1980
	聴覚障碍児	文中では「〜は」という助詞が最初にきて，次に「を」がくる（例：「本は太郎君を読む」）	佐藤と進藤，1988

　学習者のこのような誤った知識が注目されるようになったのは行動主義心理学に代わって認知心理学が台頭した 1980 年前後からでした。進藤と麻柄がいうように，人間の頭の中で起こっていることを明らかにしようとする認知心理学にとって，学習者の誤った知識へ着目することは必然的な流れでした。

■誤った知識のさまざまな概念化

　学習者がもつ誤った知識にはじめて着目した心理学者が，1960 年代に授業研究に取り組み始めていた永野や新田，細谷でした。その取組みの中で，学習に先立ちその学習内容に関して学習者が事前にもっている誤った知識を「ル・

バー (ru)」と名づけて概念化し（細谷，1983），教授学習場面に影響を及ぼす重要な要因として位置づけたのです。ちなみに「ル」とはルール（ru）のことで，「ル・バー (ru)」は「誤ったルール」を意味します。

　ル・バーという概念は，世界に先駆けて1960年代に日本で概念化され提案されたのですが，残念なことに教育学の分野はもとより教育心理学の分野にもほとんど広まりませんでした。アメリカでの認知心理学の台頭によって，1980年代になりル・バーと類似した概念が生まれ日本に輸入されて，やっとその重要性が認識されるようになったのです。ル・バーは，登場するのがあまりにもはやすぎたのかもしれません。

　現在，学習者のもつ誤った知識は，ル・バーを含めて，さまざまに概念化されています。進藤と麻柄（2006）の解説に基づいて紹介しておきましょう。

　1980年代に登場したものに，誤概念，代替概念，前概念があります。誤概念という言葉を使う場合は，現在の科学理論や概念は絶対的真理だという立場に立った上で，学習者の誤った知識をとらえようとする意味合いが強くなります。代替概念を使うと，科学理論は絶対的真理ではなく現在社会的に同意されているものだとする相対主義的な立場から，学習者の知識もとらえようとする意味合いが強くなります。前概念が使われる場合は，科学知識や考えに至る前段階が強調され，子どもたちの考え方は科学的考え方とは異なるものの，科学の初歩的理論やモデルの性質をもっているという意味合いが込められているといいます。稲垣によって1995年に提案されたのが素朴概念です。現代科学の概念からすると正しくないことが多いものの，子どもの限られたデータベースの範囲内では「ほぼ正しい」と考えるべきだという立場からの用語の提案です。

　これ以外にも1990年代には現象学的原理やミニ理論というとらえ方が示され，直観ルールという考え方が2000年に出されています。

　ル・バーを含めさまざまな概念化が試みられ，それに応じて異なる用語が提案されてきたことがわかります。それぞれの用語があてられたニュアンスはいろいろで，進藤と麻柄は「このような用語使用の現状に照らしてみると，各用語の意味を厳密に確定しようとするのは必ずしも生産的とはいえない」と述べています。ここでは彼らのいうように，学習者のもつ誤った知識（誤ルール）

には研究者によってさまざまな用語があてられ，それらの意味も細部では研究者ごとに異なっていることをおさえておくにとどめましょう。

一般に日本では，誤概念，素朴概念という用語が使われることが多いようですが，この章ではおもに「ル・バー」を用います。

2.3 誤った知識は学習にどんな影響を及ぼすか

■ル・バーにも一面の正しさがある

人間は自分の経験を（無意識的に）まとめあげて知識を作り，その知識を別の場面でも使おうとします。けれども個人の経験範囲は広くないし，偏っています。不適切な側面に着目してしまうこともあります。そこにル・バーが成立するわけです。見方を変えると，学習者の狭い経験範囲に限定さえすればル・バーは有効適切な知識（ルール）ともいえます。

確かに前述の「南に行けば行くほど暑くなる」はル・バーです。けれども「日本においては」あるいは「北半球においては」という限定さえつければ間違いではありません。

「周囲の長さが長ければ面積も大きい，周囲の長さが同じならば面積も同じ」というのはユークリッド幾何学全体からみれば間違っています。けれども「正方形においては」とか「円においては」「正三角形においては」などという限定さえつければ間違っていません。一般に「相似形においては」と限定さえつければ正しいルールになるのです。

「大型動物は胎生，小型動物は卵生」というル・バーにしても，胎生である哺乳類は「全体として，動物の中での巨人」（アシモフ（Asimov, I.），1963）なのです。その意味ではこのル・バーも経験則としては成り立ちます。

このように学習者がもつル・バーにはそれなりの正しさや言い分があるわけです。そのため授業では，子どもたちのル・バー修正は簡単にはいかないことにもなります。ではル・バーをもっていると，学習にどのような影響を及ぼすのでしょうか。

■「前後のル・バー」の有無と学習効果

　麻柄と伏見（1979）は保育園の年中・年長児を対象に，学習に先立って，影についてのルール「影は光（光源）の反対側にできる」がどの程度把握されているか調べました。模型の電灯やキューピー人形などを図 2.6 のように配置し（矢印方向が前面），「この電気に灯りがつくと，キューピーさんの影はどこにできるのかな」と尋ねて，1〜5 から選ばせます。同様に円柱形ポストの影についても 1〜4 から選ばせます。このような「影の方向テスト」を計 4 問行いました。

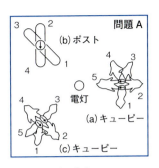

図 2.6　影の方向テスト
（麻柄と伏見，1979）

　正答率は 18％だったのですが，間違いを分析するとル・バーをもっている子どもたちがいることがわかりました。「光源の位置には関係なく，キューピーやポストの正面あるいは真後ろの位置を影として一貫して選ぶ反応」であり，麻柄らは「**前後のル・バー**」（影は物体の前後にできる）と名づけました。

　学習活動は影絵遊びでした。保育園の講堂に 2 個のライトと，大きなスクリーンを設置し，動物や乗り物の切り抜きの影を自由に作らせました。2 個のライトは切り替え可能で，中央のスイッチを操作することでどちらか一方だけがつくようになっています（図 2.7）。実験者も遊びに加わり，ライトからの距離を変えることによって影の大きさを変えたり，スイッチ操作で影を瞬間移動させたりします。

　このような活動の後，活動前と同じテストを行い，「前後のル・バー」所有の有無で影絵遊びの有効性に違いが出るかどうか調べました。図 2.8 がその結果です。子どもたちにとっては難しい課題だったようですが，それでも「前後のル・バー」をもっているかど

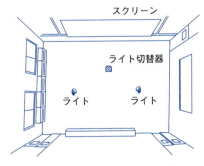

図 2.7　活動を行った部屋の設定
（麻柄と伏見，1979）

うかで効果に違いが現れました。活動前には同じく誤答していたにもかかわらず，「前後のル・バー」をもっていなかった者（非所有群）には一定程度の効果があったのに対して，「前後のル・バー」をもっていた者（所有群）にはほとんど効果がなかったのです。

子どもがもつル・バーは手強く，通り一遍の学習活動ではなかなかル・バーの修正が図られないことが読みとれます。

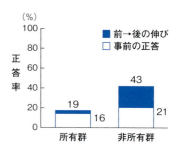

図2.8　方向テストの結果
（麻柄と伏見，1979）

■ ル・バーを考慮せず角度を教えたら

ル・バーを考慮しないまま教えたらどんな結果をもたらすか，角度概念を取り上げた吉永ら（1984）の研究も大きな示唆を与えてくれます。

角度とは，角をつくる2直線の開き具合だけによって決まる量です。子どもたちは小学3年生のときに三角形などの図形の中に「角」があることを学び，小学4年生で角の大小，角度を分度器で測ることを学びます。吉永らは，これらの学習を終えた小学5年生が，2直線の開き具合によって一貫して「角の大小判断」を行うことができるかどうか，図2.9 に示すような問題を出して調べました。結果はどうだったでしょうか。

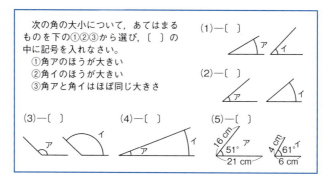

図2.9　調査問題の一部（吉永ら，1984）

正答率は，問(1)が63％，問(2)が60％，問(3)が54％という低さでした。誤答パターンは一貫していて，角を示す弧が大きいほうを大きい角とするものでした。問(1)〜問(3)は目測の誤りという解釈もできますが，問(4)は目測の誤りが入り込む余地はありません。それにもかかわらず問(4)の正答率は23％にすぎませんでした。角イのほうが大きいとする子どもが大半だったのです。問(5)は角度の数値が記入してあります。それでも正答率は64％でした。誤答は辺の長い角アのほうを大きい角とするものでした。

これらの問題は子どもたちにとって難問だったのでしょうか。吉永らは簡単なアンケート調査も行っています。「むずかしかった・ふつう・かんたんだった」から選ばせたところ，難しかったとしたのが7％，普通が56％，簡単だったというのが37％でした。ほとんどの子どもは難しい問題だったと考えていなかったわけです。自信をもって誤答したことになります。

子どもたちは，弧の大きさも辺の長さも極端に違わない2つの角を比べる「標準的な問題」（図 2.10）には正しく答えられます。彼らは角の大きさは2直線の開き具合によって決まるとは考えているけれども，2直線の開き具合だけによって決まるものではないと考えていることになります。角を示す弧の大きさや辺の長さによっても決まると考えているわけです。

図 2.10　**どちらの角が大きいか**

吉永らは，子どもたちが4年生だったときの担任教師にもアンケート調査を行っています。その結果，子どもたちが角度についてこのようなル・バーをもつかもしれないとは誰も考えていなかったことがわかりました。ですから授業では，子どものル・バーを考慮して何らかの手立てを講じるということはせず，角度の正しい定義と分度器を使った測定の仕方を教えただけだったのでしょう。ル・バーをもっていなければ教え方としてはそれで十分なわけです。けれどもル・バーをもっていたものだから，授業の後も子どもたちはル・バーをもち続けてしまったことになります。

このような結果を防ぐためにも，教師はそこで教えたい，学んでほしい学習内容について，子どもたちがル・バーをもっているかどうかに気づき，それに

対応した授業を組み立てることが大切になります。

2.4 ル・バー対決型（ドヒャー型）方略

■細谷による教授方略の型分け

細谷（1976, 1983）は，学習者のル・バーの有無との関連で，教え方（学習援助）の方略を図 2.11 のように型分けしています。

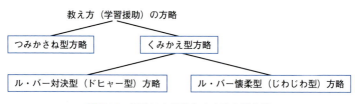

図 2.11　細谷による教え方方略の型分け

まず「学習者がル・バーを所有しているかいないか」という観点から大きく「つみかさね型方略」と「くみかえ型方略」の 2 つに分けます。

つみかさね型方略は，学習内容について学習者は何も知らない状態，あるいはル・バーをもっていない状態にある場合の方略です。このようなときには教師は，おもに学習内容の構造に着目して課題系列を組めばよいわけです。

これに対して，**くみかえ型方略**は，学習者が学習内容についてル・バーをもっていて，それを無視できない場合の方略です。このときには教師は，学習者のもつル・バーを正しいルールへとどのように修正するかを問題にする必要があります。これまでル・バーの例をいろいろとあげてきましたが，学校で扱う教科学習においては，くみかえ型方略が求められることがほとんどであることを覚悟しておいたほうがよいでしょう。学習内容が子どもの日常生活と関わるものであることから，そこでの学習内容についての知識をル・バーというかたちで獲得している可能性がとても大きいからです。

細谷は，このくみかえ型方略をさらに，「ル・バー対決型方略」と「ル・バー懐柔型方略」とに分けます（細谷は前者を「ドヒャー型」，後者を「じわじ

2.4 ル・バー対決型（ドヒャー型）方略

わ型」ともよび，好んで使います）。

以下，本節ではル・バー対決型（ドヒャー型）方略をみていきましょう。

■ル・バー対決型方略とは

ル・バー対決型方略とは，学習者のもつル・バーからの予想が事実と一致しない事例（課題）をはじめに提示して驚かせ（「ドヒャー」というのは学習者のこの驚きを表したものです），それまでもっていたル・バーが誤りであることを強く意識化させて，正しいルールへ一気にくみかえようとするものです。

ル・バー対決型方略を意識的に使った教材として，例えば仮説実験授業研究会テキスト『ものとその重さ』をあげることができます（板倉と渡辺，1974）。

2.2 で述べたように，「ものの出入りがなければ重さは変わらない」というルールに対して，子どもたちは「形を変えたら重さは変わる」「姿勢を変えたら重さは変わる」「溶けて見えなくなれば重さは変わる」などのル・バーをもってしまっています。

このときテキスト『ものとその重さ』では，10 時間に及ぶテキストの第 1 問として「体重計上での姿勢変化」課題，つまり「体重計の上で，両足で立ったとき，片足で立ったとき，しゃがんでふんばったときとで，重さはどうなるか」という問題（事例）が出されます。この課題は，その後に出される粘土の変形課題などに比べて，小学 4 年生にとって正答がずっと困難な課題です。正答が困難というのは答えられないということではありません。子どもたちは前述のように「しゃがんでふんばったときが一番重い」などと自信をもって誤った予想を立てます。だからこそこの課題が最初に課されるのです。

予想の後，子どもたちに討論させます。すると「ふんばれば力が入るから，その分重くなるはずだ」などと自分の（誤った）予想の理由や根拠を主張し合います。子どもたちはそれぞれ自分の（誤った）ルールを強く意識化することになります。その後実験が実施されることによって，子どもの予想はくつがえされ，子どもに驚き（ふんばっても重さは変わらないんだ！）が生じます。それによってル・バーを壊し，正しいルールにくみかえさせようとするのです。

■ル・バー対決型方略の有効性──三角・四角の学習

麻柄と伏見（1982）は，ル・バー対決型（ドヒャー型）方略の有効性を確か

めるために実験を行いました。幼稚園児と小学1年生を対象にして，三角形と四角形の定義（ルール）「頂点（まがり角）が3つあるのが三角で，頂点が4つあるのが四角だ」を教えました。

事前にいろいろな図形を示して（図2.12），「三角か四角か，どちらでもないか」を尋ねたところ，子どもたちは，正三角形や正方形については全員が正答できていました。けれども不等辺三角形や不等辺四角形は「三角でも四角でもない」と考えていました（とくに幼児）。子どもたちはル・バーをもっていて，頂点や辺の数だけを手がかりにするのではなく，「等辺・等角をもつかどうか」という特徴にも着目してしまっていたのです。

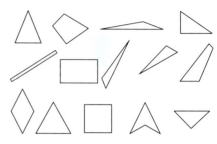

図2.12　テスト図形（麻柄と伏見，1982）

麻柄と伏見はこれらの子どもを2つの群に分け，一方の群（等辺群）には正三角形と正方形を用いて三角・四角のルールを教え，他の群（不等辺群）には不等辺三角形と不等辺四角形を用いてルールを教えました（図2.13）。不等辺三角形や不等辺四角形の提示は，子どもがもっているル・バーからすれば，三角・四角の範囲外の図形を使うことになります。不等辺群では，これらの図形が実は三角であり四角であると告げられ同時にルールが教えられ

図2.13　学習場面で用いた図形
（麻柄と伏見，1982）

たわけですから，子どもたちは「えーっ，これも三角なの」「えーっ，これが四角なの」と驚くことになります。ル・バー対決型（ドヒャー型）方略に対応しています。

学習後にも事前と同じ問題を出しました。その結果（図2.14），幼稚園児と小学1年生のどちらの場合も不等辺群のほうが等辺群よりも目立って高い事後成

績をあげました。等辺群では等辺等角への思い込み（ル・バー）が温存されたままだったのでしょう。不等辺群が高い成績をあげたことはル・バー対決型（ドヒャー型）方略の有効性を明瞭に示すものです。

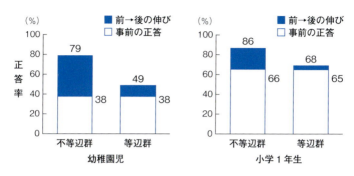

図 2.14　正答率の伸び（麻柄と伏見，1982）

■ル・バー対決型方略の有効性──植物の種子の学習

「緑の植物（種子植物）には花が咲き，花の咲いていたところにタネ（種子）ができる」というルールが成り立ちます。けれども多くの大学生は「サツマイモやチューリップなどイモや球根ができる植物にはタネができない」「球根やイモがタネだ」というル・バーをもっています。伏見（1991）は，上記のルールを説明する読み物教材を複数作成し，異なる大学生に読ませました。読み物はルールを説明するのに使う事例が違っており，一つは大学生にとってタネができることが既知のアサガオ（アサガオ群），他の一つは「タネはできない」ないし「イモがタネだ」ととらえているサツマイモ（サツマイモ群）でした。サツマイモの提示は学習者のル・バーと正面衝突するもので，ル・バー対決型方略にあたります。

　事前事後テストとして7種の植物についてそれぞれ「花の咲いていたところにタネができる」かどうかを尋ねました。その結果，アサガオ群の正答率は事前25％から事後38％への伸びにとどまったのに対し，サツマイモ群では事前27％から事後71％へと大きく伸びました。これもル・バー対決型方略の有効性を示すものです。

■国外に目を向けてみると

　ここで少しだけ国外に目を向けてみましょう。ポスナー（Posner, G. J.）ら（1982）は手持ちの概念では自然現象をうまく説明できないという不満を学習者がもつことが概念変容（ル・バー修正）の出発点であるとします。チー（Chi, M. T. H., 1992）も現在の理論では説明できない現象が示されることがまず必要だと考えました（麻柄，2006a）。

　このように，学習者のル・バーを修正するためには，それと抵触する事実を学習のはじめのほうで提示することが有効であるとする考え方は，国の内外を問わず一般的になりました。現在ではル・バーを修正しようとする際には，ル・バー対決型方略が広く用いられているといってよいでしょう。その理由として麻柄（2006a）は，間違った考えを修正するにはそれが間違いであることを示すことが必要だという素朴な考え方がまず指摘できるといいます。さらには，比較的少ない事例でル・バーの修正が可能であり効率的であることや，予想がはずれたときの学習者の驚きや意外感が，ある種の動機づけ効果をもつと期待される点も大きな理由だろうと述べています。

■ル・バー対決型方略の短所

　ル・バー対決型（ドヒャー型）方略は，「ドヒャー」1回で一気に正しい方向へのルールの修正がなされる場合には非常に能率的です。「そうか，そうだったのか」というドラマティックな知識の組み替えが一挙に得られる場合さえあることを細谷（1976）は指摘しています。これはル・バー対決型方略の長所です。けれども「ドヒャー」によってル・バーからルールへの修正が起こらないこともあります。

　第1に，予想と実際の結果が一致しないで子どもが驚いたとしても，それがそのままル・バーの点検という方向に向かうとは限りません。ただ「私ってダメだなあ」と，自分の誤りを認めなくてはならないショックだけに終わってしまう場合があります。

　第2に，結果それ自体を否定して，ル・バーを温存させてしまう場合もあります。子どもによっては実験結果について「実験が間違っている」とか「今のはインチキだ」などと叫び，結果そのものを受け入れないことがあります。

先の麻柄と伏見（1982）の実験でも，不等辺図形群の幼児 20 人中 17 人には高い学習効果があったのですが，残り 3 人には全く効果がありませんでした。学習場面で示された不等辺三角形や不等辺四角形が，自分が思っていた三角・四角とあまりにもかけ離れていたために，それらを三角・四角だと認めることができず，ル・バーを温存させたままだったのでしょう。

■ル・バー対決型方略の短所の解消――チューリップの種子の学習

ル・バー対決型方略が長所とともに短所ももっているなら，できるだけ短所が現れないようにして利用したいものです。この点を検討するために，麻柄（1990）は「花が咲けば，なかに種子ができる」というルールを使って，大学生を対象に実験を行いました。前述したように，大学生でも「球根やイモができる植物には種子はできない」というル・バーをもっています。

大学生を実験群と対照群に分け，読み物を読ませました。どちらの群の読み物も「花は植物の生殖器官だ。チューリップの花のなかにはメシベとオシベがあり，花粉がメシベの頭にくっつくと，やがてメシベのねもとに種子ができる。これは種子植物一般に当てはまることだ」という内容でした（図 2.15）。読み物は「チューリップに種子はできない」という学習者のル・バーと正面衝突するもので，ル・バー対決型方略にあたります。

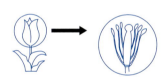

図 2.15　子房の中に種子ができる
（麻柄，1990）

ただし実験群の読み物には，チューリップに種子ができるにもかかわらず球根を植える理由が 2 つ付け加えられました。一つは「種子から植えると，もとのチューリップと遺伝子が違うので，鑑賞に耐えない花になるかもしれないが，球根は同じ遺伝子なので同じ花が咲く」という理由，もう一つは「球根からの方が生長に必要な期間がずっと短くてすむ」という理由でした。「種子ができるというなら，どうして種子を撒かず球根を植えるのか？」という疑問を解消する情報です。実験群にだけ学習者のル・バーが生じた根拠を伝えたことになります。

実験の結果，対照群の中に，「チューリップに種子ができる」と読み物に書

いてあったことは認めながらも，読み物の内容を受け入れず，自分自身の判断としては「種子はできない」と考える者が目立って多く生じました。これに対して実験群では，チューリップに種子ができるにもかかわらず球根を植える理由が示されたため，対照群よりもずっと多くの者が読み物の内容を受け入れたのです。

ル・バーが作られるには作られるだけの根拠があり，学習者にはそれなりの言い分があります。ですからル・バーに反する事実を示しただけでは，なかなか納得してもらえません。こんなときには，ル・バーが成立した根拠を伝えることによって，学習者の納得がとりつけやすくなるのです。麻柄の実験は，ル・バー対決型方略の第2の短所をカバーする一つの手立てを示しています。

2.5 ル・バー懐柔型（じわじわ型）方略

■ル・バー懐柔型方略とは

ル・バー対決型方略の短所に対して，ル・バー対決型とは異なる方略を立てて対応するという考え方もできます。それがル・バー懐柔型（じわじわ型）方略です。細谷（1976）は，ル・バー対決型方略の短所が起こる場合あるいは起こることが予想できる場合にはル・バー懐柔型方略を使うことを提案します。

ル・バー対決型方略は子どものもつル・バーからの予想が事実と食い違う事例（課題）をまず提示していくものでした。これに対しル・バー懐柔型方略は，学習者のル・バーからの予想と実際の結果とが一致する事例（課題），あるいはル・バーからの抵抗が少ない事例（課題）をまず提示します。このとき，そのような事例を足がかりにして新ルール（正しいルール）を導入し，ルールを使うように仕向けます。それからのちに子どもの当初の予想とは一致しない事例にルールの適用範囲を徐々に拡げていくという方略です（「じわじわ」というのはルールの適用範囲が徐々に広がっていく様子を表したものです）。

ル・バー懐柔型方略を意識的に使った教材として，極地方式研究会テキスト『重さ』の課題配列をあげることができます（西大条，1972）。このテキストの重さの保存課題の第1問は，小学4年生にとってはやさしい「台ばかり上での

物を置く位置の違い」です。ここにはル・バーからの抵抗ができるだけ小さい事例によって「出入りがなければ重さは変わらない」というルールを使うように仕向ける意図があります。続いて出されるのも，置くものが縦か横か，粘土玉の変形などの問題です。仮説実験授業研究会テキストで最初に提示される「体重計上での姿勢変化」問題が出されるのは，「出入りがあれば重さは変わる，出入りがなければ重さは変わらない」がかなりの程度獲得できたはずのテキストの終わりのほう（10 時間プランの 8 時間目）になってからなのです。

■ル・バー懐柔型方略の有効性──再び三角・四角の学習

ここでル・バー懐柔型方略の有効性を示す研究をみてみましょう。伏見と麻柄（1986）は先に紹介した研究に引き続き，ル・バー対決型方略では全く学習効果を示さなかった 3 人のような幼稚園児にも有効な方略を検討するためにさらに実験を行いました。

幼稚園年中児を対象に，不等辺図形を使って三角・四角のルールを教えても効果を示さない子どもを 34 人探し出しました。彼らはル・バー対決型方略ではあまり学習できなかった子どもたちということになります。

これらの子どもを A，B，2 つの群に分けます。A 群に対しては図 2.16 の系列 A の 3 組の図形を使いました。はじめに子どもが三角・四角と認める図形 1 を提示して，三角・四角のルールを導入します。続いて「これらの形が少し傾いてノッポになった」として図形 2 を，さらに「もっと傾いてもっとノッポになった」として図形 3 を提示して，そのたびにルールを確認していきます。つまりこの教え方は，子どもに納得の得られる正三角形・正方形を使ってルールを導入し，少しずつ変形させた図形にもそのルールを適用させていくものです。まさにル・バー懐柔型方略といえます。

B 群には図 2.16 の系列 B の

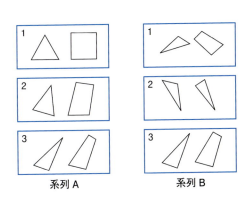

図 2.16　使用した 2 つの系列（伏見と麻柄，1986）

3組の図形を使いました。どの組も不等辺三角形と不等辺四角形であり，これらを提示してルールを繰返し教えます。これは1種類の不等辺図形では効果がなくても，3種類も使えば効果があるだろうという考えに立っており，先の実験のル・バー対決型方略を強めたものになっています。

子どもたちには2回教えたことになります。1回目は彼らを対象児として選んだときで，そのときの事後テストをテスト1とします。2回目は3種の図形を使ったときで，そのときの事後テストをテスト2とします。両テストは同じもので，12個の図形を三角，四角に分類する課題でした。

結果は図2.17の通りでした。B群の成績もテスト1からテスト2へ伸びたのですが，A群の伸びのほうはそれ以上に大きいものでした。

自分がもつル・バーに固執する度合が強い子どもたちには，彼らの考えとは一致しない事例を繰り返して提示してルールを教えるよりも，彼らの考えと一致する事例を足がかりにしてルールを導入し，それを彼らの考えとは一致しない事例にまで少しずつ拡大していくル・バー懐柔型方略のほうが効果的なのです。

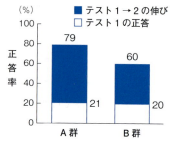

図2.17　正答率の伸び
（伏見と麻柄，1986）

■**国外に目を向けてみると**

クレメント（Clement, J., 1993）は，物理領域における学習者のル・バー（クレメントの言葉では前概念）を修正する方法として「橋渡し法」を提案しました。この方法は学習者の既有知識を足場として使うもので，麻柄（2006b）によるとつぎのようにル・バー懐柔型方略と同じ発想に立つといいます。

「机の上の本に働く力を矢印で書き入れる」問題に対し，多くの学習者は本に働く重力を下向きの矢印で書き入れることは可能なのですが，抗力（机が本を上向きに押す力）を書き入れることができません。クレメントは，まず机の上にバネを置いてそれを手のひらで押し縮めさせます。このとき，手からバネ

に下向きの力が加わっているだけでなく，手がバネから上向きの力を受けているのが直感的にわかります。これとの類推から，机の上の本も机から上向きの力を受けていることが理解できればよいのですが，類推が成立しない場合も多いのです。そこでクレメントは両者の「橋渡し」を工夫しました。両端が台の上に乗っている薄い板の上に本を置く場面を設定します。本を置くと薄い板がたわむので，バネの場合と同じように本が板から上向きの力を受けていることが理解しやすくなります。

「バネの上の本」→「薄い板の上の本」→「机の上の本」という系列は，既有知識（バネの上の本には上向きの力が働く）を足場としており，見事にル・バー懐柔型（じわじわ型）方略に対応したものになっていることがわかります。

■ ル・バー対決型とル・バー懐柔型の選択について

ここまでル・バーを組み替える2つの方略をみてきました。うまくいけば，ル・バー対決型（ドヒャー型）方略は能率的だし，時には劇的でさえあるのですが，場合によっては納得の得られない子どもたちを置き去りにする危険性があります。ル・バー懐柔型（じわじわ型）方略は時間がかかるけれど，多くの子どもの納得をとりつけやすくなります。ただし劇的さには欠け，子どもを飽きさせてしまう危険性も生じます。教師としてはどちらの方略を選んだらよいのでしょうか。2つの方略の使用について，伏見と麻柄（1993）は，暫定的ではあるけれどと断わった上でつぎのようにまとめています。

1. 学習者のル・バーがそれほど強くない場合
- ル・バー対決型方略で一気にル・バーをくつがえすことができる。

2. 学習者のル・バーが大変強い場合
- 一般的には，ル・バー懐柔型方略の方が有効だ。
- ル・バー対決型方略を使う場合は，その後で情報をつけ加えて，「ル・バーが成立した根拠」と「実験結果（事実）」との間の矛盾をなくす必要がある（前述の麻柄（1990）の研究を参照）。
- 実験に先立つ討論などによって「こういう結果が出た場合には，それはこういう理由からだ」という対応がついていれば，ル・バー対決型方略も効果をあげる（仮説実験授業研究会テキストにおける「討論」の重要性）。

以上のようですが，伏見と麻柄も指摘しているように，ル・バーの強さをどのようにして知るかが問題になります。教えるためにはル・バーの強さを知ることが必要だし，ル・バーの強さを知るためには実際に教えてみることが必要だ，という循環論に陥ってしまうからです。ただし，それまでの授業実践の報告が豊富に蓄積されていれば，どんな領域どんな側面で強いル・バーが示されるのか予測は可能になるでしょう。

　またどちらの方略を選ぶかは，学習効果の観点からだけでなく，教師の教育観や学習観さらには授業スタイルについての好みとも結びついているはずです。

　ただどちらの方略を選ぶにしても，もう一方の方略も準備できるようになっていることは教師にとって大切なことでしょうし，このような２つ方略の枠組みをもって，ル・バーを修正する授業プランを考えることは大きな意味があるといえます。

● さらに読み進めたい人のために

西林克彦（1994）．間違いだらけの学習論——なぜ勉強が身につかないか——　新曜社

　隠れたベストセラー。「教科書は厚いほどいい」等，一般に信じられている学習についての誤りを，認知心理学の知見に基づいて指摘しています。教え方を考える上で，その基盤として参考になります。

麻柄啓一（2002）．じょうずな勉強法——こうすれば好きになる——　北大路書房

　教育心理学者によって書かれたジュニア向けの分かりやすい本ですが，むしろ教師や教師を目指す学生に読んでほしい一冊です。どんな教え方が重要なのかが見えてきます。

細谷　純（2001）．教科学習の心理学　東北大学出版会

　たくさんの授業に立ち会った心理学者による書。表題の「教科学習の心理学」の他，「課題解決のストラテジー」等が授業場面の例に基づいて説明されています。

勉強の仕方を教える

これまでの教育では，どう勉強するかは学習者に任されていました。そのため，教師が児童生徒に「勉強の仕方」を教えるということは，あまり行われてきませんでした。しかし，これからの教育では「自律的に学ぶ人材の育成」に重点がおかれています。そのため，学校において教師が児童生徒に「学び方」を明示的に教えることが必要になってきます。そこで，本章では教師が「勉強の仕方」を教えるときに必要となる，教育心理学の基礎的な理論を説明し，具体的な実践事例を紹介します。

本章のトピック

- 学習方略とは何か？
- どのような学習方略があるのか？
- 学習方略はどのように教えるとよいのか？
- 自己調整学習とは何か？

キーワード

学習方略，メタ認知，自己調整学習

3.1 学習方略とは何か

皆さんの中には学校の成績を上げるために，テスト勉強のときに，声に出して読む，何回も書いてみる等，さまざまな勉強法を試したことがある方がいると思います。教育心理学では，そのように，「学習効果を高めることをめざして意図的に行われる心的操作や活動」のことを**学習方略**とよびます。

■なぜ学習方略が大切なのか

学習方略には単に何回も読んだり，書いたりすることを繰り返す「浅い処理」を促す学習方略と，自分がすでに知っていることと関連させたり，意味づけたり，分類をしたりする，「深い処理」を促す学習方略の2つの種類があります。

学習方略はテスト成績と関連があり，一般に，深い処理の学習方略を使用している学習者のほうが成績が高いといわれています（ロビンスら，2004）。また，学習方略は訓練により学習することが可能です（ハンマンら，2000）。教師が学習方略を教え，児童生徒の成績を向上させ自信をもたせることで，学校を卒業した後も自律的に学ぶ学習者の育成につながります。

しかし，学校で先生から勉強の仕方を習った経験のある人は少ないのではないでしょうか。多くの児童生徒は何度も書いたり，何度も読むという「浅い処理」の方法で学んでいますが，教師が学習方略を教えることで，児童は勉強の仕方を身につけることができます（ウィローバイら，1999）。児童生徒の中には，どうやって勉強したらよいかわからないため，成績が上がらない人がたくさんいます。皆さんが教師になった際には，ぜひ児童生徒に学習方略を教えて，「勉強の仕方が分からないから，勉強が嫌い」という児童や生徒が少なくなるような指導を心がけましょう。

■どのような学習方略があるのか

この章では，「学習方略」をイメージしやすいように，まず，読解に関する学習方略の一つであるロビンソン（1946）の **SQ3R法** を紹介します。この名前は次の5つのステップの頭文字をとったものです。

- Survey（概観する）……読む箇所のタイトルや小見出しを流し読みして，

全体として何が書かれているかをとらえます。
- Question（質問する）……概観したときに浮かんだ問いを書き出す。
- Read（読む）……自分が立てた質問の答えを探しながら読み進めます。
- Recite（暗唱する）……質問に対する答えを本を見ないで言えるかどうか試してみます。言えない場合は、きちんと理解していないことを表していますので、もう一度、読む必要があります。
- Review（振り返る）……読んだ内容の要点や要約を書き出します。

ロビンソン（1946）は、この訓練を受けた大学生の読む速度と理解度の向上に効果があったと報告しています。この例から分かるように、学習方略を教わることで効率的に学ぶことができます。学習方略にはさまざまな種類がありますが、次節では代表的な学習方略を紹介します。

3.2 学習方略の種類

ワインスタインとメイヤー（1986）は学習方略をリハーサル方略、精緻化方略、体制化方略、理解監視方略、情緒的方略の5つに分類しています（表3.1）。

表 3.1 ワインスタインとメイヤー（1986）による学習方略の分類 (辰野, 1997 より抜粋)

リハーサル方略	反復する、模写する、下線を引く
精緻化方略	イメージや文を作る、要約する、質問する、ノートを取る、類推する
体制化方略	グループに分ける、図表を作る、階層化する
理解監視方略	自分に問いかける、再読する、言い換える
情緒的方略	不安の解消、注意散漫を減らす、生産的環境をつくる

■リハーサル方略

リハーサル方略とは、覚えたい内容を繰返し言ったり、書いたりする学習方略です。例えば、暗唱、模写等があります。小学校で教科書の内容を暗唱した

り，お手本に沿って漢字を何回も書いたりすることは，リハーサル方略を使うことを促しているといえます。

　ただ，小学校1，2年生（6，7歳）は，親や教師に言われれば，リハーサル方略を使うことができますが，自分から積極的に学習方略を使うことは難しいといわれています。そのため，この年齢の子どもには大人が「繰返し書いてみたら？」等，親や教師がアドバイスをしてあげる必要があります。小学校5，6年生（11歳，12歳）になれば，自発的にリハーサル方略が使える児童が出てくるとされています（辰野，1997）。

■**精緻化方略**

　精緻化方略とは，覚えたいものに意味づけをしたり，既有知識と関連させたり，イメージ化したりして情報を長期記憶に保持し，後から思い出しやすいように工夫をすることです。例えば，"impossible"（不可能）という英単語を覚える際に「否定」の意味を表す接頭辞の"im-"と「可能である」という意味の"possible"に分けて「不可能」と覚えることや，化学の元素記号の並びを「すいへいりーべ，ぼくのふね……」と繰返し言いながら，覚えようとするのは元素記号という無味乾燥な情報を「H＝すい」「He＝へい」のように単語に変換し，ストーリー化して意味づけを行う，精緻化方略の一つであるといえます。

　また，ほとんどの人が経験している精緻化方略の一つが，教科書や参考書を読む際に重要な箇所にマーカーで色をつけたり，下線を引くことです。ただ，何も考えずに多くの箇所に線を引いていては認知的に浅い処理しかされず記憶に残りません。

　スノーマン（1984）は，「この文章で大事な箇所はどこか」「なぜ，そこが大事だと思うのか」を1段落に1行程度マーカーをすると効果があると報告しています。ただ，小学校6年生以下の児童の場合，自分だけで文章の中から重要な箇所を見つけることは困難です。児童が独力で重要な箇所を見つけることができるようになるためには，児童に重要だと思う箇所を選ばせ，「なぜ，そこが重要だと思ったのか」を尋ね，「教師が重要だと考えて選んだ箇所」と「児童が重要だと考えて選んだ箇所」を比較し，教師がその箇所を選んだ理由を説

明し，教師が児童のモデルになる指導を繰り返し行うことが必要です。

■**要約を書く**

　要約を書くことも精緻化方略の一つです。本に書いてある内容を自分の言葉で要約したり，説明されている概念同士の関係を図にまとめたりするよう指導するとよいでしょう。また，授業の最後に，今日学んだことの要約をノートに書かせることも，学習した内容の定着に効果があることが知られています（ドクトローら，1978）。ただ，その際に，教師がまとめた言葉を書き写させるのではなく，「今日，私が気づいたことは〜」「まだ私が分からないことは〜」等のフレーズで導きつつ，最終的には児童生徒が一人で要約が書けるように指導します。そうすることで，児童生徒の授業内容に関する意味的な理解が促進され，学んだ内容が定着しやすくなります。

■**ノートをとる**

　授業中にノートをとることも学習方略の一つです。教師が板書した内容をノートにとるという行為は，

1. 先生が話している内容をワーキングメモリ（第1章参照）に保持する
2. ノートに残す重要な情報を選択する
3. 選んだ情報をノートに書き残す

という作業を，児童生徒が「先生の話を聞きながら」行わなければいけないため，複雑な作業となります。特に学習に障がいがある児童生徒にとってノートをとることは困難な作業になるため，周囲のサポートが必要です。

　そのため，記憶に残りやすいノートのとり方を児童生徒に指導することは，教師の大切な役割の一つとなります。ボイル（2010）は中学校と高校の学習障がいのある生徒を対象に，科学の時間に「効果的なノートのとり方」を指導した結果，一般的な方法でノートをとった生徒よりも重要な概念に関する理解と定着がよかったことを報告しています。他にも，クラスの中でよくまとまったノートをとっている児童生徒に許可をもらい，「良いノートのとり方の例」として他の児童生徒に紹介する方法もあります。

　最初は，教師が黒板に書いたことを丸写しするノートのとり方でよいと思います。ただし，児童生徒がノートをとることに慣れたら，先生が板書したこと

に加えて，授業に関して「わかったこと」や「疑問に思ったこと」を記録に残すノートのとり方に移行すると，学習内容が児童生徒の頭に残りやすくなると考えられます。

■**体制化方略**

体制化方略とは，覚えたい内容をグループに分けたり，一定の法則にしたがって並べ替えたり，表や図でまとめたりすることです。体制化方略は，断片的であった知識が関連していることへの気づきを喚起し，頭の中が整理されるというメリットがあります。

例えば，国語の授業で児童生徒に「鰯」や「鯖」等の「魚へん」の漢字や「木へん」の漢字を辞書で調べてもらい，漢字の成り立ちに気づいてもらう。理科の時間で，「哺乳類」と「鳥類」，「魚類」，「爬虫類」等の動物に分けることで，「哺乳類」に属する動物が共通してもっている特徴や，一見，哺乳類にはみえないが実は哺乳類に属する動物（例：イルカ，コウモリ）がいることに気づかせる，等の実践が考えられます。そうした分類を体験することで，児童生徒が他の課題を学習する際にも，「情報を分類して考える」ことができるようになります。

■**理解監視方略**

理解監視方略は，自分の理解状況をモニターし，適宜修正を図ったり，「テストでうまくいかなかった」等の学習結果から，勉強の方法を改善したりする方略を指します。例えば，読解の際に「自分は今，読んでいる文章を理解しているか」のように自問して，自分が正確に理解しているかを確認する学習方略です。

この方略を使用しない人は，文章を読んでいるときにちゃんと理解していない自分に気づかずに，最後まで読み進めていってしまい，「読み終わったけれど，結局，何が書いてあったのかよく分からない」という状況に陥りがちです。一方，理解監視方略を使う人は，「今，自分はこの文章を理解していない」と気づくことができ，少し前の段落まで戻り，もう一度読み直すという修正ができます。ただし，理解監視方略は次の項で解説する，自分の認知をモニターする「メタ認知」が獲得されていないと使用することは困難です。

3.2 学習方略の種類

■メタ認知

「メタ認知」の「メタ」とは「高次の」という意味があり，「**メタ認知**」とは「自分の認知に関する認知」を指します。

「メタ認知」は「メタ認知的知識」と「メタ認知的活動」の2つに分けることができます（図3.1）。

「メタ認知的知識」とは例えば，「私は理系科目のほうが文系科目より得意だ」「私は文章題よりも計算課題のほうが点がとれる」のように，自分の認知に関する知識のことを指します。

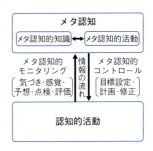

図3.1 **メタ認知のモデル**
（中澤（編），2008）

一方，「メタ認知的活動」はさらに「メタ認知的モニタリング」と「メタ認知的コントロール」に分けることができます。「メタ認知的モニタリング」とは，「この問題は自分にも解けそう」「私はまだここが理解できていない」「この方法でよいのだろうか」などと考えることを指します。「メタ認知的コントロール」とは，自分の能力にあった目標を設定したり，計画を立てたりすることを指します。

■理解監視方略の指導例

メタ認知と深く関連している，理解監視方略の指導例としては，文章読解であれば「第1段落を読んで，分からないことは何ですか」と教師が児童生徒に問うことがあげられます。また，授業の最後に「今日の授業で分かったことと，まだ分からないことをあげて下さい」と指示し，児童生徒にワークシートに書いてもらうことで，徐々に理解監視方略が育成される可能性があります。

ただ，いきなり児童生徒まかせにするのではなく，最初は教師が主導で行うことが必要です。そして，徐々に，自分で理解度を振り返るように指導し，最終的には，児童生徒が自分の理解監視ができるように導く必要があります。

■情緒的方略

情緒的方略とは，自分の感情を意図的にコントロールすることで，学習に集中できる状態になることを目的とした学習方略です。例えば，自宅では勉強に

集中できない生徒が図書館で勉強をすること，スマートフォンが机の上に置いてあると気になって勉強に集中できない生徒が，勉強中はスマートフォンを視界に入らないところに置いておくこと等があげられます。

一見すると誰でも簡単にできそうな方略ですが，自分の感情をコントロールするのは案外難しいものです。まず，この方略が使えるには「自分はどのようなときに集中できるのか」「自分が注意散漫になるのはどんなときか」「今，自分は集中している状態にあるのか」等，自分のことをモニターできなければいけません。また，「絶対に○○大学に合格する，そのためには今，勉強をしなければいけない」のように，強い意志の力も必要です。

ブローデンら（1971）は，授業に集中できない中学生に対して，注意を集中できた時間を記録してもらうため，集中できていたときと，集中できていなかったときにそれぞれプラスとマイナスのマークをつけて，記録するように指導しました。他者がその生徒を観察し，集中している時間を測定した結果，その生徒が自分の集中状態を自己記録している期間のほうが，記録をしていない期間よりも，集中する時間が長くなることが明らかになりました。このことから，「自分が今，集中状態にあるか」に注意を払うだけでも，集中力のコントロールに効果があることが分かりました。

■援助要請

ここまでワインスタインとメイヤー（1986）が分類した，児童生徒が個人で行う学習方略に特化して話を進めてきましたが，「勉強していて困ったときに周りの人に助けを求めることができる」というのも学習方略の一つで，これは援助要請とよばれています。

勉強に関して，児童生徒が援助を要請する対象は主に教師や親ですが，兄弟やクラスメートに助けを求めることもあると思います。ただし，援助を要請する側が「自分は何が分かっていないのか」「どこまでわかっているのか」「何を尋ねたいのか」等が分からないと，周りも援助ができません。

瀬尾（2005）は「つまずき発見チェックリスト」（図 3.2）を教師が提示することで，学習者は自分がどこにつまずいているのかに気づきやすくなり，生成した質問の数が増えたことを報告しています。

> **つまずき発見チェックリスト**
> 1. 分からない用語・記号にしるしをつけて確認する
> 2. 図，表，グラフを使えるか確認する
> 3. 問題を数式で表せないか確認する
> 4. 使える公式があるか確認する

図 3.2　援助要請を促す「つまずき発見チェックリスト」(瀬尾，2005)

　このように，児童生徒が先生やクラスメイトに援助を要請をするには，自分の理解度をモニターするスキルが必要ですが，このスキルを身につけるには，「つまずき発見チェックリスト」のような教師の明示的な指導が必要です。

3.3　学習方略を教える

　学習方略の指導を行うと，もともとの知能や成績に関わらず成績が向上するといわれていますが，特に，訓練前の時点で成績が高い人ほど指導の効果が高くなるとされています（辰野，1997）。それでは，教師が特定の学習方略を教えれば，その方略を実際に児童生徒が使って成績が向上するのかというと，現実はそれほど単純ではありません。

　教師が学習方略を教える際に，教師がすべきことが3つあります。1つめは，「認知的コストを低下させる」こと。2つめはその学習方略の「有効性を認知させる」こと。3つめは「学習方略の使用を評価する」ことです。

■**認知的コスト**

　精緻化方略のように，認知的に深い処理を促し，成績を上げるのに効果的な学習方略を教師が児童生徒に教えたとします。しかし，その方略を使うのに時間がかかったり，高い学力が要求されたりする場合，その方略が使われることは少ないでしょう。例えば，冒頭で紹介したロビンソンのSQ3R法も，「やれば効果がありそう」と思っても，本を読む際に実際にやってみる人は少ないと思います。このように，認知的に「これはやるのは大変そう」「面倒だな」と感じることを，**認知的コスト**とよびます。認知的コストが高い学習方略は，学習者が使用しない傾向があります（佐藤，1998）。そのため，学習方略を教師

が教えても，その方略を使うことを児童生徒が面倒だと感じると，継続して使用される可能性は低いといえます。

　それでは，より多くの児童生徒に学習方略を使用してもらうためには，教師はどのようなことに注意して指導をすればよいのでしょうか。まず，教師は「児童生徒の熟達度にあった学習方略を提示する」必要があります。

　小学校低学年の児童が漢字を覚える際には，「深い処理の学習方略」を使って，部首でグループ分けして覚えようとしても，そもそも知っている漢字の数が多くありません。そのため，この時期に深い処理を促す，精緻化方略をすすめても効果はありません。この時期には，意味的に処理することを無理強いするよりは，書いて覚える等の浅い処理を繰り返して，まずは語彙を増やすことを優先すべきでしょう。

　問題となってくるのは，ある程度学習がすすみ，新しい内容を学ぶ際に丸暗記をするよりも，意味的に処理をして覚えたほうがよい時期に差しかかったときです。そのときに，多くの児童生徒はそれまでに慣れ親しんだ，浅い処理である丸暗記から抜け出せません。そうした時期に，教員が精緻化方略や体制化方略等，さまざまな学習方略を教え，使える学習方略の種類を増やす手助けをするとよいです。また，児童生徒が使える学習方略が増えてきたら，その中から，自分に合った学習方略を選べるようにアドバイスをしたり，科目や学習内容に合わせた学習方略の使用を促す指導をしたりすることが必要です。

　繰返し書いたり，言ったりする「浅い処理の学習方略」は悪く，「深い処理の学習方略」が良いかのように誤解されがちですが，そういうわけではありません。学習方略の使用と学業成績の関係を検討した村山（2007）は，学業成績が高い学生は，「深い処理を促す学習方略」と「浅い処理を促す学習方略」の両方をバランスよく使い分けていることを報告しています（図 3.3）。

■認知的コストを下げる

　認知的コストを下げるには，「教師が学習方略を児童生徒に紹介するときにスモール・ステップ（第 1 章参照）で教える」ことです。まず，児童生徒にある特定の学習方略を教えたい場合には，その方略をいくつかの手順に分けます。

　例えば，テキストの要約はテキストの大事な部分を選択し，選択した部分を

3.3 学習方略を教える

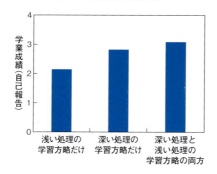

図 3.3 学業成績と学習方略の使用の関係（村山，2007）

まとめる作業であるととらえると，①テキストの大事な部分の選択，②大事な部分の統合という2つのステップから成り立っていると考えます。

そこで，第1ステップとして，教師がテキストの大事な箇所を選び，下線を引く。児童生徒は教師をまねて同じ箇所に線を引く。要約の作成も教師が行い，児童生徒はその内容をなぞる。第2ステップでは，教師がテキストの大事な箇所を選び，児童生徒が同じ箇所に下線を引くまでは同じですが，まず，児童生徒に要約の作成を行ってもらい，その後で教師がまとめた要約をモデルとして提示し，児童生徒には自分が作成した要約との違い，どのような点に注意すれば改善できるかを考えてもらう。第3ステップでは，テキストの重要箇所の選択も，要約の作成も児童生徒に行ってもらうといった具合です。

このようにして，教えたい学習方略をいくつかのステップに分け，1つのステップができるようになったら，より認知的に負荷の高い次のステップに取り組むように指導することで，児童生徒が感じる認知コストを低減することができます。

■有効性の認知

児童生徒が効果があるということを認識しなければその学習方略は使うことはありません。これを**有効性の認知**といいます。有効性を認知させるには，普段の授業の中で特定の学習方略を教え，その方略をすぐに使ってもらうとよいでしょう。例えば，中学の英語の授業の中で"impossible""unable"といった英単語を覚える際に，接頭語（例：否定の意味をもつ"im-""un-"），接尾語

(例：可能の意味をもつ"-able")に分けて覚える精緻化方略を教えたとします。その後,「辞書で"im-"がつく英単語を 10 個探す」等,接尾語,接頭語に分けて覚えるほうが効率のよいことが感じられる課題を児童生徒に体験してもらい,精緻化方略の効果を実感してもらいます。このように,ある方略を使って学ぶ課題を教師が出し,その学習方略が役に立つことを実感できれば,その方略を使う生徒が増えてくるでしょう。

■学習方略の使用を評価する

児童生徒に学習方略を教えても,その学習方略で学んだことがテスト等で評価されなければ,その方略が使われることはないでしょう。例えば,先生が授業中に「歴史は流れをきちんと理解することが大事だ」と言って,精緻化方略を薦めたとします。しかし,テストでは人名や年号を空所に回答させる問題を出題していれば,人名や年号を丸暗記したほうが効率が良いため,児童生徒は精緻化方略を使うことはないでしょう。

村山(2003)は,中学 2 年生の社会科の授業で,授業の終わりに毎回小テストを実施しました。小テストの種類は,空所補充形式の小テストと記述形式の小テストの 2 種類があり,一方のクラスでは空所補充形式でテストを行い,もう一方のクラスでは記述形式でテストを行いました。その結果,空所補充形式でテストを行ったクラスと比較して,記述形式でテストを行ったクラスでは,精緻化方略等の認知的に深い処理の学習方略が多く使われました。このことから,児童生徒に使わせたい学習方略がある場合には,「その方略を使うことが評価される仕組み」を授業の中に組み込むことが重要であるといえます。

3.4 自己調整学習

ここまで,学習方略を学校教育で児童生徒にいかに教えるかという話をしてきましたが,児童生徒が学校にいる年数より,学校を卒業してからの人生のほうが長いことは明らかです。そこで,学校を出てからも,児童生徒が自律的に学べる力を教師が育成することが大切です。

このように,自ら自分の行動を律し学ぶ学習のことを**自己調整学習**といいま

3.4 自己調整学習

す。自己調整学習のプロセスは「1. 計画の段階」「2. 遂行の段階」「3. 自己省察の段階」の3つの段階に分けられます。「1. 計画の段階」では「自分で目標を決めて，計画を立て」，「2. 遂行の段階」では「自分の感情や行動をコントロール」し，「3. 自己省察の段階」では「自分の行動を評価」をします（ジマーマン，2001）。

■**目標設定の仕方を教える**

　自律的に学べるようになるためには，まず何を目標に学ぶかを決めることが必要です。しかし，適切な目標を設定し学ぶことは案外難しいものです。

　児童生徒には目標を決めたら，それをできるだけ自分以外の人に伝えるように指導することがポイントです。ヘイズ（Hayes, S. C.）ら（1985）の研究によると，ある教材を学ぶ際に目標を設定してそれを他人に伝えた大学生のグループは，目標を設定したが他者には知らせなかった大学生のグループよりも，その教材のテストの成績が良かったことを報告しています。そのため，例えば，「逆上がりができるようになる」等，児童生徒の各自の目標をクラスの壁などに貼り出すことは，その目標を達成するために意味があるといえます。

　また，児童生徒は目標を低く設定しがちですので，高めの目標を設定するように教師が指導する必要があります。プライスら（Price, G., & O'Leary, K. D.）（1974）は，小学1年生が算数の問題を解く際に，1日に解く問題数の目標を10％上げるごとに教師がほめることの効果を検討しました。その結果，児童は学習目標を高く保つようになり，算数以外の教科においても高い目標を設定するようになったことを報告しています（ウールフォーク，2004）。反対に，あまりに高い目標設定は自信を失わせ，やる気の低下につながる可能性があります。そのため，児童生徒が適切な目標設定を一人でできるようになるよう，教師が手助けをする必要があります。

■**自己モニタリングと自己評価**

　児童生徒に自分の行動をモニターし，改善することにチャレンジさせると，自律的に学ぶ学習者の育成につながります。例えば，読んだ本の数，なわとびを飛んだ数，忘れずに宿題を提出できた回数等を記録することで，自分の行動をモニターする力が育ちます（メイスら，2001）。

また，自分の行動をモニターした後，児童生徒に自己評価をしてもらうと，学習の改善によりつながります。児童生徒は評価の視点を与えられれば，自身の行動を振り返って評価することが可能であるといわれています。スウィーニーら（1993）は，中学生に文字を手で書く際の大きさや形，文字の間の取り方の「自己評価」の仕方を教え，生徒の自己評価を頻繁にチェックし，正しい自己評価ができているときにほめるということを続けた結果，生徒は正確な自己評価ができるようになったと報告しています。

　さらに，継続して続けている姿を他者にも公開すると，より一層努力するようになります。マッキンゼーとラッセル（1974）は，9歳から16歳の子どもが所属する水泳クラブで，選手の練習量を増やすために，各自がプールを往復した回数をプールサイドに記録して貼り出すことにしました。その結果，各選手の練習量が増えたことを報告しています。ただし，自分の努力が他人の目に触れることで過度のプレッシャーを感じる児童生徒もいますので，この方法を用いる場合は配慮が必要です。

■自ら問いを立てる――質問生成スキル

　「自分で問いを立てること」が自律的に学ぶ学習者の育成では重要となります。問いが立てられれば，「問いの答えを知りたい」という気持ちが高まります。それが，自分で本を読んだり，インターネットで調べたりするという探究行動につながります。また，調べる過程で「新たな問い」が生まれ，自律的な学習のサイクルが回りだします。それでは，自ら問いを立てられる児童生徒を育てるために，教員はどのように指導をすればよいのでしょうか。キーワードは，モデリングとフィードバックです。

　湯澤（2009）は中学生を対象とした自己質問を作成させる実践から，まず，自己質問をA，B，Cの3つのタイプに分類しました（**表3.2**）。

　タイプAは授業で勉強したところで十分理解できなかった点に関する質問（例：GDPとは何か）。タイプBは授業で勉強した中で，大切なところに関する質問（なぜヨーロッパの国々はEUを作ったのか）。タイプCは学習したことを活用する探究的な質問です（例：なぜ日本とマレーシアは自由貿易協定を結ぶのか）。湯澤（2009）は，中学校と高校で生徒に自己質問を作成してもら

3.4 自己調整学習

表3.2 自己質問の理解レベルによる分類（湯澤, 2009）

理解のレベル	学力	メタ認知の役割	自己質問	具体例
A. 学習内容を理解する	基礎学力の獲得	わからないところに気づく	自分の学習が不十分なところはどこか	GDPとは何か
B. 学習内容を構造化する	基礎学力の定着	学習の大切なところに気づく	授業で大切なところはどこか	なぜヨーロッパの国々はEUを作ったのか
C. 学習内容を応用する	基礎学力の深化	いつ，どのように応用するのか判断する	授業で学習したことでどのような新しい問題が解けるようになるか	なぜ日本とマレーシアは自由貿易協定（FTA）を結ぶのか

った実践から，単に質問の生成を繰り返しても，探究的なタイプCの質問はほとんど出てこないことを報告しています。そして，問題点として，教師自身が探究的なタイプCの質問の具体的なイメージがないことをあげています。

そこで，湯澤（2009）は教師が「探究的な問いのモデル」を生徒に示すことで，生徒自らが探究的な問いを立てられるようにしました。例えば，国語の古典で『枕草紙』を扱った授業では，「清少納言がタイムスリップして現代に来たら何を見て，"をかし"，"つきづきし"というだろうか」という問いを教師が出しました。つまり，「主人公が○○したら」という，「視点の転換」を求めるタイプCの問いのモデルを教師が生徒に示したのです。その結果，他の教材において，「主人公が○○したら」というタイプCの問いを生徒が作成できるようになりました。

湯澤（2009）の実践から，教師が教えることで児童生徒が問いを立てるスキルを獲得できることが分かります。さらに，この実践から，そもそも児童生徒に基礎的な知識がなければ問いは立てられないことが分かります。いきなり授業の冒頭から「問いを立てましょう」と始めるのではなく，基礎的な知識が定着した後で，問いを立てさせることで，児童生徒の主体的な学びが成立します。

■学習方略を教えることに対する批判

どのような方法で勉強をするのかは学習者の自由です。そのため，学習方略のように，勉強の仕方を教えることに反対する人もいます。しかし，これまで

の学校教育では,教師が児童生徒に「勉強のやりかた」をあまり教えてきませんでした。

　教師が学習方略を児童生徒に教えることにより,学習者は学習内容や個人の好みに合わせて,適切な学習方略を選べるようになります。学習方略を教えることで,児童生徒はさまざまな勉強の仕方から自分にあったものを選ぶことができます。学習方略を教えることは学び方を強制しているのではなく,児童生徒の学び方の選択肢の幅を広げます。自ら学ぶことのできる児童生徒を育てるために,これからの教師は勉強の内容だけでなく,勉強の方法も教えられることが求められているのではないでしょうか。

● さらに読み進めたい人のために

市川伸一（2013）．勉強法の科学――心理学から学習を探る――　岩波書店

　心理学の理論に基づいて，「勉強のしかた」について書かれた本です。英単語の覚え方等，実際の学校で勉強する内容を例に勉強の方法を分かりやすく解説しています。

日本図書館協会図書館利用教育委員会（編）（2011）．問いをつくるスパイラル――
　　考えることから探究学習をはじめよう！――　日本図書館協会

　探究学習を行うための「問いづくり」が，ワークシートを埋める形で進めることができる画期的な本です。探究学習を行いたい先生におすすめです。

尾崎正彦（2010）．"ズレ"を生かす算数授業――子どもがホントにわかる場面8
　　例――　明治図書

　児童生徒が能動的に動き出すには「1．友だちの考えとのズレ」，「2．予想とのズレ」，「3．感覚とのズレ」，「4．既習とのズレ」の4つのズレが大切と主張し，「ズレ」を生かした算数の授業展開の仕方を解説した本です。

辰野千壽（1997）．学習方略の心理学――賢い学習者の育て方――　図書文化社

　「学習方略」について国内外の研究を網羅している本です。学習方略について学びたい方は，まずこの本から始めるとよいでしょう。

ジマーマン，B. J.ら　塚野州一・牧野美知子（訳）（2008）．自己調整学習の指
　　導――学習スキルと自己効力感を高める――　北大路書房

　時間を管理するスキル，文章要約のスキル，ノートをとるスキル，テストの準備スキル，作文のスキル等，児童生徒に身につけてほしいスキルの教え方について書かれた本です。

やる気を引き出す 4

　この章では，子どものやる気や意欲について考えてみます。「子どもが勉強しなくて困る。どうすれば，やる気を起こさせることができるだろうか」というような問いは，日常的にもよく耳にするはずです。そうした場面におかれたとき，皆さんならどうするでしょうか。叱って無理やり机に向かわせるでしょうか，あるいは「勉強する気になるまで気長に待つしかない」と思ってあきらめてしまうでしょうか。それとも，「毎日，勉強したら何か欲しいものを買ってあげるよ」といって勉強させようとするでしょうか。こうした誰もが経験するやる気，意欲の問題について，教育心理学がどのように説明し解答を出してきたかをみてみたいと思います。加えて，時に教育場面で出会う，意欲ややる気に問題をかかえる子どもについても考えてみます。

本章のトピック

- 教育心理学ではやる気や意欲をどのようにとらえているのだろうか？
- やる気や意欲はご褒美によって引き出すことができるのだろうか？
- やる気や意欲を高めるための重要な条件とは何だろうか？
- やる気と意志の強さはどのような関係にあるのだろうか？
- やる気や意欲に問題を抱える典型的な子どもとはどのようなケースなのだろうか？

キーワード

動機づけ，内発的動機づけ，学習された無力感，学習目標と遂行目標，達成動機づけ，意志力

4.1 動機づけはどのようにすれば引き出せるか

■意欲，やる気と動機づけ

　前章までは，児童や生徒がどうやってものを教わって学び，また，自ら勉強することを覚えていくかといった仕組みについてみてきました。しかし，忘れてはならないことがあります。それは意欲，やる気です。勉強しようという意欲，やる気がなくては，教えても何も身につきません。その意欲，やる気はどのようにして出すことができるのでしょうか。

　ところで，教育心理学の分野では，ふつう意欲ややる気という言い方はしません。意欲ややる気は，専門的には動機づけとよばれています。心理学や教育心理学では，動機づけを，生活体（人もしくは動物）の行動を一定の方向に向けて生起させ，維持させる一連の過程や機能，と定義しています。しかし，この動機づけの定義は直観的にはなかなか理解しにくいかもしれません。

　実は，教育心理学における動機づけという言葉にはおおよそ2つの意味が含まれていると思われます。1つめは，人や動物がある行動を実行し，それを維持するための持続的な力，エネルギーなどを意味しています。これは，意欲的な人をエネルギッシュな人などということもあるので理解できると思います。一方，そうした力が何のために，どうして特定の方向に向かうのかという行動の理由についていうときにも動機づけという言葉が用いられます。こちらは動機という言葉に置き換えてみれば理解できるはずです。しかし，ここではそのような専門的な議論はひとまずおいておきます。動機づけとは，学ぶ意欲，やる気とほぼ同じ意味と考えることにしましょう。

　学ぶ意欲を高める，やる気を出させる，つまり，動機づけを高めるためにどうすればよいかという問いは，誰もが一度は関心をもったことがあるでしょう。また，そうでなくても自分自身や身近な者の動機づけを高めるためにどうすればよいか考えてみたことはあるはずです。

■ご褒美でやる気は引き出せるのか

　今からおよそ100年余り前，教育心理学の研究がまだはじまったばかりの頃，動機づけの研究はネコやネズミのような動物を使った実験結果をそのまま人に

もなぞらえて考えることがふつうでした。ここから引き出された知見は，今日，私たちが考えてもとても分かりやすいものです。例えば，水族館で曲芸をするイルカを思い浮かべて下さい。調教師はイルカに芸を教えるとき必ずエサを用意します。そして，曲芸の動作が1つできると調教師はイルカにエサを与えます。イルカはエサがもらえることを期待して芸を覚えようとします。このとき，エサを与えないでイルカに曲芸を教えることはできません。エサが意欲を引き出しているからです。だから，教育心理学でも，当初は，人の意欲もこれら動物と同じようにエサを使って引き出せばよいと考えられていました。例えば，クラスで上位の成績をとった子どもには表彰状を渡す，決めた時間だけ勉強したら30分遊んでよいと言う，テストで良い点をとったら何か好きなものを買ってあげる，というようなやり方で意欲を引き出せばよいと考えられていました。こうしたやり方自体は今でも試みられているはずで，掛け算の九九が1段できるごとにシールをあげるというようなことを行っている小学校はずいぶんあるのではないでしょうか。

　なお，このやり方とは逆に罰を与えることによって動機づけを高めるというやり方もあります。動物の場合，望ましい行動をしなかったときは電気ショックを与えるという方法をとりますが，人の場合も目標とした点がとれなかったときは叱責するとか，罰として掃除当番をさせるとかいったことをします。

　こうしたやり方の根底には，いわば"アメとムチ"をつかって意欲を引き出せばよい，動機づけを高めればよいという発想があることがわかります。

■報酬の弊害

　"アメとムチ"によって動機づけを引き出すというやり方は，ある意味誰にでもわかりやすいことです。だから，とにかくやる気を引き出さなくてはいけないというとき，多くの人が，まず，最初に考えて実行してみるのがこのやり方です。ただ，その一方で，誰もが感じるのは"アメとムチ"によって動機づけを高めるというやり方に対する疑問でしょう。このような方法で動機づけを高めようという発想は動物と人間を同じように扱っているわけで，人間の動機づけを動物と同じ次元で考えてよいのかという疑問が，まず，真っ先にでてくるはずです。さらに，現実的には，"アメとムチ"によって動機づけを高める

ことの弊害も，このやり方に疑問が投げかけられる大きな理由になっているのではないでしょうか。例えば，大学に合格するために勉強に励む受験生を例に考えてみます。この受験生にとってアメは大学に合格することでしょう。おそらくこの受験生は大学に合格するまではアメを得ようと一生懸命勉強するはずです。しかし，大学に合格してしまえばアメは得られてしまい，もう勉強しようという動機づけはなくなってしまいます。つぎの新たな"アメ"がないと動機づけを高めることができなくなります。その新しい"アメ"がみつかればよいですが，現実にはみつからないことも多いでしょう。そうすると，一気に動機づけが低下することになります。よく大学に合格するまでは勉強したが，入学した途端に勉強しなくなったというようなことを聞きますが，そのようなケースはこれにあてはまります。さらに，新しい"アメ"がみつかったとしても問題は残ります。それは"アメやムチ"は意欲を高めることとは関係がないということです。そのため1つ報酬が得られれば，次はもっとよい報酬をという調子で報酬への期待だけが目標とする行動とは別にどんどん高まってしまいます。このように考えると"アメとムチ"で児童・生徒の動機づけを高めるのはやはり限界があるといわざるを得ません。

■ **報酬が逆効果になることを示したデシの実験**

こうした報酬の弊害については，アメリカの心理学者デシ（Deci, E. L.）（1971）が巧みな実験によって実証しました。

実験は大学生を対象にして行われました。まず，大学生数十人を2つのグループに分けて，それぞれ別室に案内しました。そして，2つのグループの大学生のいずれもソマ（図4.1）とよばれる単純なパズルが与えられました。このとき一方のグループの大学生にはパズルが解ける度に1ドルずつ報酬が与えられました。ところが，もう一方のグループにはとくに何も与えられませんでした。

図4.1　ソマパズル

4.1 動機づけはどのようにすれば引き出せるか

このような状況をしばらく続けた後，実験の監督者は，実験の準備のためしばらく席をはずすので待っていてほしい，と言って実験室を出ていきました。しかし，監督者は実際には，隣の部屋から大学生を観察していました。その結果，実験の前半でパズルを1問解ける度に1ドルずつ与えられていたグループの大学生は，監督者が退室すると間もなくパズルをやめて部屋に置かれていた雑誌などを見て過ごしていたのに対し，報酬を与えられなかったグループの大学生は監督者がいなくなっても楽しそうにパズルに取り組み続けていました。

■内発的動機づけによって高まる意欲

では，なぜ，報酬を何も与えられなかったグループの学生は後半，実験の監督者が退室した後もずっとパズルを続けていたのでしょうか。その理由はこのパズルが面白かったからです。このパズルは単純なものですが，やりはじめると病みつきになってしまいます。つまり，人は自分で面白い，楽しいと思えば，別にそれができたときに報酬や称賛が与えられなくてもやる気がおこるのです。この研究ではパズルが用いられましたが，同じことはほかにもあるでしょう。例えば，趣味でパソコンのプログラムを作成すること，好きなキャラクターグッズを集めること，こういったことはそれに伴う報酬はありませんが，それでも楽しいと思えば没頭するし，必要になればテストがなくても勉強することもあるはずです。つまり，興味をもち，もっと知りたい，調べてみたいという好奇心があるのです。報酬や称賛を与えられなくても，興味，関心，好奇心，そしてそれに取り組む面白さやチャレンジ精神を感じれば動機づけは高まります。このような人の内側からわいてくる興味，関心，好奇心によって高められる動機づけを，**内発的動機づけ**といいます。

この実験結果は，学校の教科の学習も児童・生徒がこのような内発的動機づけをもつことができるように工夫されれば，動機づけを自然と引き出せる可能性を示していると思われます。

4.2 まずは"できる"と思うこと

■無気力になったイヌ

　ここでは，動機づけを高めるために必要な基本的条件について「コントロール可能性」と「目標」というキーワードを手がかりに考えてみます。

　アメリカの心理学者セリグマンとマイヤー（Seligman, M., & Maier, S. F.）(1967) は面白い実験を発表しました。実験をわかりやすく簡略化して説明すると次のようになります。まず，イヌを2つの条件に分けます。各条件のイヌはハンモックのようなところに縛りつけられます（図4.2）。そして足から電気ショックが与えられます。このとき一方の条件のイヌは自分の目の前のパネルをつつくことで電気ショックが止められるようになっています。ところが，もう一方の条件のイヌは同じ装置に縛りつけられましたが，こちらの装置はパネルをつついても電気ショックは止められません。このような状態にしばらくおいた後，今度はこのイヌたちを別の装置に連れていき実験を行いました。その装置はやはり与えられた電気ショックをイヌが止めるもので，今度は2つのグループのイヌのいずれもが自分で電気ショックを止めることができるようになっていました。

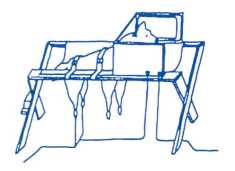

図4.2　学習された無力感の実験で用いられた実験装置

　この後半の実験の結果が劇的でした。2匹のイヌのうち実験の前半で自分でパネルをつつくことで電気ショックを止めていたイヌは，後半の実験でもほどなく電気ショックを止めることを学習しました。しかし，前半でパネルを押しても自分で電気ショックを止めることができなかったイヌは，後半の実験に取り組もうという動機づけに欠けていて，電気ショックが与えられても自分でそれを止めようとはせずに装置の隅でただうずくまっていただけでした。

4.2 まずは"できる"と思うこと

■"コントロールできない"と思うと動機づけも低下する

　では，実験の前半，自分で電気ショックを止めることができなかったイヌはなぜ，後半の実験で動機づけを失ってしまったのでしょうか。

　実験の前半，自分で電気ショックを止めることができたイヌとできなかったイヌは対にされ，同じ時間だけ電気ショックを与えられていました。だから一方のイヌだけが長い時間，電気ショックにさらされ体力が低下してしまったり，電気ショックの痛みに対して鈍感になってしまったとは思えません。両者のイヌの決定的な違いは，片方のイヌは自分で電気ショックを止められるというコントロール可能性を有していたのに対し，もう一方のイヌはそのような可能性が奪われていたということです。その違いが後半の実験に現れたのです。前半の実験でコントロール可能性を奪われていたイヌは，自分では何をやってもダメだという無力感を学習してしまい，後半でも自分から進んで電気ショックを止めようという動機づけを失ってしまったのです。このような現象は**学習された無力感**と名づけられました。この実験結果は"自分でコントロールできる"と思うことが動機づけを維持し，それを高めるための基本的要因であることを示しています。

　これと似た現象は人間でも考えられます。例えば，ある教科が苦手で何度も落第点をとっていた生徒は，コントロールが不可能なことを学習してしまい，単元が変わって理解できる内容になったとしても，新たな気持ちで取り組むことができず，動機づけを失ってしまうこともあるでしょう。また，繰返しいじめにあって不登校になってしまった児童が，状況が改善してもきっとまた同じいじめに合うだろうと思って引きこもり続けるケースなどもあることでしょう。

　さらに，これは前節で紹介した内発的動機づけをもって取り組んでいる人にお金を与えることで動機づけが低下してしまう例にもあてはまります。つまり，内発的動機づけの実験でパズルが解けるごとに1ドルずつ与えられていた大学生たちは，実験の監督者からお金をもらうということに注意が向いてしまった結果，自分で自分の結果をコントロールしているという気持ちがなくなってしまい，動機づけが低下してしまったと考えられます。これも一種の学習された無力感といえるかもしれません。このようにコントロール可能性の概念は内発

的動機づけを考える上でも重要な要因となっています（大芦，2013）。

■目標のもちようで動機づけは変わる

　ところで，動機づけの強さは人によってかなり差があります。この動機づけの個人差はどのように生ずるのでしょうか。

　ドゥエック（Dweck, C. S.）（1986）は，学業場面における学習された無力感への陥りやすさは目標（ゴール）のもち方と深く関係している，という理論を唱えています。

　ドゥエックによれば，学業などの行為はたいてい何らかの目標をもって行われます。例えば，受験に合格するために勉強する，資格をとるために勉強する，あるいは，自分の趣味の領域で見聞を広めたい等々，たいていの勉強するという行為は何らかの目標をもっています。もちろん，目標はふつうたくさんありますが，それらをできるだけ大づかみにまとめるとだいたい2つの目標に集約されるといいます。それは，学習目標（ラーニング・ゴール）と遂行目標（パフォーマンス・ゴール）です。

　さて，2つの目標のうちの前者，学習目標をみてみます。学習目標とは，学習することによって自分の知識を増やし，能力を高めることです。一方，遂行目標ですが，こちらは，試験で良い成績をとり，良い評価をもらうことで自分が他人より勝っていることを認識し自尊心を満たすことなどを目標にしています。遂行（パフォーマンス）という英語には成績という意味も含まれていますので，成績目標といってもかまいません。いずれにせよ，遂行目標をもつ人は学習し自分を高めることそのものを目標としているのではなく，学習に伴う成果や社会的な評価といったものを目標にしているのです。

　この2つの目標は，人間がもつマインドセットといわれるものによって決まっています（ドゥエック，2008）。この**マインドセット**は自分の能力に対する信念とでもいうべきもので，2つのパターンがあります。1つめは，人間の能力，資質などは努力次第でいくらでも伸びるという信念で，もう一つは，人間の能力，資質といったものは生まれつきのもので，固定的で変わらないという信念です。この2つのパターンの信念が目標のもち方を決めてくるといいます。つまり，前者のようなマインドセットの人は，自分が伸びるためには絶えず学

習することが重要であるということがわかっているので学習目標をもつようになりますが，後者のようなマインドセットの持ち主にとっては学習しても能力はたいして変わりませんから，学習することの意味自体がありません。彼らは，自分がすでにもっている能力を繰返し他人や社会に向けて誇示することで，自分を安心させることを目的としています（図 4.3）。

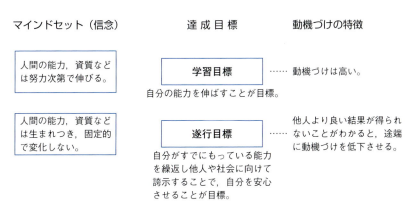

図 4.3 マインドセットと達成目標，動機づけとの関係

　この学習目標と遂行目標は，学習された無力感との関係で考えることもできます。学習目標をもっている者は，学習することそのものを目標としていますので，学習の成績の良し悪しは気になりません。学習し続ければ自分の能力をどんどん伸ばすことができる（つまり，自分の能力をコントロール可能）と思っているからです。一方，遂行目標をもっている人は，他人より自分は能力が勝っていることを示したがります。ただ，うまくいっているときはよいのですが，他人と争い負けたときは悲惨です。彼らは，頑張ったから能力が伸びるとは思っていません。能力はコントロール不可能なものだと考えているからです。だから，ちょっと失敗すると学習された無力感に陥ってしまいます。
　ここまでみてきたように，自分や周囲の状況をコントロール可能なものとしてとらえること，つまり，"自分はできる" と思うことは，動機づけを高め，

やる気を引き出すための基本的な要件といえます。

なお，2つの目標やマインドセットは，発達を通して少しずつ獲得されていくようです。小学校においてクラス担任が，学習の目標を良い成績をとること，報酬を得ることだと強調し，成績優秀者には表彰するといったことを続けていれば，児童は自然に遂行目標をもつようになるでしょう。逆に，担任が，他者と比べて良い成績をとることが目標なのではなく，学習し自分の力をつけていくことにあると強調すれば，児童は学習目標をもつようになります。

4.3　困難を乗り越え成し遂げる力

■コントロールが困難でも動機づけは高まる？

前節では，動機づけを高めやる気を引き出すためには，"自分はできる""コントロール可能だ"と思うことが重要だということが分かりました。しかし，人がやる気を出さなくてはならない場面は，広範多岐にわたります。中には初心者にとっては"自分はできる""コントロール可能だ"と思えないようなこともあります。学業，スポーツ，楽器を習うといったことを思い浮かべてみても，最初はなかなか上達しないが，ある程度つらい練習や困難を乗り越えるとようやく"できる"と感じられるようになることもあります。本節ではそうした動機づけについて考えてみます。

■達成動機づけ

このような困難を乗り越え，卓越した水準で何かを成し遂げようとする動機づけのことを達成動機づけといいます。前節までで紹介した理論は，動物を対象とした実験や大学生がパズルをやる場面を利用して行われた実験から組み立てられました。これらの動機づけ研究が実際の教育場面に即してすぐに使えるかというと，必ずしも，そうではないかもしれません。それに比べれば達成動機づけの概念は，学業，スポーツなど子どもが学校で日頃から達成することを求められている事柄とあっています。そのため，教育心理学では達成動機づけの概念は，教育場面に直接かかわる動機づけとしてとくに重視されています。

達成動機づけの概念は，アメリカの心理学者マクレランド（McClelland, D.

C.）によって盛んに研究されました（マクレランド，1961）。それによれば，児童・生徒の教科書に達成を奨励するような内容が多く含まれていた国は，数十年後，経済発展を遂げていることが多かったといいます。

また，アトキンソン（Atkinson, J. W.）ら（1966）は，達成動機づけの高い人は，易しすぎて達成しても手ごたえの得にくい易しい課題，困難すぎて達成の不可能な課題のいずれも選ばず，成功可能性が一定程度あり，ほどほどの達成感も得られる中程度に困難な課題を好む傾向があることを，明らかにしました。

■**自分をコントロールできるか**

学業でもスポーツでも，一定以上の水準に達するためにはある程度の時間がかかります。何度も繰り返される単純な練習，面白みのない単調な作業を一定時間続けなくてはなりません。つらい練習がいやになって途中で投げ出したくなることも何度となくあるはずです。ただ，自分には目標がある，そこまでは絶対にやりぬくと決めたのは自分ではないか，そう言い聞かせてやり通すことのできた人が卓越した水準で何かを成し遂げることができます。

では，こうしてやり抜くことができた人は，できなかった人とどこが違うのでしょうか。簡単にいえば，自分の中でわいてくる途中で投げ出してしまいたくなる気持ち，思わず甘いものに手が出て休憩したくなる気持ち，などを抑え，自分をコントロールできるかどうかに違いがあるのではないでしょうか。先ほどから，動機づけを高めるための基本的な条件は，自分で"コントロールできる"という気持ちをもつことだと繰返し述べてきましたが，実は，コントロールすべき対象は，自分の外にある課題だけでなく，自分自身でもあったのです。このように，自分自身の行動が目指す目標に対して適切であるかを照らし合わせ，その結果に応じて，自分の行動を制御していくプロセスを**セルフ・コントロール**といいます。

■**セルフ・コントロールと意志力**

ミッシェル（Mischel, W.）ら（1989）は幼児を対象にしてつぎのような実験を行いました。実験者は，まず，幼児としばらく遊んだ後，幼児をテーブルの前に座らせます。そこにはマシュマロが2つ載った皿と，1つ載った皿と呼

び鈴が置いてあります。実験者は幼児に，「しばらく外出するがすぐに戻るからマシュマロを食べずに待っていてほしい。待っていることができれば後でマシュマロを2つあげるが，もしどうしても待てなかったら呼び鈴を鳴らしなさい。そうすればマシュマロをすぐにあげるが，その場合マシュマロは1つしかもらえない」と伝え部屋を出ていきます。いうまでもなく，この場合，少しばかり我慢することによって得るものはより大きくなります。このとき15分間待つことができた幼児がいた一方で，1分も待つことができず呼び鈴を鳴らした幼児もいたそうです。ミッシェルらは，ここで待つことができた幼児は，自分の内側からわいてくる今すぐマシュマロを食べたいという気持ちを抑え，より大きな成果を得るために自分の行動を律することができるセルフ・コントロールの能力が高いと考えました。

さらに興味深いのは，このとき実験対象となった幼児を10年ほど追跡した結果でした。実験中に呼び鈴を鳴らさずに待つことができた幼児は，10年後に中学生になった段階で学業成績が高く，自制心や計画性などもあると評価されていました。セルフ・コントロールの能力は，やはり，長期にわたってすぐれた水準で課題を達成する力と関係していたのです。このように達成動機づけを高める重要な条件として，セルフ・コントロールの能力の高さがあることがわかります。

短期的な誘惑に屈することなく，より長期的に得るものが大きい目標を達成するために自分の行動を制御することができるセルフ・コントロールの能力は，別の言い方をすれば，意志力ともいえるでしょう。よく，意志が弱い，などといいます。これは何かを達成する途上で困難に突き当たったときにすぐに楽なほうへ逃避してしまったり，誘惑に遭遇したときそれに屈してしまったりすることを指しています。そうした言い方からも，意志力とセルフ・コントロールの能力がほぼ同じ意味で使われていることがわかります。

■意志力は強くできるのか

このように達成動機づけを高め，維持していく背後にセルフ・コントロールの能力の高さ，いわば，意志力の強さがあることが分かります。では，この意志力を強くすることはできるのでしょうか。つぎにこれについて考えてみます。

例えば，前述のミッシェルらの幼児の実験でも，長時間待つことができた幼児は，気を紛らわすために歌ってみたり，目を閉じたり，顔を伏せたりするなどといった工夫をしていたといいます（ミッシェル，2014）。

また，ハルバーソン（Halvorson, H. G.）（2010）は，高校生や成人が達成をめざして行動する際の計画の立て方をさまざまな実験結果をもとに分析し，「いつ」「どこで」「どのように」行動するかをはっきりと決めたシンプルな計画を立てること，「～のときは，～をする」「もし～であれば，～をする」というような条件を決めておくこと，達成行動の途中で出会う障害を明らかにして対処法を決めておくこと，などといった方略を利用することで目標の達成が高まると述べています。

こうしたことから示唆されるように，いわゆる強い意志力を発揮して動機づけを維持するために必要なことは，意志力そのものを強くするよりも，むしろ，よりうまくセルフ・コントロールができるような方略をとることにあるようです。なお，バウマイスター（Baumeister, R. E.）ら（2011）は，意志力は使いすぎると消耗するのでできるだけ工夫して消耗しないようにするのがよい，といっています。これは，無理して我慢するより上手な方略をつかってセルフ・コントロールを行うことの重要性を説いているといえましょう。

■ **アイデンティティと動機づけ**

何かを一定以上の水準で達成するためには，セルフ・コントロールの能力，つまり，意志力が必要なことがわかりました。ただ，この達成動機づけを考える上で，もう一つ検討すべき要因があります。それは価値についてです。

前述のミッシェルの実験では，マシュマロは2個のほうが1個よりも価値があり，それを得るために意志力を働かせることが望ましいという前提があります。しかし，糖尿病を患っていて医師から糖分の摂取を控えるように言われている大人にとってみれば，むしろ，マシュマロを1個しかもらえないような行動を選択するほうがより望ましいことになります。

ただ，現実はこれほど単純ではありません。達成動機づけを高めることが求められる学業やスポーツや趣味といった事柄の場合，個人がそれらのどこにどれだけ価値をおいているかでさまざまな違いが生まれてくるからです。

例えば，将来，サッカーや野球の選手になりたい，と思っている児童と運動が苦手で室内遊びを好む児童では，スポーツに対する興味の度合いは異なりますし，達成動機づけにも差が出てきます。さらに，中学生，高校生についていえば，それぞれが自らの将来像（つまり，アイデンティティ；第9章参照）を描き始める時期にさしかかります。そのためのとくに進路選択とも関係する学業については，どの教科を重視するか，といった点で大きな差が出てくるはずです。こうした要因も達成動機づけに強く影響してきます。

このように動機づけを考える上で価値にかかわる側面は無視できません。

4.4 やる気の出ない5つのタイプ

■典型的なタイプとは

本章の最後の節では，ここまでとは少し視点を変えて，実践的な見地から動機づけの問題を抱える典型的なケースについて考察してみることにします。ここでは動機づけ，やる気の問題を抱える典型的なケースを以下のような5つに分類してみました。1. 発達障害型，2. 養育環境不全型，3. 社会性不足型，4. 甘やかされ型，5. 自主性欠如型の5つです。それぞれのケースが前節までで紹介した動機づけの理論のうち，どの理論のどのようなところにあてはまるか，また，そうしてみることで解決への糸口が見つかるか，各自考察してみて下さい。

1. 発達障害型

①自閉スペクトラム症（自閉症），②注意欠如多動性障害（ADHD），③学習障害（限局性学習症）（LD）などの発達障害（第10章参照）は，通常何らかの脳機能の障害に由来するといわれています。発達障害というとADHDの子どもが教室内で落ち着かない様子や，自閉スペクトラム症の子どもが自分の好きなことにこだわって，特定の領域で能力を発揮する姿をイメージすることも多いかもしれません。だから，動機づけの問題とはあまり関係ないと思われがちですが，そうではありません。

例えば，自閉スペクトラム症の子どもは他者の気持ちを理解することや，他

者と円滑なコミュニケーションを形成することが苦手で，また，物事に対するこだわりが強いといわれます。このようなそれぞれの発達障害に直接的に由来する症状は，一次的障害といわれます。ただ，実際にはそうした症状だけがみられるわけではありません。自閉スペクトラム症の子どもが他者と人間関係がうまく作れないことが原因で孤立し，元気をなくして無気力になってしまったり，また，過度のこだわりが原因で学業場面でも躓きが生じてやる気をなくすといったようなこともあります。これは，一次的障害が下地となり二次的障害として動機づけ，やる気の問題が生じているのです。このようなケースは，適切なアセスメントによって一次的障害としての発達障害を特定し，それぞれの障害に特有な苦手なところを補ってあげるような対応が必要です。

2. 養育環境不全型

　近年，経済格差の拡大などによって貧困状態にある子どもが増加しているといわれています。6人に1人の子どもが貧困状態にあるという統計もあります。また，児童虐待も増加の一途をたどっているといいます。もちろん，貧困の問題と児童虐待の問題を一緒に論じるのは少々乱暴ですし，個々のケースの事情を無視した過度の一般化は避けるべきでしょう。ただ，こうした困難を抱える家庭の子どもたちの養育環境があまり望ましい状況にないことも確かです。適切な学習の機会が与えられない，苦しいとき，つらいとき，多くの家庭の子どもなら当然与えられるはずの愛情や保護が与えられない，その結果，自分は見捨てられているのでどうせ何をやってもダメだ，自分は周りの大人にとって，あるいは，社会にとって不要な存在なのだという気持ちになり，自尊感情も低下していきます。このような状態にあれば当然将来に対する希望ももてなくなり学業に対する動機づけなども低くなります。これらのケースの場合，とにかくは，まず少しでも，見捨てられている，自分は不要な存在だという気持ちを減らしてあげることが大切でしょう。ちょっとした声かけによって，子どもは自分が大人から大切にされているのだという気持ちになります。ただ，もちろん，例えば，長期にわたって虐待を受けてきた子どものような場合，すぐには言葉かけに反応してこない場合もあるでしょう。それでも，まずは，その子どもの自尊感情を高めるにはどうしたらよいか考えてみるべきでしょう。

3. 社会性不足型

　人づきあいが苦手な子どももいます。友達の輪の中に入れてほしいとき，うまく言い出せない，友達の振る舞いに対して率直に嫌だと言うべきときに主張できない，そういう子どもです。当然，そうしたことが積み重なることで，引っ込み思案になっていきます。意欲に欠ける子どもとレッテル貼りされてしまうこともあるかもしれません。このようなケースでは，対人場面で適切な主張をしたり，人間関係をつくるスキル（ソーシャルスキル）を身につけることが必要でしょう。まず，そのケースにとって必要なソーシャルスキルを特定し，それをロールプレイなどの方法を用いて練習させます。そして，その結果について良い点，改善すべき点などを伝え，改善点は練習を重ね，良い点についてほめるなどします。そして，ある程度ソーシャルスキルが身についたら，実践的に使えるためのアドバイスをしていきます。このような一連のプロセスはソーシャルスキル・トレーニングといわれます。なお，この種のケースは1の発達障害型と重なるケースもあります。ただ，例えば発達障害とは異なり，強い不安や緊張などから社会性の不足を来しているケースも数多くあり，その場合はやはり異なる対応をする必要がでてきます。そのあたりをどう切り分けていくかは専門家にとっても難しいところで，適切なアセスメントをすることが重要になってきます。

4. 甘やかされ型

　このタイプに属する子どもはもともとエネルギーに欠けるところがあります。それでも，例えば家庭が教育熱心であるとか普段から動機づけを高めるような環境があればよいですが，中には，やりたくなければやらなくてよい，学校に行きたくなければ休んでよい，欲しいものは何でも買ってあげる，といった調子で子どもの言いなりになって，甘やかしてしまうケースもあります。それでも小学校低学年頃までは欲しいものを買ってあげるなどして，何とか登校させ，学習させることもできますが，学年が上がるにしたがって，保護者も次第にあきらめ気味になり，やがてそれがエスカレートして不登校になってしまうことがあります。不登校の典型的なタイプとして"無気力型"といわれるものがありますが（平井，1978），こうしたケースはほぼそれに相当します。このよう

なケースでは，まずは達成することの重要性が理解できておらず，達成による充実感を体験したこともありません。ですから，まずは，そうした体験が重要になります。具体的には教師や友達と一緒に何かに取り組んでみるといったことなどを入り口にするのがよいでしょう。

5. **自主性欠如型**

前述の"無気力型"と並んで不登校の代表的なタイプに"よいこの息切れ型"というのがあります（平井，1978）。このタイプの子どもは，通常，小学校高学年くらいまではやる気もあり勉強もよくできて，保護者や教師からは"育てやすい子ども""問題の少ない子ども"といわれています。しかし，実際には，親や教師のいうことを無批判に聞いているだけで，自分なりの自主性といわれるものを確立できていません。だから，中学校に入学する頃になって自分自身で考え，判断することを周囲からも期待されるようになると，途端に何をしてよいかわからなくなってちょっとしたつまずきが原因で無気力に陥り，不登校になってしまうのです。ここでいう"自主性を確立する"とは自分は何を重要だと思うか，どこに価値をおくかといった自分の信念をしっかりもつということです。おそらく，それは思春期から青年期にかけて獲得されるアイデンティティの基盤となるようなものです。こうしたケースでは，ある程度の時間を与え，自分がやりたいことは何か，何に価値をおくかといったことを考えさせ，自主性を身につけさせることが重要になります。

■5つのタイプと動機づけの理論

さて，以上が動機づけ，やる気の問題を抱える典型的な5つのタイプですが，これらを前節までに取り上げた動機づけに関する理論に当てはめてみると，どのように対応するでしょうか。例えば，4.2では"コントロールできる"と思うことが動機づけを高めるための大きな要因であることを，取り上げました。中でも学習された無力感はその代表的なものですが，上記の5つのタイプのうちのいくつかは，学習された無力感で説明できる部分があります。

また，人間は本来何かをするのが楽しい，面白そうだからチャレンジしてみようというような動機づけ，つまり，内発的動機づけをもっているはずですが，そうした動機づけをうまく引き出せていないタイプはどれでしょうか。

さらに動機づけの低下をアイデンティティの形成，獲得という視点から説明できるタイプもあります。

　動機づけの理論は，一見すると机上の空論のように思われますが，このように教育現場で出会うさまざまなケースに当てはめてみることで，その実践的な意味を見出すことができるでしょう。

● さらに読み進めたい人のために

ドゥエック，C. S.　今西康子（訳）（2016）．マインドセット——「やればできる！」の研究——　草思社

　動機づけの目標研究の第一人者が一般向けに分かりやすく書いた読み物で，初学者にはおすすめです。

上淵　寿（編著）（2012）．キーワード 動機づけ心理学　金子書房

　動機づけに関するキーワードを古典的なものから最近のものまで選び，それらに簡潔な解説を付しています。初学者が動機づけ研究を一通り理解するのによいでしょう。

大芦　治（2012）．無気力なのにはワケがある——心理学が導く克服のヒント——　NHK出版

　学習された無力感の実験を中心に，動機づけに関する実験的な研究の発展の流れをまとめています。本書では扱わなかったストレス，健康，うつ病などの問題にもふれています。

鹿毛雅治（編）（2012）．モティベーションをまなぶ12の理論——ゼロからわかる「やる気の心理学」入門！——　金剛出版

　動機づけに関する12の主要な理論を取り上げ，それらを1章ずつにまとめています。専門的な色彩の濃い章もありますが，全体的には中級者向けとなっています。

授業を組み立てる 5

　この章では，前半で，教師が授業を主導する際に必要となる，授業目標の立て方や，「発問」「指示」「説明」について解説します。後半では，児童生徒を中心に展開する活動として，ジグソー学習，発見学習，仮説実験授業を取り上げます。最後に，基礎基本の定着を図る習得型の授業展開として，「教えて考えさせる授業」を紹介します。

本章のトピック

- 授業の目標はどのようにして立てるとよいのだろうか？
- 発問，指示，説明の仕方を学ぶ。
- どのような指導を行えば，児童生徒の問う力が育つのか？
- 児童生徒中心の授業活動にはどのようなものがあるだろうか？
- 「教えて考えさせる授業」とは？

キーワード

発問，指示，説明，ジクソー学習，発見学習，仮説実験授業，教えて考えさせる授業

5.1 授業目標の立て方

■ 授業の目標を考える――良い授業目標とは

　授業を組み立てるためには，適切な授業目標を立てることが肝要です。それでは，適切な授業目標とは何でしょうか。辰野（1985）は，「授業目標をできるだけ『何ができる』という行動的なことばで具体的に示しておくこと」の大切さを指摘しています。また，原（2013）は，具体的な目標を立てることで，教える側は目標が達成できたかどうかの確認ができ，学ぶ側は達成感をもつことができ，動機づけが高まるメリットがあることを指摘しています。

　例えば，国語等の教科内容の理解を中心とした科目では「登場人物の心情を理解し，自分の意見を書いて表現することができる」と授業目標を示すことができます。また，体育の授業目標としては「生徒が水泳のスキルを獲得する」より，「生徒がクロールで50m泳ぐことができる」のほうが，行動レベルで目標に到達したかの判断ができる，適切な授業目標といえます。

■「目標」に立ち返って授業を評価する

　マクタイとウィギンス（McTighe, J., & Wiggins, G.）が提唱する「逆向き設計のカリキュラム」では，授業の組立てを考えるに当たって，まず「目標」を決めます。最初に目標を決めることで，教師が慣れ親しんだ教材や教え方から，目標が導かれることを避けることができます。目標を立てたら，次はその目標に付随して，「児童生徒は何を理解するのか」「何ができるようになるのか」をリストアップします。そして，児童生徒が教材を理解したかどうかをチェックするための課題の設定や，発問，指示，説明の内容を考えます。

　目標は，どのような発問，指示，説明が適切かを判断する際の判断基準になります。例えば，国語の漢字学習において，目標が「児童は漢字の成り立ちを理解することができる」である場合，「これらの漢字には，どのような『へん』や『つくり』が含まれていますか」は適切な発問になります。しかし，「お手本を見て，1つの漢字につき正確に10回ずつ紙に書きましょう」は，適切な指示ではありません。ところが，授業目標が「児童はお手本を見て漢字を正確に書くことができる」であれば，「お手本を見て，1つの漢字につき正確に10

回ずつ紙に書きましょう」は適切な指示であるといえます。このように，「授業目標の達成に寄与しているか」という観点から，発問や指示の適切さを評価します。

発問・指示・説明

■発問とは

発問とは，「児童生徒に考えるべき内容を示すもの」を指します（大西，1998）。多くの場合は，教師が児童生徒に至ってほしい答えがあり，発問をすることによって深い思考を促します。大西（1998）は教師の発問を，「ゆれる発問」「大きな発問」「動かない発問」の3つに分けました。

「ゆれる発問」とは子どもに自由な発想を促す発問のことです。例えば，国語の『ごんぎつね』の授業で教師が児童に「そのとき，ごんはどんな気持ちだったのだろう」と尋ねることを指します。この発問は，学習者が自由に発想できるというメリットがあります。しかし，いろいろな意見が出すぎて方向が定まりにくいというデメリットがあります。

「大きな発問」は問題の提示，思考の方向を指し示す発問です。例えば，社会科で，奈良の大仏と民衆の関係を教師が児童に考えてほしいときに，「奈良時代の人々は進んで大仏作りに参加しましたか」（河田，2007）と尋ねることを指します。しかし，「大きな発問」だけでは子どもが考えるには不十分であり，「人々はどんな生活をしていましたか」（河田，2007）等，補助的な発問を加える必要があります。

「動かない発問」は，子どもがすでに知っていることを整理する発問のことです。例えば，社会科で，「アメリカと日本ではどちらの面積が広いですか」という発問がありますが，この種の発問は子どもが答えやすい反面，子どもの思考を制限してしまうデメリットがあります。

■複数の発問を使って児童生徒を導く

単発の発問で問うのではなく，複数の発問を使って段階的に導く方法もあります。例えば，児童生徒がすでに何を知っているのかを「確認する発問」をし

た後で，「ゆさぶりをかける発問」をします。例として，小学校の国語の『大きなかぶ』で，教師が児童に

Q1「おじいさんが，かぶをひっぱったら抜けたんですか」
Q2「おじいさんとおばあさんがかぶをひっぱったら抜けたのですよね」
Q3「ねずみがひっぱって，かぶが抜けたのだから，ねずみが一番力が強いですね」

と尋ねます。Q1，Q2で児童の考えを確認しながら段階的に導き，Q3で，児童の思考に「ゆさぶりをかける発問」をすることで，教材に対する児童の理解を深めます（河田，2007）。

■エッセンシャル・クエスチョン（本質的な問い）

　授業中に教師が用いる発問は，答えが教材に書いてあり，授業時間中に答えをみつけられるものがほとんどです。しかし，時には，すぐには答えをみつけることができない「本質的な問い」について，児童生徒に考えてもらうことも必要です。本質的な問いとは，「思考を刺激しさらなる疑問を産み，議論を引き起こし，その科目の内外で繰り返し問われる問い」（マクタイとウィギンス，2013）のことを指します。

　例えば，高校の社会科で江戸幕府が倒れたプロセスについて考えてもらう際に，「江戸幕府はどのようにして倒れたのか」と発問する代わりに，「本質的な問い」として「支配的な体制はどのようなプロセスを経て倒れるのか」と尋ねます。そして，「鎌倉幕府の滅亡」や「ローマ帝国の崩壊」の場合についても考えることを促すことで，児童生徒が発展的な思考ができるようになります。

■指示とは

　授業目標を達成するための学習活動を行う手順や内容を指し示すのが「指示」です。指示の出し方の原則は「一度の指示で一つの行動を示す」「1指示1行動」（大西，1998）です。例えば，「机の上に教科書を出しましょう」は「1指示1行動」ですが，「教科書を机の上に出して，3ページを開いて，問1を読んで答えをノートに書いて下さい」というのは，1回の指示に多くの行動が含まれていますので，「1指示多行動」です。

　特に，小学校低学年はワーキングメモリの容量が小さく，一度に頭の中で保

持できる情報量に限りがあります（第1章参照）。そのため，教師が指示を出す際には「1指示1行動」でなければ，指示内容を覚えておくことは困難です。ただし，学年が上がるにつれて，指示内容を徐々に増やしていって，最終的には「多指示多行動」ができるように導くことが大切です。

■ **伝わる指示の出し方**

　指示を出す際には，「もっと気をつけて跳び箱を飛びなさい」「しっかりゴミを拾いなさい」といった「何をしたらよいのかが分からない」曖昧な指示は避け，行動の形で指示を出します。例えば，「跳び箱の真ん中に手をついて飛びなさい」と伝えたり，ゴミを拾ってほしいのであれば，具体的に「ゴミを10個拾いなさい」（岩下，1989）と「数字で目標を示して」指示を出します。

　また，岩下（1989）は，児童生徒にさせたいこと（A）を直接指示せずに，代わりに（B）ということで，子どもたちが知的に動くようになることを目指す，「AさせたいならBと言え」という「指示の出し方」を提案しています。例えば，「身体を黒板の方に向けて欲しい時（A）」，「おへそを黒板に向けなさい（B）」と指示します。

　他にも指示の原則として，「最後の行動まで示せ」というものがあります。国語の時間に「児童に正確に文章の朗読をしてもらうこと」を目標とする場合，「全員，起立。一度もつかえずに読めた人から座りましょう」と指示を出すことで，「指示された内容を終えた人が何をしてよいか分からずに，手持ちぶさたになる」ということが避けられます。

　また，岩下（1989）によると，「物に例えた指示」や「音を用いた指示」も有効です。例えば，児童にリコーダーを適度な息の強さで吹いてもらいたいときに「シャボン玉をふくらますように吹いてごらん」と指示を出します。また，鉄棒の前回りで静かに着地させたいときに，「誰が一番音を立てずに着地できるか競争です」と指示を出します。岩下（1989）は，効果的な指示は「数字」「物」「音」など，児童生徒が目で見えたり，耳で聞こえたりする具体的なもので，かつ，指示を出す側と指示を受ける側が「共通して認識しているもの」を介して行われる特徴があると述べています。

■説明とは

大西（1998）は説明には

1. 学ぶことは何かを示す「問題提示」
2. どういう順序で、どのように考えていけばよいかを示す「方法提示」
3. 教える側が到達した結論を示す「判断提示」

の3つがあると主張しています。

また、良い説明の条件として、「どこが説明すべき対象の最も重要なところかを見つけ出すこと」としています。さらに、大西（1998）は「聞き手が体験していることや既に知っていることに結び付けて説明する」ことを、わかりやすい説明の重要な要素の一つにあげています。同様のことは、西林（1997）も指摘しています。西林はブランスフォードとジョンソン（1972）らが用いた下記の文章を用いて、人間の既有知識が文章の理解に及ぼす影響について述べています。まず、図5.1の文章を読んで何について書かれているか考えてみて下さい。

> 手順は実に簡単である。まず、いくつかの山にまとめる。もちろん、量によっては一山でもかまわない。設備がその場にないときには、次の段階としてどこか他の場所に行くことになる。そうでなければ、準備はできあがりである。たくさんやりすぎないことが大切である。つまり、一度にあまり多くの量をこなすくらいなら、少な目の量をこなすほうがよい。短期的にみれば、これはさして重要でないように見えるかもしれないが、すぐにやっかいなことになる。ここを間違えると高くついてしまうことがあるのだ。最初は手順全体が複雑に思えるかもしれない。でも、それはすぐに生活の単なる一側面にすぎなくなるだろう。比較的近い将来にこの仕事がなくなるという見通しはない。それは誰にもわからない。手順が完了すると、またいくつかの山にまとめる。それから適切な場所に入れる。やがて、それらはもう一度使われる。このようなサイクルを繰り返さなければならない。でもこれは、生活の一部なのである。

図5.1 ブランスフォードらの課題（ブランスフォードとジョンソン，1972；市川，1995）

さて、何について書かれた文章か分かったでしょうか。実はこの文章は「洗濯」について書かれた文章です。「洗濯」についての既有知識があっても、タイトルが示されて、「何についての話か」が分からなければ、人は既有知識を活用して理解することはできません。

■分かりやすい説明に必要な要素とは

小暮（2011）は分かりやすい説明に必要な3つの要素として、

1. 何のテーマについて話しているかが分かる
2. 説明に使われる日本語が分かる
3. 説明の中の論理が分かる

をあげています。

　この3つの中でも「1. 何のテーマについて話しているかが分かる」は，前項の西林（1997）の主張とも共通しています。教師として何かを説明する際には，「これから，○○について話しますよ」と話のトピックを前もって知らせて，説明する側が，聞き手の既有知識を活性化した上で説明をする必要があります。そのため，授業で教える際には，教師は児童生徒がすでに何を知っているのか，どのような経験をしているのかを把握しておくことが大切で，それが聞き手の目線に立った「分かりやすい」説明につながります。

■2種類の「分からない」

　また，小暮（2011）は2種類の「分からない」があることを指摘しています。1つは「知らないから分からない」です。例えば，「分散分析の結果が統計的に有意になった時には多重比較をします」と説明された場合，「分散分析」「統計的に有意」「多重比較」といった言葉を聞き手が「知らない」から「分からない」状態になります。

　2つめは「理解できないから分からない」です。これは，説明された表現に知らない言葉はないものの，「言っていることが分からない」状態です。例えば，「右のほっぺをぶたれたら，左のほっぺも出しなさい」という文章には，「知らない」表現は含まれていないと思います。しかし，言っていることが「理解できない」ため「分からない」状態になります。

　さらに，小暮（2011）は，1つめの「知らないから分からない」に対しては「必要な情報を提供する」ことを，2つめの「理解できないから分からない」に対しては，「背景や論理を説明する」必要があることを指摘しています。

　しかし，説明する側が「知らないから分からない」と「理解できないから分からない」を混同して，「理解できないから分からない」相手に対して「論理の説明」ではなく「情報提供」をしてしまっている場合があります。そのため，教師は児童生徒が「知らないから分からない」のか，「理解できないから分か

5.3 問う力を育てる

■質問生成の技術

　教師が常に「質問をする側」で，児童生徒が「答える側」という授業だけでは，児童生徒の「問う力」が育ちません。ロスティンとサンタナら（Rothstein, D., & Santana, L.）（2011）は，児童生徒の問う力を伸ばす授業実践として，**質問生成の技術**を提案しました。質問生成の技術（Question Formulation Technic）は7つの段階を踏んで実践します。

第1段階：文章や写真，動画等，質問を作る対象を決める。
第2段階：質問を作る際の4つのルールを紹介する。
　ルール1「できるだけたくさんの質問をする」
　ルール2「質問について話し合ったり，評価をしたり，答えたりしない」
　ルール3「質問を発言の通りに書き出す」
　ルール4「意見や主張は疑問文に直す」
第3段階：実際に質問を作る。
第4段階：作成した質問を，「はい」や「いいえ」で答えることが可能な「クローズド・クエスチョン」と，答えるのに説明が必要な「オープン・クエスチョン」に分類します（11.1参照）。そして，「オープン・クエスチョン」は「クローズド・クエスチョン」に，「クローズド・クエスチョン」は「オープン・クエスチョン」に書き換えます。

　例えば，社会科において「ペリーはいつ来航したのか」というクローズド・クエスチョンを「ペリーが1853年に日本に来航したのはなぜか」とオープン・クエスチョンに書き換えます。この作業は，学習者が「オープン・クエスチョン」と「クローズド・クエスチョン」，それぞれの質問の長所と短所を分析することにつながります。

第5段階：作成した質問に優先順位をつけます。
第6段階：優先順位をつけた質問をつかって，授業目標に沿った活動を考えま

す。例えば、「ペリーが日本に来航した当時、世界では何が起こっていたのか」という問いを立て、「当時のアメリカの状況」等についてグループで調べて発表する等の活動を行います。

第7段階：学習者自身に何を学んだのか、どのように学んだのか、それを今後どのように生かせそうか等、振り返ってもらいます。

■奈良女子大学附属小学校の「おたずね」

日本でも「児童の問う力」を伸ばす実践が行われています。奈良女子大学附属小学校では「おたずね」という形で、「児童が他の児童に対する発表や意見に対して質問をする」ということが頻繁に行われています。

例えば、低学年の「朝の会」では、ある児童が持ってきた石について、「どうして持ってきたのか」「なぜ光るのか」といった「動機や理由」について児童がおたずねをします。しかし、学年が上がるにつれて「興福寺の五重塔の基壇にはどんな仏像がありますか」といった「知的好奇心を満たすため」のおたずねや、「残雪がはやぶさに立ち向かったとき、大造じいさんはどう思ったのですか」等、「理解を深化するための問題設定を行うため」の「おたずね」を児童ができるようになります（日和佐, 2011）。質問に関するこうした日頃の指導の積み重ねによって、児童は少しずつ自分の疑問を言葉にしていく方法を学んでいくのだと思われます。

5.4 児童生徒中心の授業活動

ここまで、教師が主体的に授業を組み立てる方法について述べました。ここからは、児童生徒が主体的に進める授業活動について解説します。

■ジクソー学習法

児童生徒一人ひとりが専門家となって、お互いに教えあう授業活動の一つに、アロンソン（Aronson, E.）ら（1978）による**ジクソー学習法**があります。進め方は以下の通りです。まず、最初に「カウンターパートグループ」をつくります。そのグループの中で同じ教材について学び、教材についてわからないことがあったら同じグループのメンバーに相談します。次に、「ジクソーグルー

プ」をつくります。このグループには各グループから1人ずつ入るように配置します。そして，ジグソーグループの中で各メンバーが元のグループで学んだ内容を，そのトピックの専門家として他のグループメンバーに教えます。最後に，元のカウンターパートグループに戻り，お互いに学んだことをシェアします（図5.2）。

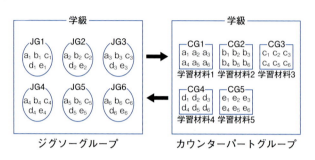

図5.2 ジグソー学習法（蘭，1980）

例えば，授業で「世界の文化について学ぶ」のであれば，6つの国のグループに分かれ，それぞれの国の資料を各グループに渡します。グループで自分たちの担当する国の文化について学んだ後で，ジグソーグループで「その国の専門家」として他のグループの人に教えます。「専門家」として人に教えることができた自信と，友達に教えてもらったという経験を通して，クラスの人間関係がよくなるという効果もあります。

■発見学習

発見学習は，1960年代にブルーナー（Bruner, J. S.）（1961）によって提唱されました。発見学習では，児童生徒はあたかも科学者が研究を進めていくかのように，仮説を立てて，実験等を行い仮説を検証する「仮説検証」のプロセスを追体験します。そのため，知的好奇心が刺激され，法則や知識を発見する体験をすることができるメリットがあります（図5.3）。

一方，完全に児童生徒まかせにすると，発見に至らなかったり，時間がかかりすぎたりするというデメリットがあります。そのため，実際に授業で発見学習を行う場合には，児童生徒が発見できるように教師が導く必要があり，「導かれた発見」とよばれています。授業では，児童生徒が「導かれた発見」を繰

> 1. 鉄を熱したら黒くなった。さらにしらべてみると，いろの変化は表面だけで，内部は変わっていない。なぜだろう。
> 2. (a) すすがついたのだろう。
>   (b) 熱でこげて黒くなったのだろう。
>   (c) もとの鉄とは別のものになったのだろう。
> 3. a, b, c の仮説のたしかめ方を考える。
>   (a) ならば—こすればとれるだろう。
>   (b) ならば—もっと強く熱したら中もこげるだろう。
>   (c) ならば—電導性がちがうだろう。
> 4. 実験によって，仮説 a, b をチェックアウトしていく。そして質的変化という仮説 c を確認する。
> 5. より高次な仮説にまとめてみる。「鉄は空気と熱によってもとのものとは質のちがった黒いものに変わるのではないか。」
>
> (以下，さらに仮説—検証を繰り返し，最終的に「鉄は熱せられると空気と反応して黒さびになる」という知識に到達していく。)

図 5.3 **発見学習の例** (水越, 1977 を参考に鹿内, 2007 が作成)

返し体験して，最終的には，教師の手助けなしで，「ひとり立ちの発見」ができるようになることを目指します。

■**仮説実験授業**

発見学習とよく似ていますが，日本で発展した授業形式として**仮説実験授業**があります。仮説実験授業は板倉 (1966) によって提唱され，問題と予想が掲載された「授業書」とよばれる教材をもとに授業が展開されます。

児童生徒同士で討論する内容が明確に指示されていることが，発見学習との違いになります。「なぜ，その仮説を選んだのか」という根拠を児童生徒にはっきりと述べさせる指導をすることで，討論が活発になり，深い理解が促されます (図 5.4)。

■**発見学習や仮説実験授業の問題点**

発見学習や仮説実験授業のように，児童生徒に探究的な学習を行わせる授業には問題があることが指摘されています。ブレッダーマン (Bredderman, T.) (1983) は，科学において教師が教える方法と，児童生徒が発見的に学ぶ方法を比較し，発見的な教え方は「科学的な手法」や「創造性」を学ぶには効果的ですが，「単元内容の理解」に関しては 2 つの教え方の効果に差がなかったことを報告しています。また，メイヤー (Mayer, R. E.) (2004) は，教師が児童生徒に助言を行う「導かれた発見」に比べて，教師のサポートを全く受けない発

> 問題2：この木ぎれ（角材）はよくカンナがかけてあって，すべすべになっています。これをやはり平らな板の面にのせて，横にひっぱって動かすことにします。どのくらいの力がいると思いますか。この木ぎれの重さは〔200〕gです。 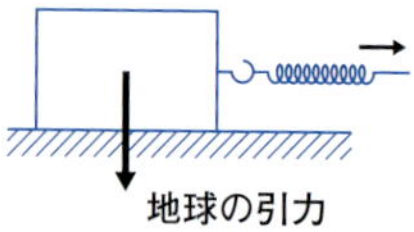
>
> 〈予想〉 この木にはたらく地球の引力とくらべて，ア，同じくらいの力で動く。イ，それより大きな力で動く。ウ，それより小さな力で動く。……どうしてそう思いますか。みんなの考えを出し合って討論しましょう。

図 5.4 仮説実験授業の例（北尾ら，2008）

見学習は，発見に至らないことが多く，学習効果が低いことを指摘しています。

児童生徒同士の話し合いや発見を取り入れた指導方法は，児童生徒の側に基礎的な知識やスキルがないと，話し合いの内容が深まりませんし，自主的な発見に至ることもありません。この章の前半で説明した，授業目標の立て方，発問，指示，説明の解説や，第2章「知識の教え方」を参考に，まずは児童生徒に「基礎的な知識やスキルを伝える方法」をきちんと学んで下さい。その後で，ジグソー学習法や，発見学習，仮説実験授業に挑戦するとよいと思われます。

5.5 基礎基本の定着を図る習得型の授業展開

■教えて考えさせる授業

市川ら（2007）によると1990年代の「ゆとり教育」時代の主流は，それまでの「詰め込み教育」の反動から，「教師は教えずに，児童生徒に自力発見させる」ことでした。そのため，授業の冒頭から「○○の仕方をみんなで考えよう」と，「問題解決」的に展開される授業が多くなりました。しかし，児童生徒に基礎的な知識やスキルがない状態で，問題解決や発見型の授業を行っても効果的な授業にはなりません。また，塾に通っている人やすでにわかっている人にとっては，すでに知っていることに時間をかける「つまらない授業」となってしまいます。さらに，「問題解決」的に展開される授業では，教師があまり教えないため，問題解決もできず，教科書に書いてあるような基礎的な内容

すら身につかない児童生徒が出てくるという問題も明らかになりました。

そこで,「教えて考えさせる授業」では,まず,基礎的な知識やスキルは教師が教え,児童生徒がわかったことを確認した上で,それら知識やスキルをもとに,理解をさらに深化させる問題解決や討論に取り組みます。

■「教えて考えさせる授業」構築の5つのステップ

「教えて考えさせる授業」には,予習,教師の説明,理解確認,理解深化,自己評価という5つのステップがあります。この5つのステップを「教える」と「考えさせる」の大きな2つのカテゴリーで分けると,「教える」で予習や教師からの説明を行い,「考えさせる」で理解確認,理解深化,自己評価を行います(図5.5)。「教えて考えさせる授業」では,予習は推奨されていますが,必ずしも,入れなければいけないわけではありません(市川ら,2016)。しかし,授業の冒頭で,いきなり教師の説明を聞いても分からないような内容を授業で扱うときには,予習を行うことが推奨されます。

予習,教師の説明,理解確認,理解深化,自己評価の5つのステップには,それぞれの「方針レベル」と「教材・教示・課題レベル」があります。例えば,「理解確認」の方針として「生徒自身の説明」があり「ペアやグループでお互いに説明する」という具体的な課題と関連しています(図5.5)。

「教えて考えさせる授業」は「教師の説明」の際にも子どもに答えだけでなく,その理由を述べさせるなどして,意味的な理解を深める工夫をします。また,予習,理解確認,自己評価で「自分の理解度」を確認する等,児童生徒のメタ認知の育成(第3章参照)を重視しています。市川ら(2016)によると,「教えて考えさせる授業」がうまくいかないときには,例えば,「理解確認」が児童生徒が「どれくらいわかったか」を判定するだけになっている,「理解深化」が知識の活用や思考を促さないドリル的課題になっている等の問題があるとしています。

■「教えて考えさせる授業」の実際

この項では,「教えて考えさせる授業」の指導例を紹介します。以下は小学校2年生の「算数」の分数における,「教えて考えさせる授業」の指導案の例(市川と植阪,2016)です。

段階レベル	方針レベル	教材・教示・課題レベル
教える		
（予習）	授業の概略と疑問点を明らかに	・通読してわからないところに付箋を貼る ・まとめをつくる／簡単な例題を解く
教師の説明	教材・教具・説明の工夫	・教科書の活用（音読／図表の説明） ・具体物やアニメーションによる提示 ・モデルによる演示 ・ポイント，コツなどの押さえ
	対話的な説明	・代表児童との対話 ・答えだけでなく，その理由を確認 ・挙手による，賛成者・反対者の確認
考えさせる		
理解確認	疑問点の明確化	・教科書やノートに付箋を貼っておく
	生徒自身の説明	・ペアやグループでお互いに説明
	教えあい活動	・わかったという児童による教示
理解深化	誤りそうな問題	・経験上，児童の誤解が多い問題 ・間違い発見課題
	応用・発展的な問題	・より一般的な法則への拡張 ・児童による問題づくり ・個々の知識・技能を活用した課題
	試行錯誤による技能の獲得	・実技教科でのコツの体得 ・グループでの相互評価やアドバイス
自己評価	理解状態の表現	・「わかったこと」「わからないこと」

図 5.5 「教えて考えさせる授業」構築の 3 レベル（市川ら，2016）

小学校 2 年生　算数　「半分の半分」を分数で表す

美作市立勝田小学校　衣畑味里

目標：

○もとの大きさの半分をさらに半分にした大きさは，1/4 という分数で表すことを理解する。

○さらに，もとの量が異なる場合には，同じ 1/4 であっても大きさが異なることや，もとの量が同じでも分け方が異なる場合には，同じ 1/4 であっても形が異なることを意識させる。

予習：

- 本時の学習への見通しを持つ。
- 教科書を読み，大切だと思うところに印を付けさせ，学習内容を知る。

教師の説明（15分）

○テープの半分の半分に等分した1つ分の大きさの表し方を説明する。

- テープを折る操作をしながら，前時の学習内容（2等分した1つ分は1/2）を思い出し，さらに半分の半分（4等分した1つ分）が1/4になることを説明。
- 同じように，1/4をさらに半分にした大きさ（8等分した1つ分）は，1/8と表せることにも言及する。
- 前時の1/2と同じように，もとの大きさが違うと同じ1/4でも大きさが違ってくることや，1/4の4つ分はもとの大きさになることを説明する。

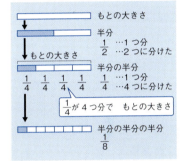

最後に，〈大切〉として，以下の点をまとめる。

〈大切〉もとの大きさを同じ大きさに4つに分けた1つ分を，もとの大きさの1/4（4分の1）という。

理解確認（10分）

○1/4を表しているものを選ばせ，図の横に1/4と書き込ませる。また，理由も説明できるように求める。

- まずは自分で考える時間を少し取った後，自分の考えをペアで説明し合う。
- 自信のない児童も，ペアで学習することで理解が深まるようにする。
- 説明する時は，プリント上の図を指し示しながら説明するように助言する。

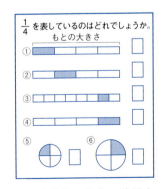

- 選ぶだけでなく，4つに分けた1つ分になっている。8つに分けた1つ分になっているといった説明ができることが大事であるという姿勢で取り組ませる。
- 分数の定義から，右図の②や④のような場合も1/4と表せることを確認する。
- もとの大きさが変わると，1/4の大きさも変わってくることを確認する。

理解深化（15分）

○正方形や長方形の紙を折って，いろいろな1/4を作る。
- まず，自分でいろいろな1/4を作ってもらい，次にグループの中で発表してもらう。
- うまく作れない時にはグループのメンバーに助けてもらうように促す。
- 1/4を作ることで困っている時には，まず半分に折って1/2を作り，さらに半分に折って1/4にしたことを想起するように全体に助言する。
- 各グループに1つのホワイトボードを与え，グループの中でできるだけ特徴の違う2つの分け方を選んで貼ってもらい，発表する。
- 同じ図形（正方形や長方形）を4等分した図形はいずれも1/4であるが，形はさまざまであることを共有する。

○等分されていない間違いの例
- 4つに分けているものの，等分されていない間違い例を全体に示し，なぜ1/4とはいえないのかを説明してもらう活動を通じて，等分していることが重要であるという，分数の定義の理解深化を図る。

自己評価（5分）

○本時の学習の振り返りをノートに書く。
- 本時の学習で「わかったこと」，「がんばったこと」，「ともだちのよかったところ」，「もっとやってみたいこと」などをノートに書く。

このように,「教えて考えさせる授業」では,教師が説明した基礎的な知識やスキルが,児童生徒に定着したことを「確認」してから,「理解深化」課題に取り組ませるのが特徴です。そのため,クラスの多くの人が基礎的な知識をもとに,さらに理解を深めることができます。

● さらに読み進めたい人のために

市川伸一・植阪友理（編著）（2016）．最新 教えて考えさせる授業 小学校——深い学びとメタ認知を促す授業プラン——　図書文化

　本章で紹介した「教えて考えさせる授業」のより詳しい解説と指導例が載っています。自分の授業で「教えて考えさせる授業」を実践したい人におすすめです。

向後千春（2014）．教師のための「教える技術」——「教えること」を教える先生が書いた——　明治図書

　非常にわかりやすい文章で，認知心理学やインストラクショナル・デザインの観点から「教える仕事に就いている」人向けに「教え方」を説明した本です。

村松賢一・佐藤申子（編著）（2011）．子どもたちの対話が激変する「質問力」アップワーク 低学年　明治図書

村松賢一・黒田英津子・佐伯美穂子（編著）（2011）．子どもたちの対話が激変する「質問力」アップワーク 中学年　明治図書

村松賢一・波多江誠・福島崇宏（編著）（2011）．子どもたちの対話が激変する「質問力」アップワーク 高学年　明治図書

　小学校の授業ですぐに使える「児童の「質問力」を伸ばすワークシート集」です。「低学年」，「中学年」，「高学年」向けの3冊に分かれています。

西林克彦（1997）．「わかる」のしくみ——「わかったつもり」からの脱出——　新曜社

　「わかる」とは何かについて，「わかりやすい」例を多く用いて解説した本です。教える前に読むと児童生徒の理解がすすむでしょう。

野口芳宏（2011）．野口流 教師のための発問の作法　学陽書房

　長い間小学校で教えていた筆者ならではの視点から，「良い発問の条件」等について解説しています。

斎藤喜博（2006）．授業入門　国土社

　教育心理学に関する本ではありませんが，授業を語る上で外せない一冊です。初版は1960年に出版されましたが，新装版として復刊しました。

評価とは

　評価と聞くと学校で受けたテストをイメージする人が多いと思います。しかし，テストを実施して成績をつけることだけが評価の目的ではありません。評価は学習者の能力や教師の教える力を伸ばすためにあります。また，紙のテストで行うだけが評価ではありません。学習者が何か作品をつくったり，学んだ内容に基づいた劇をしたりすることでも，学習者が学んだことを教師は評価できます。さらに，評価は先生だけが行うものではありません。児童生徒が自分を評価することもできますし，友達同士で相互評価を行うことも可能です。さまざまな評価の仕方を知って使いこなすことができれば，児童生徒の力を引き出すことができます。

本章のトピック

- なぜ評価を行うのか？
- いつ評価するのか？
- 誰が評価するのか？
- 何を評価するのか？
- どのように評価するのか？
- 評価の際に注意すべきこと。

キーワード

レディネス，診断的評価，形成的評価，総括的評価，他者評価，自己評価，相互評価，相対評価，絶対評価，個人内評価，効果的なフィードバック，規準と基準，プロセス評価，パフォーマンス評価，ルーブリック評価，ポートフォリオ評価，指導と評価の一体化，逆向き設計のカリキュラム，ハロー効果（光背効果），寛容効果，減点主義

■なぜ評価を行うのか

教育評価は「教育に関するさまざまな決定に必要な情報を収集，整理し，それをフィードバックする手続き」と定義されます。しかし，そもそもなぜ評価を行うのでしょうか。評価というと「教師が成績を出すために行う」というイメージが強いと思います。しかし，それは評価の一つの側面にすぎません。児童生徒は評価を受けてフィードバックをもらうことで，効率よく学ぶことができます。また，自分自身のことを評価することで自律的に学ぶ力が伸びます。さらに，評価することによって教師も自分の授業の効果がわかり，教え方の改善につながります。「評価は学習者の成長と教師の指導改善のためにあり，両者の学びを深めるために行う」といってもよいでしょう。

■評価の分類

評価は「いつ」「誰が」「何を」「どのように」評価するかに大きく分類することができます。

6.1　いつ評価するのか

評価を「いつ評価するのか」という時期で分類すると，診断的評価，形成的評価，総括的評価の3つに分けることができます（図 6.1）。

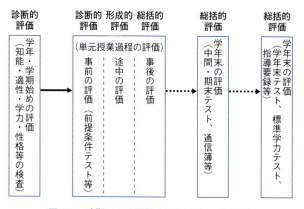

図 6.1　時期による評価の分類（橋本，1976）

6.1 いつ評価するのか

■診断的評価

　診断的評価とは，新しいことを教える前に，学習者がすでにどれくらいのことを知っているのか，できるのかを診断するために行う評価のことです。このように，教師が何かを教える際に，そのことを習うのに必要な知識やスキルが学習者側に備わっている状態をレディネスとよびます。診断的評価は学習者のレディネスをみているといえます。診断的評価の例としては，新学期の最初に行うテストや，新しい単元に入る際にその単元内容に関して知っていることを書いてもらうことがあげられます。この評価を行い，児童生徒が何を知っているかを教師が把握しておくことで，授業の組立てが容易になります。また，授業を受けるために特別な配慮が必要な学習者を把握することも可能です。さらに，診断的評価を行っておくことで，学習者がすでに知っていることに時間をかけなくても済みますので，発展的な内容に時間を割くことが可能になります。

■形成的評価

　一方，形成的評価とは教えている途中で行う評価のことです。例えば，学期の途中で先生が行う小テスト等があります。途中で評価を行うことで，伝えたい内容が学習者に伝わっているかを確認することができる。その上で，指導方法を変えたりや教える内容の難易度を変更する等の軌道修正ができるという利点があります。

■総括的評価

　学期や単元の最後に行い，教えたかった内容がきちんと児童生徒に定着しているか確認するために行われるのが，総括的評価です。恐らく，ほとんどの人が思い浮かべる「評価」といえば，この総括的評価になると思います。総括的評価の例としては期末テストがあります。

　総括的評価のみを行っていると，学期の最後になって，「児童生徒が何も学んでいないことが分かったが，もう授業時間がないので修正ができない」ことになりかねません。形成的評価も利用して，教え方や教える内容の修正を適宜行いつつ授業を実施しましょう。

6.2 誰が評価するのか

評価をする人は教師だけとは限りません。自分で自分のことを評価するときもありますし，クラスメイト同士で評価をし合うこともできます。評価を「誰が評価するのか」という観点で考えると「他者評価」「自己評価」「相互評価」で分けることができます（図 6.2）。

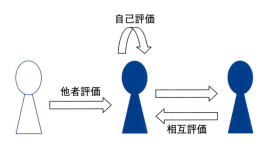

図 6.2　評価主体による評価の分類

■他者評価

他者評価とは，自分以外の他者が評価を行うことです。先生が児童生徒を評価することが例としてあげられます。一般的に評価というと，この形を思い浮かべる人が多いと思います。

しかし，教師が児童生徒を評価することにはデメリットもあります。まず，教師が常に評価すると，教師の先入観や思い込みによって評価がゆがむ可能性があります。次に，教師が評価することで，児童生徒が自分自身や他者を評価することで得られたはずの成長の機会を，教師が奪うことになりかねません。

■自己評価

一方，自分で自分のことを評価するのが，**自己評価**です。例として，授業の終わりに自分はその授業のことをどれくらいよく理解できたのか，まだ分からないことは何かを児童や生徒に評価させることがあげられます（図 6.3）。また，「どれくらい理解できた」という「認知」とともに，「どれくらい意欲的に授業に取り組めたか」という「意欲」も自己評価の対象とする場合もあります。

小学生に自己評価をさせるのは，難しいのではないかと考える人もいると思

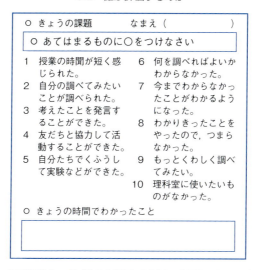

図6.3 **自己評価カード**（金井と石田，1981；北尾ら，2006より抜粋）

います。もし，学習者の年齢が低く，言葉による自己評価が難しい場合はニコニコマーク等，絵柄による自己評価も可能です（図6.4）。

図6.4 イラストによる低学年向け自己評価の例

■自己評価のメリット

　自己評価の最大のメリットとして，学習者に自分自身のことをモニターする力が培われることです。正確に自己の理解状態を把握できるようになると，親や教師が傍にいなくとも，自律的に学べるようになる可能性があります。しかし，学習者の中には自分のことを甘く評価したり，逆に必要以上に自分を厳しく評価したりする人もいます。

そのため，自己評価を導入し始めたばかりの時期は，教師がモデルとなって適切な評価の仕方を学習者に教える必要があります。例えば，小学校で「今日の授業でどれくらいがんばったか」を評価してもらいたいときは，児童に自己評価をしてもらった後に教師がチェックして，児童が正しい自己評価ができているか，児童にフィードバックする必要があります。

■相互評価

また，児童生徒にお互いのことを評価してもらう，**相互評価**もあります。複数の評価者で1人を評価する場合は，他の評価者が行った評価を参照することで評価の仕方を学ぶことができるメリットがあります。例えば，小学校の社会科の授業でグループで地域について調べてきたことを発表するときに，発表グループの「発表内容の分かりやすさ」を聞き手が評価すると仮定します。このときに，太郎君が発表グループに対して低い評価をつけたとします。一方，花子ちゃんは高い評価をつけたとします。その際に，花子ちゃんが高い評価をつけた理由を太郎君が知ることで，他の人がどのように評価しているのかが分かり，太郎君の評価の幅が広がります。そして，他者を評価するスキルが身につくことで，自分をより正確に評価できることにつながります。

はじめの頃は，児童生徒が相互評価でお互いを正しく評価することは保証できません。そこで，評価基準となるルーブリック表（**表6.3**参照）を教師があらかじめ渡しておく方法があります。また，相手を好き嫌いで評価せずに，内容を評価するように指導することで，児童生徒の協同学習を促すことができます。

6.3 何を評価するのか

教育現場では，「知識・理解」「技能」「思考・判断・表現」「関心・意欲・態度」の4つの観点で，学習状況を分析的に評価する「観点別評価」が導入されています。観点別評価の観点を分かりやすくするために，大きく3つに分類すると，「知識」「スキル」「態度」に分けることができます（**図6.5**）。

評価対象によって，適切な評価方法は異なります。そのため，教師は評価し

6.3 何を評価するのか

知識（理解，思考，判断）　例：歴史的事実，公式の理解　等
スキル（技能，表現）　例：水泳，演奏，図画工作，調理，口頭発表　等
態度（関心，意欲，態度）　例：授業への参加，課題への取り組み　等

図 6.5　評価対象による評価の分類

ようとしている対象が「知識」「スキル」「態度」のどれに該当するのかを把握していなければいけません。

■「知識」を評価する

「知識」を評価する方法の一つとして筆記試験があります。筆記試験は「正しいものを1つ選べ」という選択式，「ペリー来航がその後の日本に与えた影響について述べよ」等の意見を書かせる記述式等，さまざまです。選択式の試験はあてずっぽうでも正答できると思われがちですが，選択肢を工夫することで，評価する側が評価したい点をピンポイントで尋ねることができます。ただし，正答であった場合に本当に理解したのかどうかが分かりにくいというデメリットがあります。

記述式の試験は，学習内容を児童生徒が理解したか判断しやすいというメリットがあります。しかし，評価する前にしっかりとした採点基準を決めておかないと，評価がぶれる危険があります。知識の定着は口頭試験や実演によっても評価ができます。「〇〇について説明して下さい」と尋ねて，口頭で説明した内容からその人の知識を評価することも可能です。

また，「劇」として演じてもらうことでも知識は評価できます，例えば，小学校の授業で「縄文時代の人々の暮らし」を演じてもらうことで，その児童が縄文人の暮らしを正確に理解したかどうかを評価できます。

■「スキル」を評価する

スキルを評価する方法としては，実演が主になると思います。小学校体育の水泳であれば実際に 25m を泳ぐ，図画工作の授業では，実際に作品を作る等です。ただ，実演以外にもスキルは評価可能です。例えば，図工の時間に，児童生徒が工具をつかって工作に取り組む様子を教師が観察して，道具を使いこ

なすスキルを評価することができます。

■「態度」を評価する

態度を評価する方法は，観察が主になります。例えば，課題への取り組み方，授業への参加度，グループ活動の際の様子を観察することで，態度の評価ができます。観察で評価を行うメリットとしては，状況に合わせた判断力，対応力をみることができることです。また，あらゆる場面で観察可能なので，児童生徒が評価に対して構えていないときにも評価が可能です。

一方，デメリットとしては，観察できる項目が限られる，時間がかかる等があります。また，観察される側が観察されていることを意識しすぎると，緊張して普段のパフォーマンスが出せない場合があります。

■評定尺度を用いて評価する

知識，スキル，態度のいずれを評価する場合にも大切なのが，評定尺度を定めて，評価のぶれを防ぐことです。教師が観察すべき学生の行動を具体的に提示したものとして評定尺度を作っておく方法があります。**表 6.1** は看護の学生が実習でベッドメイキングをする際の評価に用いる評定尺度です。

表 6.1　ベッドメイキングの評定尺度 (田島，2009)

項目	よくない	あまりよくない	普通	よい	非常によい
①準備は適切か。					
②リネンの広げ方は適切か。					
③シーツの持ち方は適切か。					
④シーツの引き方は適切か。					
⑤シーツのマトレスの下への入れ込み方は適切か。					
⑥後始末は適切か。					

この評定尺度は，教師が学生の行動を評価する際に活用できますが，リストを学生に渡しておくことで，学生が自己評価や学生同士で評価をする場合にも使えます。評定尺度による評価が煩雑に感じる場合は，「よくない」「非常によい」といった段階を省略し「できている」「できていない」の2択で評価を行うと評価の際の負担が軽減できます。

評定尺度やチェックリストは主にスキルや態度を観察する際に用いられますが，理解・知識を記述式テストで評価する際にも使えます。例えば，社会科で「ペリー来航がその後の日本に与えた影響について述べよ」と，歴史に関する理解・知識を記述式テストで評価する際にも「自分の意見が含まれている」「意見は根拠に基づいている」等の項目に沿って評価をすることで，評価がぶれにくくなります。

どのように評価するのか

■相対評価

相対には「他と比較して」という意味があり，相対評価とは「他人と比べてどれくらいできたか，できていないのか」を評価します。つまり，その人が属する集団の中での位置づけを評価する方法です。

例えば，クラスに40人の生徒がいるとします。「優」「良」「可」「不可」の成績をつける場合に，成績の上位10人を「優」，次の10人を「良」，次の10人を「可」，一番下の10人を「不可」にするのが，相対評価です。

相対評価のメリットは3つあります。1つめのメリットは評価者の主観の影響が少なくなるという点です。相対評価はその集団の中での位置が評価を決定しますので，例えば，先生が意識的，無意識的にせよ，お気に入りの児童生徒の評価を上げようとしても，その人の成績が集団の中で高い位置になければ，評価を変えることはできません。2つめのメリットは，その学習者の集団の中での位置が分かるということがあげられます。3つめに，教科間での比較が可能になります。例えば，相対評価で数学は「優」，国語は「可」であれば，その集団において，数学の成績は上位に位置しているが，国語は下位に位置しているということが分かります。

相対評価のデメリットは，個人の努力が反映されにくい点にあります。例えば，どんなにその人が勉強を頑張っても，同じクラス内に勉強ができる人が大勢いると，高い評価はもらえません。また，その学習者が「学習目標を達成したのか」判断しにくいため指導に生かしにくいというデメリットもあります。

例えば，小学校の算数の単元で足し算を教えたとします。花子さんが「優」の評価を得たとしても，そのクラスの他の児童の足し算のできが影響しますので，花子さんの足し算の理解がどのレベルにあるかは，相対評価では分かりません。

さらに，相対評価はクラスの中での過度の競争をあおる可能性があります。相対評価は周囲との比較で評価が決まります。そのため，良い評価を得るためにはその集団の中で上位に位置しなくてはならず，集団内での競争を引き起こします。それが，良い方向に働けば，学習者同士が切磋琢磨し集団全体としての成長につながります。しかし，競争がネガティブに働いた場合には，相手の足を引っ張り，自己の利益の中心に考えて行動することを助長する場合があります。それが，学校の場合はクラスの人間関係にも影響する場合がありますので，相対評価を導入する場合は注意が必要です。

相対評価は集団内の位置によって評価が決まるため，客観的な評価ができるというメリットがあります。しかし，一方，誰が目標を達成できていて，誰ができていないのかが分からないというデメリットがあります。しかし，クラスの中の位置づけによって評価が決まるため，教師の意図が入りにくく，「客観的に評価ができる」という特徴が重視され，教育現場で相対評価が用いられる時代が長く続きました。

■絶対評価

一方，絶対評価は 80 点以上は「A 評価」のように，テストの点数等の量的な判断基準を元に，学習者個人の目標への到達度を評価する方法であり，指導に結びつけやすいというメリットがあります。かつての絶対評価は，教師が主観的に学習者に「優」「良」「可」をつけていたため，「教師の主観による評価のゆがみを産む」「教師の権威が強くなりすぎる」等の弊害がありました。しかし，絶対評価であっても，客観的に評価できる方法が徐々に確立されてきました。そこで，2002 年の学習指導要領の改訂を契機に，指導と評価を結びつけやすい絶対評価が導入されました。絶対評価では，指導目標に基づいて評価を行い，もう一度，補習等が行われ，学習者がより高い目標に到達するようにフォローアップを行うことができます。

■個人内評価

他人との比較ではなく，個人の成長を評価対象にするのが個人内評価です。個人内評価には2通りの方法があります。一つは，個人の過去の学力を基準として，現在の学力を評価するものです。他者との比較ではなく，自分の成長を評価してもらえるため，児童生徒の動機づけが高まるメリットがあります。

2つめは，異なる教科や観点間の比較で個人を評価する方法です。例えば，「○○さんは数学が得意だけど国語は苦手だ」「○○君は，人前で発表するほうが，作文で意見を表現するよりも上手である」等です。相対評価，絶対評価，個人内評価をまとめたものが，表6.2です。

表6.2 相対評価，絶対評価，個人内評価の比較（辰野，1985）

	相対評価	絶対評価	個人内評価
基　準	集団内	指導目標	個人内
比　較	他の人との比較	指導目標との比較	本人の他の能力・特質との比較
テスト	集団準拠テスト	目標準拠テスト	診断性テスト

■規準と基準の違いについて

評価を学ぶ際に，混乱しやすい用語として「規準」と「基準」があります。正式な読み方は両方とも「きじゅん」ですが，教育現場では両者を区別をするために前者を「のりじゅん」，後者を「もとじゅん」と区別して使っている場合があります。

「規準」とは「何を評価するか」という評価の対象を定めることです。一方，「基準」とは「どれくらいできるのか」という程度を評価することです。例えば，体育のマット運動で前転を評価をする場合，「規準」は「前転ができる」になります。しかし，同じように前転ができる児童の中には，「なんとか回れる児童」もいれば，「きれいに回れる児童」もいます。そこで，「なんとか回れる」「きれいに回れる」「とてもきれいに回れる」という「基準」が必要となります。つまり，「規準」と「基準」があって，はじめて「何」（規準）が「どの程度」（基準）できるかの評価が可能になるのです。

■効果的なフィードバックの返し方

「評価の後で,児童生徒にフィードバックを返すこと」は評価において最も大切ことの一つです。フィードバックがなければ,何を直せばよいかがわからず,改善ができません。

西岡ら (2015) によると,効果的ではないフィードバックは「もっとがんばれ」や「よくやった」など曖昧です。一方,効果的なフィードバックは「具体的」です。例えば,体育で跳び箱の指導をする際に,うまく飛べなかった児童に「もっとがんばりなさい」とフィードバックを返すより,「手の位置を 5 cm 前にしてごらん」「踏み切りの位置はよかったよ」等のフィードバックのほうが改善に生かせますし,児童生徒の能力を引き出すことができます。

また,効果的なフィードバックは頻繁に行われますが,効果的ではないフィードバックは,たまにしか行われません。さらに,効果的なフィードバックは「脚がそろって回転できていたのでよかった」等,そのように評価した根拠が明確です。さらに,効果的なフィードバックはすぐに行われます。時間をおいてから児童生徒にフィードバックを返しても,ほとんど効果はありません。児童生徒に「具体的なフィードバックを頻繁に行うこと」を心掛けて下さい。

■プロセス評価,パフォーマンス評価,ポートフォリオ評価

ここまで,伝統的な教育評価に関して解説をしてきましたが,以後,これからの評価の仕方として,プロセス評価,パフォーマンス評価,ポートフォリオ評価(図 6.6)について解説します。

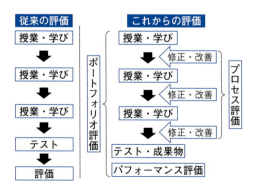

図 6.6 従来の評価とこれからの評価の比較 (吉田,2006 を改変)

6.4 どのように評価するのか

■プロセス評価

　従来の評価では授業が何回か連続して実施され，最後に中間テストや期末テストという形で，児童生徒の学びを評価するというのが一般的でした。しかし，従来の評価の仕方では，教師が伝えたかったことが伝わっているのかが，学期の最後になるまで分かりません。そこで，最近では，授業の間に頻繁に評価を挟む，プロセス評価が導入されつつあります。

　プロセス評価の例としては，例えば，授業の最後に「分かったこと」「分からないこと」を書いてもらい，児童生徒の理解度を確認し，理解している人が少ない場合は次回の授業でもう一度説明することがあげられます。簡単な例では，授業中に児童生徒の表情を観察して，多くの児童生徒にとって難しすぎるようだったら次回から授業内容を簡単なものに変える，自己評価や他者評価をしてもらい，その結果から理解度を推測する等の方法があります（吉田，2006）。

■パフォーマンス評価

　パフォーマンス評価とは，学習者が作品を作ったり，実演することで学習者ができることや知っていることを評価する方法です。例えば，家庭科の授業に生徒が作った料理や自作のエプロンの出来具合を評価する，体育の時間に跳び箱の飛び方やマット運動の前回りの仕方を評価する，社会の時間にクラスのみんなの前で調べてきたことをプレゼンテーションする様子を評価する等があげられます。

　学校では紙に印刷された問題に回答するペーパーテスト形式が主流ですが，体育や音楽等，何かのスキルを教える科目ではパフォーマンス評価で評価が行われています。しかし，国語の朗読，社会科の調べ学習の発表，理科の実験等においてもパフォーマンス評価を取り入れることは可能です。

■ルーブリック表を児童生徒と共有する

　パフォーマンス評価をする際には，教える側と学ぶ側であらかじめ，何をどう評価するのかを共有しておきます。この評価基準をルーブリックとよび，ルーブリックに基づいて行う評価をルーブリック評価といいます。例えば，表6.3は家庭科でチョコレートチップ・クッキーを作る際のルーブリック表です

(吉田, 2006)。ポイントは, この表を児童生徒が課題にとりかかる前に渡しておく点にあります。そうすることで, どの程度であればどの評価になるかの予想ができ, 課題に取り組む前にやるべきことが分かります。

表6.3 家庭科におけるルーブリック表の例 (吉田, 2006)

評価の項目 \ 評価の段階	すばらしい	まあまあ	いまひとつ	ダメ	ウェートづけ
チョコレート・チップの数	いつ噛んでもチョコレートがある	75%の割合	50%の割合	40%以下	30
噛み心地	噛み心地がある	中は噛み心地があり, 周りはパリパリしている	半分はまだ焼け切っていない感じ	ドッグ・フードのよう	20
色	黄金色	茶色	黒っぽい	こげている	20
味	手づくりの味	いい店で買った味	味を感じない	防腐剤などの味を感じる	30

　ルーブリック表を使用することは, 教師にとってもメリットがあります。ルーブリック表があると, 評価基準がはっきりするため, 「ここができていたから, この評価です」「まだこれができていないので, この評価です」と, 根拠に基づいたフィードバックや, ぶれない評価が可能になります。

　ルーブリック表の作成の仕方は以下の通りです。

1. 良い例と悪い例を観察する。
2. 良い例に含まれる項目（例：噛み心地がよい）, 悪い例に含まれる項目（例：味が薄い）をリストアップする。
3. それぞれの項目（例：噛み心地, 味）を段階に分ける。
4. 項目ごとのウェートづけを決める。

　教師が児童生徒と一緒にルーブリック表を作成する場合もあれば, 教師が作成する場合もあります。時間はかかりますが, 児童生徒が教師と一緒にルーブ

リック表を作成し，評価基準を決める体験をすることで，物事を見る目が培われる可能性があります。

また，ルーブリック表があることで，相互評価がしやすくなります。児童生徒にとって，お互いのことを評価する相互評価は，慣れないとなかなかうまくいきません。しかし，ルーブリック表があると，判断基準が明確になっているために，相互評価がしやすくなります。

■**ポートフォリオ評価**

ポートフォリオとは，もともとは画家や建築家がそれまでに製作した作品や設計した建築物を，写真に撮影してまとめたファイルのことを指します。それが，教育現場では，児童生徒の学習のプロセスで生まれたものを1つのファイルにまとめることに使われるようになりました（図6.7）。

ルール
- 入れるものには必ず日付けや出典を記入する
- 前から順番に時系列に入れる

ファイルの選択
パラパラと俯瞰しやすいことが大事。何でも手軽に入るA4サイズのクリアポケットファイルがお勧めです。

図6.7　ポートフォリオの例（鈴木，2010）

例えば，それまでに調べたこと，読んだ本，メモ，撮った写真，インタビューした内容等を一冊のファイルにまとめます。自分の学習のプロセスが蓄積され，それが目に見える形で保存されることでさまざまなメリットがあります。例えば，ウィルソンとジャン（Wilson, J., & Jan, L. W.）（1993）は，ポートフォリオをつくり，自分の学びを振り返ることで，学習者が主体的に自分の学びに関わるようになる，新しい自分を発見するきっかけになる，自分の考えるプロセスについて考えるようになる，新たな学習目標を設定しやすくなる等のメリットがあると述べています。

ポートフォリオ評価は，途中の段階で児童生徒にファイルを提出してもらい，その中身を教師が評価をすることで，プロセス評価をすることが可能です。ま

た，ポートフォリオにまとめられた情報をもとに，凝縮ポートフォリオ（図6.8）を作成したり，ポスターや壁新聞を作り，クラスのみんなの前で発表することでパフォーマンス評価も可能です。そのため，図6.6ではプロセス評価とパフォーマンス評価の2つを含んだ位置づけとなっています。

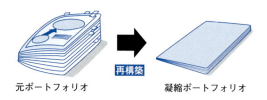

図6.8　元ポートフォリオから凝縮ポートフォリオを作成（鈴木，2010）

■ポートフォリオ評価で学習のプロセスを可視化する

これまでの評価方法では，「何を学んだか」という，最終的に提出された成果物しか評価の対象とはなりませんでした。しかし，ポートフォリオ評価では，例えば，国語の作文であれば，作文が完成するまでに行ったディスカッションに使った紙，内容の構成のメモ，下書きや，他者からのコメントも評価の対象となり，「どう学んだか」も評価の対象となります（ウィルソンとジャン，1993）。

これは，学習者に，結果だけでなく学習のプロセスにおける努力も大切であるというメッセージを教師が児童生徒に送ることにつながります。また，学習者にとっても自分のこれまでの学びをみることで「これだけやったんだ」という学習の蓄積が視覚化され自信につながります。さらに，教師にとっても，学習者の学びの結果だけでなく，途中のプロセスを評価することができるというメリットがあります。

■指導と評価の一体化

評価は教師が成績をつけるためだけにあるのではありません。評価の大切な一つの目的として，評価した内容を指導に生かすという点があります。これは「指導と評価の一体化」とよばれています。具体的には，教師は評価を授業の改善に生かし，児童生徒は評価によって自らの課題に気づき，自分を見つめ直し，その後の学習や発達を促されるとされています。

6.4 どのように評価するのか

例えば，先述した，プロセス評価は，教師が授業と授業の合間に，小テストや児童生徒の観察を行います。そして，その結果をもとに，授業における指導内容を変えます。そのため，指導と評価が一体化しているといえます。

指導と評価が一体となっていない例としては，普段の授業の指導の中で「自分の意見をもちなさい」と言う先生が，テストでは，生徒自身の意見を書いた答案を低く評価して，先生と全く同じ意見を書いた答案を高く評価することがあげられます。

また，「評価をすることが指導につながる」側面もあります。例えば，小学校の音楽の合唱の指導の際に，クラスの児童の大半が口を大きく開けて歌えていなかったとします。その際に，教師が口を大きく開けて歌えている児童を「大きく口を開けているから，うまく歌えるんだね」とほめることで，他の児童に「口を大きく開ければうまく歌えるんだ」と気づかせ，指導につなげることができます。このように，「指導の後に行われるのが評価」ではなく，「指導と評価は一体となっている」と考えられます。

■逆向き設計のカリキュラム

指導と評価が一体化した実践の一つに，ウィギンスとマクタイ（Wiggins, G., & McTighe, J.）(2005) の「**逆向き設計のカリキュラム**」があります（図6.9）。この実践では，「授業が終わったときに，児童生徒にどのような知識，スキル，考え方が身についていてほしいのか」という「指導目標」を最初に決定し，その目標が達成されたかが検証できる「評価方法」を決め，最後に，「指導内容」を決定するという流れでカリキュラムを考えます。

図6.9　逆向き設計のカリキュラム
(ウィギンスとマクタイ，2005；西岡訳，2012)

さらに，指導を行った後に評価を行い，評価結果に基づいて，児童生徒が理解できていた点，理解が不足していた点に指導目標や評価方法，指導内容の修正や改善を行います。

図 6.10 は「逆向き設計のカリキュラム」のフォーマットです。このフォーマットでは，まず，一番上の「指導目標」を記入します。その下には，児童生徒に理解してほしいことを「永続的な理解」の欄に，考えてほしい問いを「本質的な問い」の欄に書き入れます。

「本質的な問い」とは，「思考を刺激しさらなる疑問を産み，議論を引き起こ

【指導目標】生徒は栄養と食事に関する本質的な概念を理解する

【本質的な問い】
- 健康的な食事とは何か？
- あなたは健康的に食べているか？
- ある人にとって健康的な食事が，他の人にとって不健康でありうるのはどうしてか。

【永続的な理解】
- バランスのとれた食事は，身体的・精神的な健康の一因となる。
- 食事の必要条件は，年齢，活動レベル，体重，全体的な健康状態によって異なる。

【身につく知識】
- 鍵となる用語，たんぱく質，脂質，カロリー，炭水化物，コレステロール。
- それぞれの食品群の食品の種類と栄養価。
- 栄養不足によってもたらされる，一般的な健康上の問題。

【身につくスキル】
- 食品ラベルの栄養に関する情報を読んで解釈する。
- 栄養価について，食事を分析する。
- 自分や他人の人にとってバランスのとれた食事を計画する。

【課題】生徒が理解したことを示す証拠
- 生徒は，健康的な生活を送るためには十分な栄養が重要だということを，年下の子どもたちに教えるイラスト入りのパンフレットを作成する。
- 生徒はもうすぐ行われるキャンプ体験のために，3日間の食事と間食のメニューを作る。

【その他の証拠】
食品ピラミッドに関する小テストを実施。
食品ラベルから情報を読み取る課題。

図 6.10 「逆向き設計のカリキュラム」のフォーマット
（ウィギンスとマクタイ，2005 西岡訳 2012 を一部改変）

6.4 どのように評価するのか

し、その科目の内外で繰返し問われる問い」（ウィギンスとマクタイ，2005）のことです。例えば、社会科で「江戸幕府はなぜ倒れたのか」と尋ねるのは普通の発問ですが、「その時代において支配的な体制はどのようにして倒れるのか」と尋ねると、江戸幕府だけでなく、鎌倉幕府や、ローマ帝国の崩壊の際にも好奇心を刺激する「本質的な問い」になり、児童生徒が深く考えるようになります。

「逆向き設計のカリキュラム」のフォーマットの、その下の欄には、児童生徒に身につけてほしい知識とスキルを書き入れます。そして、児童生徒に知識やスキルが身につき、理解できたか評価するための課題を設定します。このフォーマットに沿って指導案を考えることで、指導と評価が一体化した実践が可能になります。

■評価の学習規定性

教師がどのような評価を行うかによって、学習者の学び方が変わります。例えば、教師の側に「丸暗記ではなく、意味を理解して学んでほしい」というねらいがあるのでしたら、習った内容の「意味を理解しているか」を問う評価の仕方をすることで、学習者の学び方は変わります。逆に、普段、先生がどんなに、「学ぶとは暗記をすることではなく、自分の頭で考えることです」と言っていても、テストでは「どれだけ暗記したか」が評価されるのでは、学習者の学び方は変わりません。

このことを検討したのが村山（2003）の研究です。この研究では、中学2年生を対象とした社会科の授業で、空所補充型テストを受けるクラスと記述式テストを受けるクラスで、生徒が用いる学習方略の違いを比較しました。その結果、空所補充型テストを受けるクラスでは、丸暗記など認知的に浅い処理の学習方略が使われる傾向があり、記述式テストを受けるクラスでは、意味を理解して学ぼうとする認知的に深い処理の学習方略が使われる傾向がありました。これは、テスト形式が児童生徒の勉強の仕方に影響することを意味しています。

■評価する際に教師が注意すべきこと

評価の際に教師が注意すべきこととして、ハロー効果、寛容効果、減点主義の3つがあります。

1. ハロー効果（光背効果）

ハロー（Halo）とは英語で「光背」のことで，ある人が1つのことに優れているとあたかも輝いているかのように見え，他のことにも優れていると錯覚してしまうことを指します。例えば，作文を評価する際に「字がきれいな作文は，内容も良くかけている」と評価することです。逆に，「字が汚いので，内容も良くない」と，特定の側面を悪く評価すると，それにつられて「他のことも悪く評価する」傾向もありますので，注意が必要です。

2. 寛容効果

自分と相性が良い児童生徒や自分を慕ってくれる児童生徒に対する評価が甘くなることを指します（正の寛容効果）。相性が合わない生徒に対して評価が厳しくなる（負の寛容効果）場合も含みます。

3. 減点主義

できることを当たり前と考えて，児童生徒が間違ったり，ミスをしたときのみ減点して評価をする方法を指します。この方法で評価を受けた児童生徒は失敗から学ぶことが少なくなります。また，うまくいっても教師からほめられることが少ないため，動機づけが高まらないというデメリットもあります。できていないことに着目するのではなく，できていることをほめて評価していくほうがよいでしょう。

　この章では，まず，評価を「誰が」「いつ」「何を」「どのように」評価するのかで分類し説明しました。その後，「指導内容」と「評価」を一体化した教え方の一つである「逆向き設計のカリキュラム」を紹介しました。最後に，評価者が注意すべき事柄についても解説しました。適切な評価を行って，児童生徒の能力を引き出せる教師を目指して下さい。

さらに読み進めたい人のために

田中耕治（編）(2010). よくわかる教育評価　第2版　ミネルヴァ書房

　教育評価に関するトピックが見開きで1つずつわかりやすく解説された本です。図表も多く使われています。わかりやすい本を求めていて，同時に理論もおさえておきたい方におすすめです。

西岡加名恵・石井英真・田中耕治（編）(2015)．新しい教育評価入門――人を育てる評価のために――　有斐閣

　評価について理論を踏まえてしっかり学びたい方はこちらの本をおすすめします。

吉田新一郎 (2006)．テストだけでは測れない！――人を伸ばす「評価」とは――　日本放送出版協会

　評価について非常にわかりやすく書かれている新書です。評価についてゼロから学ぼうとする人におすすめします。

個人差に応じた指導

　学校における教育では集団指導が主になりますが，集団を形成しているのは一人ひとりの児童生徒です。そのため個々の特性を把握して，指導を行うことが大切です。この章では，個人差に応じた指導のスキルをつけることをテーマに，まず，性格，知能，認知スタイル，学習スタイルについて解説を行います。また，集団授業の中で個人差に対応した授業の例として習熟度別学習を説明します。さらに，個別指導の方法として，「認知カウンセリング」を紹介します。

本章のトピック

- 性格にはどのような種類があるのか，性格は測定できるのか？
- 知能とは何か。代表的な知能検査について知る。
- 認知スタイル，学習スタイルとは何か？
- 認知カウンセリングとは？

キーワード

類型論，特性論，Big Five（ビックファイブ）尺度，ビネー式知能検査，ウェクスラー式知能検査，認知スタイル，学習スタイル，適性処遇交互作用，習熟度別学習，認知カウンセリング

7.1 性格とは

この章では学習者の個人差に関する教育心理学の理論を紹介し，それが教育現場でどのように生かされているかについて解説します。まず，**性格**（パーソナリティ）について心理学の分野で提唱された理論について説明します。

■性格の類型論

性格については大きく分けて類型論と特性論の2つのタイプがあります。**類型論**とは人間の性格をいくつかのタイプに分類するものです。有名な類型論としては，人の性格を体型別に分類したクレッチマーの理論があります。クレッチマー（Kretschmer, E.）は人間の体型別に性格を分類しました（図7.1）。その結果，「てんかん」は「闘士型」の体型の人が，「統合失調症」には「細長型」の人が，「躁鬱症」には「肥満型」の人が多いことを報告しました（クレッチマー，1960）。ただ，その後，体型と性格に関係があることを示す研究はあまり出ていません。

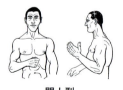 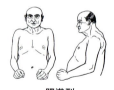

闘士型　　　　　　　肥満型　　　　　　　細長型

図7.1　体型と性格類型（クレッチマー，1960）

■性格の特性論

類型論は人間の性格を分類できるものの，どの分類にも当てはまらない人や，複数の分類に当てはまってしまう人の性格を診断しにくいという問題を抱えていました。そこで，提唱されたのが特性論です。**特性論**では，神経質，協調的，活動的等，人間の性格を「特性」とよばれるいくつかの特徴に分け，それぞれの特性の強弱によって人の性格を表します。例えば，矢田部・ギルフォード性格検査（YG性格検査）では，人間の性格を12個の特性で表し，それぞれの特性の強弱で人間の性格を表します（図7.2）。

7.1 性格とは

D	抑うつ性	陰気　悲観的気分　罪悪感の強い性質
C	回帰性傾向	著しい気分の変化　驚きやすい性質
I	劣等感の強いこと	自信の欠乏　自己の過小評価　不適応感が強い
N	神経質	心配症　神経質　ノイローゼ気味
O	客観的でないこと	空想的　過敏症　主観性
Co	協調的でないこと	不満が多い　人を信用しない性質
Ag	愛想の良いこと	攻撃的　社会的活動性　強すぎると社会的不適応
G	一般的活動性	活発な性質　身体を動かすことが好き
R	のんきさ	気軽な　のんきな　活発　衝動的な性質
T	思考的外向	非熟慮的　瞑想および内省的の反対傾向
A	支配性	社会的指導性　リーダーシップのある性質
S	社会的外向	対人的に外向的　社交的　社会的接触を好む傾向

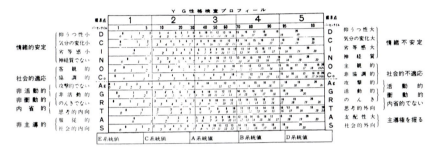

図7.2　YG性格検査®プロフィール（日本心理テスト研究所発行『YG性格検査用紙』より）
＊YG性格検査は日本心理テスト研究所の登録商標です。

■性格の測り方

性格を測定する方法は大きく分けて「質問紙法」「作業検査法」「投影法」の3つに分けることができます。以下，それら3つの方法について説明します。

■質問紙法

参加者が質問紙にある項目に回答していく方法を**質問紙法**とよびます。この方法は，一度に多くの回答者に実施することが可能であるというメリットがあります。しかし，回答する人の意図によって回答が歪められやすいというデメリットがあります。例えば「あなたは人と話すのが好きですか」という項目に対して，「本当は内向的な人」が自分を「社交的」に見せようと虚偽の回答をしても，実施者側がそれを見破ることは困難です。

1. Big Five（ビッグファイブ）尺度

質問紙法で性格を測定する例として，**Big Five（ビッグファイブ）尺度**があ

ります。人間の性格がいくつのカテゴリーに分けられるかに関しては議論が重ねられてきましたが，おおむね，5つの性格因子（情緒不安定性，外向性，開放性，調和性，誠実性）で説明ができるとされています。

日本においては，和田（1996）のBig Five尺度が使われることが多いですが，これは60項目あり，回答に時間がかかる点が問題でした。そこで，並川ら（2012）がビッグファイブ尺度の短縮版（**表7.1**）を開発しました。この尺度によって，性格を簡便に測定することが可能になりました。回答する際には，どれだけ自分にあてはまるかを，「非常にあてはまる」から「まったくあてはまらない」の7段階で回答します。

表7.1 Big Five（ビッグファイブ）尺度の短縮版（並川ら，2012）

外向性	情緒不安定性	調和性
無口な　※	不安になりやすい	短気　※
社交的	心配性	怒りっぽい　※
話好き	弱気になる	温和な
外交的	緊張しやすい	寛大な
陽気な	憂鬱な	自己中心的　※
		親切な

誠実性	開放性
いい加減な　※	多才の
ルーズな　※	独創的な
成り行きまかせ　※	頭の回転の速い
怠惰な　※	興味の広い
計画性のある	好奇心の強い
軽率な　※	
几帳面な	

※は逆転項目。

■作業検査法

性格を検査する方法として参加者に簡単な課題を行ってもらい，その遂行成績から性格を診断する方法もあり，**作業検査法**とよばれています。例えば，**内田クレペリン検査**では，参加者に一定時間内に足し算を行ってもらいます。この課題では参加者に，答えの数字の1の位の数を記入してもらい，課題遂行の様子から性格を判断します（**図7.3**）。

■投影法

投影法では，いろいろな意味に解釈できる図形や絵を参加者に提示して，判

7.1 性格とは

```
648395674386794538746579 36
495784763967853749843586 94
789458649683569843975485 79
489356386479483687453786 49
976379483564765968374867 53
756874578467948694856386 58
347856439875496745687694 83
857968374965784693758947 69
564983758947638796486357 85
738495786985478753587463 8
653984579483586985748379 46
836589754768937458695785 64
645834765865378497646587 4
593486754973845768945685 8
846958368745984753948365 97
983984657438568497347835 84
568947649349857846874398 58
```

図 7.3　内田クレペリン検査

断してもらいます。そして，判断内容からその人の性格や抱えている問題や欲求を診断します。

1. **ロールシャッハ・テスト**

   ロールシャッハ・テスト（図 7.4）では，複数の解釈が可能な図を見せ，何に見えるかでその人の性格を判定します。

2. **絵画統覚検査（Thematic Apperception Test）**

   一方，マレー（Murray, H. A.）らの絵画統覚検査（TAT; Thematic Apperception Test）では，より具体的な図版（図 7.5）を見せ，「これから絵を見せますので，それについて物語を作って下さい」と伝え，その内容に基づいて検

図 7.4　ロールシャッハ・テストで用いられる図版の例

図 7.5　TAT の模擬図版

査を行います。

　他にも，フラストレーションがたまる状況の絵を見せて，吹き出しに入るセリフを考えてもらい，そのセリフから性格判断を行う，ローゼンツァイク（Rosenzweig, S.）（1945）の **P-F スタディ**（Picture-Frustration study の略）があります（図 7.6）。

3. 文章完成法テスト（SCT ; Sentence Completion Test）

　また，絵ではなく，文章の続きを考えてもらうことで，その人の性格を判定する**文章完成法テスト**もあります（図 7.7）。このテストは文章の冒頭部分が書いてあり，文末の部分を参加者が補う形式となっています。参加者の性格により，文末に入る表現が異なってくることから，どのような文章にするかで，性格の判定ができると考えられています。

図 7.6　P-F スタディの図版例

図 7.7　文章完成法テスト（SCT）
（「精研式文章完成法テスト SCT（成人版）」金子書房より）

4. バウムテスト

　木の絵を描いてもらうことでその人の性格を判断するのが**バウムテスト**です（図 7.8）。バウムとはドイツ語で「木」を意味します。このテストでは，参加者に「木の絵を描いて下さい」と指示し，木の絵の様子からその人の内面を診断します。

図 7.8　バウムテストの描画例
（福森，2015）

7.2 知能とは

■知能とは何か

　日常生活の中では,「あの人は頭が良い」「私は賢くないから……」といった会話をするときがあります。しかし,「頭が良い」とはどういったことを指すのでしょうか。また,皆さんなら知能とはどのようなものと考え,どのように測定しますか。心理学では長い間,「人間の知能とは何か」ということが議論されてきました（ナイサー, 1996）。専門家の間では, 抽象的な思考や問題解決能力等が知能において重要であるという点では意見が一致しました。しかし, 知能がどのように構成されているかについては意見が分かれました。

■スピアマンの知能の2因子説とサーストンの多因子説

　知能の構成に関する, 1つめの立場は, 1つの基本的な知能があり, それが他のさまざまな認知能力に影響を与えていると考える立場で2因子説とよばれています。

　スピアマン（Spearman, C. E.）は"g"とよばれる一般因子があり, それが数的処理や, 暗唱, 問題解決などのすべての特殊因子に関連していると考えました。ただ, 一般因子だけで, 個々の認知能力が説明できるわけではありません。数学であれば, 一般因子と数学の知能が関与していると考えます。

　2つめの立場は, 知能は複数の能力に分けられると考えるもので多因子説とよばれています。代表的なものとして, 知能を, 数, 空間, 知覚判断の速さ, 記憶, 言語の流暢さ, 推理, 言語理解に分けて考えた, サーストン（Thurstone, L. L.）の多因子説があります（図7.9）。

■結晶性知能と流動性知能

　また, キャッテルとホーン（Cattell, R. B., & Horn, J. L.）は知能を,「料理の作り方」「裁縫の仕方」のように, その文化や社会に関連した知能である結晶性知能と, 暗記, 計算, 問題解決に関連した流動性知能に分類しました（図7.10）。結晶性知能は年齢とともに, わずかながら上昇していきます。しかし, 問題解決（例：新しく発売された機械の使い方）, に関する流動性知能は, 年齢が高くなるにつれて低下していく傾向があります。

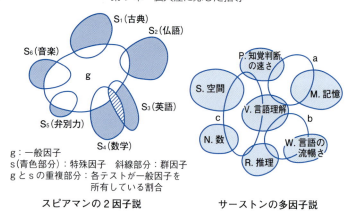

図7.9 スピアマンの2因子説（左）とサーストンの多因子説（右）（古川編著，2000）

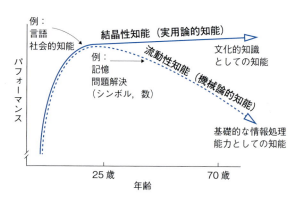

図7.10 結晶性知能と流動性知能（東ら，1993）

■ビネー式知能検査

1904年のフランスで，ビネー（Binet, A.）らは普通クラスで特別な支援が必要な児童を見つけるために，知能検査を開発しました。そうした児童が落第する前に支援の手を差し伸べることが目的です。ビネーとシモン（Simon, T.）は学校の勉強に必要な知能が何かを探しました。さまざまな試行錯誤の末，学校でうまくやっていける児童と特別な支援が必要な児童を分けることのできる検査を作成しました。

7.2 知能とは

ビネーらの知能検査の特徴は児童らの「精神年齢」を特定できることでした。例えば，その児童の年齢が何歳であれ，ほとんどの6歳児が解くことのできる課題を解ければ，精神年齢は6歳であると判定されます。**ビネー式知能検査**の問題例としては，絵の中の物の名前を言う課題，抽象語の意味を言う課題，買い物課題等があります（**表 7.2**）。

表 7.2　ビネー法の項目例（1911 年版）(西村・井森（編），2010)

年齢級	課題例
3歳	自分の目，鼻，口を指し示す 6 音節の文章を反復する
6歳	午前と午後を区別する 女性の顔を描いた2つの絵のうち美しい方を選ぶ
9歳	身近なものについて用途以上の定義をする 5つの物を重さの順に並べる
12歳	不合理な文章を批判する 指定された3つの単語を1つの文中で使う

スタンフォード大学の研究グループはターマン（Terman, L. M.）を中心に，ビネーらの知能検査をフランス語から英語に翻訳しました。また，改良を加え，IQ とよばれる知能指数の概念を考案しました。知能指数（IQ）は，その児童の「精神年齢」が「生活年齢」の何倍であるかの数値を 100 倍することで算出します。

$$知能指数（IQ）= \frac{精神年齢}{生活年齢（暦上の年齢）} \times 100$$

■ウェクスラー式知能検査

ビネー式知能検査は，言語に関する課題と非言語課題が混在していて，言語に障害がある人が使いにくいという問題がありました。そこで，ウェクスラー（Wechsler, D.）は聴覚と音声処理過程に関する「言語性知能」と，視覚と運動処理過程に関する「動作性知能」を分けて測定できる知能検査を開発しました。

言語性知能を測定する課題の例としては,「太陽はどちらの方角へ沈みますか」と尋ね,答えてもらう課題があります。動作性知能を測定する課題の例としては,「積み木を組み合わせて,検査者が示したのと同じ模様をつくってもらう課題」があります。また,**ウェクスラー式知能検査**は年齢によって,小学校に上がる前の幼児用の WPPSI,児童用の WISC,成人用の WAIS に種類が分かれています。最新の検査(第4版)では,言語性知能,動作性知能という枠組みはなくなり,言語理解,知覚推理,ワーキングメモリ,処理速度の4つの指標による検査が可能になっています。表7.3 は WISC-Ⅳに新しく追加された5つの課題です。

表7.3　WISC-Ⅳに新しく追加された5つの課題(ウェクスラー,2010)

絵の概念	子どもに2〜3段からなる複数の絵を提示し,それぞれの段から共通の特徴のある絵を1つずつ選ばせる。
語音整列	子どもに一連の数とカナを読んで聞かせ,特定の規則に基づいて並べかえて言わせる。
行列推理	子どもに一部分が空欄になっている図版を見せて,その下の選択肢から空欄にあてはまるものを選ばせる。
絵の抹消	子どもに不規則に配置した,あるいは規則的に配置したさまざまな絵の中から特定の種類の絵を探して線を引かせる。
語の推理	子どもにいくつかのヒントを与えて,それらに共通する概念を答えさせる。

■ガードナーの多重知能理論

知能を記憶や言語等の学習面に限定したそれまでの立場に対し,ガードナー(Gardner, H.)は知能をより文化的なものも含めた,多種にわたるものと考えました。ガードナーが提唱した**多重知能理論**(ガードナー,1999)には,言語性知能,論理的=数学的知能,音楽的知能,空間的知能,身体的=運動的知能,自然主義的知能,個人内的知能,対人的知能の8つの知能が含まれています(表7.4)。

ガードナーは「知能は,その時代や文化の中に適したものを産み出したり,課題を解決するための能力であり,時代や文化が変われば重要とされる知能は変わる」としています(ガードナー,1999)。ただ,ガードナーの理論は広く研究者に受け入れられているわけではありません。音楽や身体に関わる知能は,

表7.4 多重知能理論 (ガードナーとハッチ,1989より三好,2013が一部改変)

知能	中心となる知能の成分	この知能をよく用いる人の例
言語的知能	音楽,リズム,語の意味への感受性 言語機能の差異に対する理解の能力	詩人 ジャーナリスト
論理的＝数学的知能	論理的,数学的パターンに対する感受性と識別力 長い論理展開を行う能力	科学者 数学者
音楽的知能	リズム,音階,音質を評価し創りだす能力 音楽的表現を評価する能力	作曲家 演奏家
空間的知能	視覚的,空間的世界を認識する能力	航海士 彫刻家
身体的＝運動的知能	体の動きをコントロールする能力	舞踏家 スポーツ選手
自然主義的知能	自然界の様式に注目し,理解する能力	地質学者 探検家
個人内的知能	自分の気持ちを理解し,行動する能力 自分自身の強み,弱み,願望などに対する理解	俳優 作家
対人的知能	他者の気分,気質,願望を理解し,それらに応える能力	セラピスト 販売員

知能ではなく,生まれもっての才能ではないのか,対人関係に関わる知能は性格との関係が強いのではないのか,といった点に批判もあります。

7.3 認知スタイル・学習スタイル

■認知スタイル

　知能以外で児童生徒の学校での学びに影響を与える認知的要因として,認知スタイルがあります。認知スタイルとは人がどのように情報を知覚して処理しているかを指し,場依存型と場独立型の2つに分けることができます。

　場依存型の認知スタイルをもつ人は,物事を全体的に見ることが得意です。しかし,物事の一部分に焦点を当てたり,1つの側面だけから考えたりすることは苦手です。場依存型の人は周囲の人とうまくやっていくスキルに長けているといわれています。

一方，**場独立型**の人は，全体よりも部分に着目する傾向があり，1つのことに集中する強さがあります。ただ，場依存型の人と比べると周りの人とのコミュニケーション力に欠けます。

また，人を衝動型と熟慮型に分類することもできます。衝動型の人は課題をこなすのが早いが，間違いを犯す数も多い特徴があります。一方，熟慮型は，課題をこなすのはゆっくりですが，間違いが少ない特徴があります。衝動型か熟慮型かを判定する課題として有名なものとしては，MFF（Matching Familiar Figure）課題（図 7.11）と，TVM（Tactual Visual Matching）課題（図 7.12）があります。MFF 課題では，標準図形と同じ図形を選択肢の中から見て選ぶ課題です。TVM 課題は標準図形と同じ図形を手で触って選ぶ課題です。この課題では選ぶ課題は箱の中にありカバーがかかっていて目で見ることができないため，参加者は手で触って同じ図形を見つけます。MFF 課題と，TVM 課題と

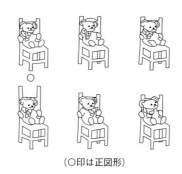

（○印は正図形）

図 7.11　**MFF 課題の例**（東，1989）

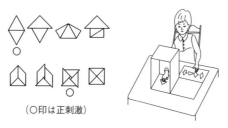

（○印は正刺激）

図 7.12　**TVM（Tactual Visual Matching）課題の例と実施のようす**（東，1989）

もに，熟慮型の認知スタイルの人のほうが衝動型の人よりも高い得点をとり，学校の成績も良いことが報告されています。

■学習スタイル

ダン（Dunn, R., & Dunn, K.）らは，人の学習時の形態や環境に対する好みを，**学習スタイル**とよびました。例えば，「環境条件」に関しては，静かな場所を好むか音があってもよいのか，「情動・動機づけ条件」に関しては，自分で動機づけるほうがよいか，外的に動機づけられたほうがよいか，「社会的条件」としては1人で勉強することを好むか，複数で勉強することを好むか，「身体的条件」としては，聞いて学ぶ（聴覚）ことを好むか，見て学ぶ（視覚）ことを好むか，朝型か夜型か等があります（表7.5）。

表7.5 **学習スタイル**（ダンとダン，1978を一部省略）

(A) 環境条件
1. 静かさを求める　⇔　音があってもよい
2. 明るい光がいる　⇔　照明は暗いほうがよい

(B) 情動・動機づけ条件
1. 自分で動機づける　⇔　外的動機づけがいる
2. 持久力がある　⇔　持久力に乏しい

(C) 社会的条件
1. 1人で勉強したほうがよい
2. 多くの友人と勉強したほうがよい

(D) 身体的条件
1. 聴覚に訴えるほうがよい，視覚に訴えるほうがよい
2. 朝の時間のほうが調子がよい，夜遅くのほうが調子がよい

児童生徒の中には自分に合った学習スタイルを知らないために，成績が思うように上がらない人もいます。そのため，教師はさまざまな条件のもとで児童生徒が学ぶ体験ができる工夫を，授業の中でするとよいと思われます。例えば，1人で学ぶ場面と複数で学ぶ場面を授業に含めたり，伝えたい内容を視覚的に提示したり，聴覚的に提示したりして，どちらのほうが「自分に合っているか」を児童生徒が認識できる機会を設けることが大切です。

■適性処遇交互作用

スノー（Snow, R. E.）ら（1965）は，教師から直接教わる方法と，同じ内容

を録画し映像を見て学ぶ方法の効果の比較を行いました。その際に学生の対人積極性も測定し，対人積極性の高低との関係を検討しました。その結果，対人積極性の低い学生は映像を見て学ぶほうが成績が良く，対人積極性が高い学生は教師が直接教えたほうが成績が良くなりました（図 7.13）。

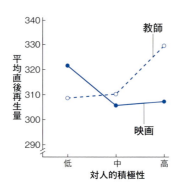

図 7.13　適性処遇交互作用の例（スノー，1965）

このように，ある教え方の効果が学習者の性格や認知特性によって異なる現象を**適性処遇交互作用**（クロンバック，1957）といいます。この結果から，「ある人にとっては『効果のある授業』が，他の人にも「効果があるとは限らない」ということを念頭においておく必要があります。

■「適性処遇交互作用」の３つのタイプ

サロモン（Salomon, G.）（1972）は「適性処遇交互作用」を３つのタイプに分類しました。１つめは，学習者に欠如した能力を育成することでおきるもので「**治療モデル**」とよばれます。この場合はすでにその能力を獲得している学習者にとっては，能力が伸びない，つまらない授業となるが，その能力がない学習者にとっては効果のある授業となります。例えば，中学校の英語の時間にリスニングにおいて聞き取れた単語の書き取りを行う場合，まだ単語の聞き取りができていない生徒には聞き取り能力を伸ばす効果があるでしょうが，すでに単語の聞き取りができている生徒は退屈してしまうと考えられます。

２つめは，「**補償モデル**」とよばれるもので，学習者が用意することができないことを教員が一時的に補うことを指します。例えば，小学校の低学年で足

し算を習うときに，教員が「おはじき」を用意することは，実物がないと数えられない児童には効果がありますが，「おはじき」がない状態でも頭の中で足し算ができる児童には効果はありません。

3つめは，「特恵モデル」とよばれるもので，学習者の適性のうち優れた部分を活用することです。例えば，人と話をして考えを深めることが得意な人たちが多く集まったクラスで，ペアワークやグループワーク等の話し合いを中心とした授業を行うことです。この場合，人と話をして考えを深めることが得意な度合いが高い人ほど，高い学習効果が得られると考えられます。

■学習スタイルと教師の指導法は合致させるべきか

それでは，児童生徒の特性と教え方は合致させるべきなのでしょうか。スタール（Stahl, S. A.）（2002）は，学習スタイルと指導方法をマッチングさせた実践は，期待されるほどの学習効果がないことを報告しています。

また，児童生徒の中には，他の方法を知らないためにそのやりかたに固執する人や，「能率は悪いけど，楽だから」という理由で特定の学習スタイルを使っている場合があります。そのため，児童生徒の学習スタイルに合わせた指導を行うことも良いですが，彼らが普段行っている方法とは別の勉強方法を教師が経験させることで，勉強方法の幅が広がり，その人に適した勉強方法に出会える可能性があります。

■習熟度別学習

児童生徒の個人差に合わせた教育を提供するために，小学校，中学校，高等学校，大学の語学の授業等で実施されているのが，習熟度別学習です。習熟度別学習とは学習者の能力や学力に応じてクラス編成を行う指導形態のことです。例えば，ある小学校では，算数のクラスを進度の速い「どんどんクラス」と進度の遅い「ゆっくりクラス」に分け，「ゆっくりクラス」では，教師に加え大学生のボランティアが児童の学習補助を行っています。また，高校等では入学時から大学受験に特化した「特進クラス」を設けて，「一般クラス」とは異なる進度で授業を行うところもあると思います。習熟度別学習は元となるクラスがあり，特定の教科の授業のときのみ習熟度別学習にするクラス内の習熟別学習と，高校等で行われているように，入学時の段階で「特進クラス」と「一般

クラス」に分けて実施する方法があります。

　習熟度別にすると教師にとって教えやすく，児童生徒も学びやすくなりますが，問題も指摘されています。例えば，アイルソンとハラム（2001）は習熟度が低いクラスの授業内容がドリルなどの基礎的なものに偏りがちになること，自尊心が傷つけられ勉強に対するやる気が低下してしまうこと，友人関係が同じ能力や学力の友人に限定されてしまうことを指摘しています。

　解決策としては，クラス編成を教員だけで行ってしまうのではなく，児童生徒にどちらのクラスで学びたいか尋ね，意見を尊重することです。また，学習者の学力が上がった場合には習熟度の高いクラスに移動できる，学習進度の速さについていけない場合にはゆっくり進むクラスに移れる等，クラス間の移動が可能な柔軟なシステムを導入するとよいでしょう。他にも，コアとなる部分は学習者全員で授業を受けて，発展的な内容は選択科目にするという方法もあります（図7.14）。また，同じ授業を受けながら基礎的な部分は教員が説明を行う，応用問題を難しい，普通，易しい等，複数レベル用意し，学習者自身が自分の学力に応じた課題を選ぶ，課題選択型の習熟度別学習もあります。さらに，授業前後に補習時間を設け，教師が児童生徒の個人指導ができる時間が設けられれば理想的です。

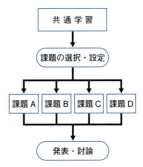

図 7.14　課題選択学習の概念図
（北尾，1991）

7.4　認知カウンセリング

■認知カウンセリングとは

　この節では，臨床心理学におけるカウンセリングの手法と，認知心理学の知見を統合した，**認知カウンセリング**（市川，1993）を紹介します。

　認知カウンセリングは，学習者の学習上のつまずきを認知心理学の観点からとらえ，自立した学習者を育成することを目的としています。指導内容は多岐にわたり，小学生への算数の指導から大学生への統計の指導までさまざまです。

7.4 認知カウンセリング

認知カウンセリングでは，勉強を教える側が主に6つの技法を用います（**表7.6**）。

表7.6　認知カウンセリングの6つの技法 (市川, 1998)

1. 自己診断：「どこが／何がわからないのか」を表現させる。
2. 仮想的教示：概念や方法を，知らない人に教えるつもりで表現させる。
3. 診断的質問：どこまでわかっているかを試すための質問を用意する。
4. 比喩的説明：概念の本質を比喩（アナロジー）で説明する。
5. 図式的説明：概念間の関係を整理して図式化する。
6. 教訓帰納：「なぜ解けなかったのか」という教訓をひきだすことを促す。

その中でも，自立した学習者の育成を目的とする認知カウンセリングの特徴をよく表している，「1. 自己診断」「2. 仮想的教示」「6. 教訓帰納」の3つの技法について詳しく説明します。

「自己診断」とは，学習者に「どこがわかっていないか，なぜわからないかを言ってもらう」ことです。これは学習者自身に自分の理解状態をモニターしてもらい，「自分が何が分かっていないか」を把握してもらう，「メタ認知」を促す機能があります。

「仮想的教示」とは，認知カウンセリングの中で，学習者がカウンセラー（教師）に教えてもらった概念や方法を振り返る際に，学習者が先生役となり，それを知らない人に教えるつもりで説明させる技法です。この技法のねらいは，他者に説明ができないということは，「自分がまだ本当は理解していない」ということを学習者に気づかせ，「わかったつもり」からの脱却を促すことにあります。

「教訓帰納」とは，学習者が問題を解けた後に，「なぜ，最初は解けなかったのか」「次に同じ問題に出会ったときにはどうするか」を学習者に尋ね，「教訓」を引き出して，自律的に学べるようになることを目的としています。ただ，市川（1991）は，こうした質問をすることで勉強に自信がない学習者（クライアント）を必要以上に追い込んではいけないと述べています。**図7.15** は認知カウンセリングの例です。Co が学習を支援する「カウンセラー」，Cl が児童や生徒等，学習の支援を受ける「クライアント」を指します。

```
┌─────────────────────────────────────────────────────┐
│         記録 5.1：小 4 女子への算数指導の場面から    │
├─────────────────────────────────────────────────────┤
```

〈問題〉

［クライエントの解答］
① 20 度（誤り）
② 180 度（正解）
③ ？

＊ 以下，クライエントを Cl，カウンセラーを Co とする。

Co：「なぜ，①が 20 度になるの？」
　Cl：「（時計の針の）12 と 1 の間の半分が 10 度で……」
　　と言いながら，20，40，……と 6 の針まで数える。数えてみて間違えたことに気づく。もう一度考えるように言うと，しばらく考えていたがわからない様子。

【誤解の発見】

Co：「12 から 3 までは何度なの？」
　Cl：「90 度」

Co：「それでは，12 から 1 までは？」
　Cl：つまってしまう。また同じように
　　　指で 20，40，……と数え始める。

Co：そこで，右図のように線を加えた。
　Cl：しばらく考えていたが，ノートに，
　　　《90÷3＝30，答え　30 度》

【ヒントの提示】

Co：「なぜ，できなかったんだと思う？」　　【教訓帰納を促す】
　Cl：「今までやった問題は，足し算や引き算で答えを出したから，そのやり方で解こうとした。」

→①がわかると，③もすぐに正解を出した。
　　《180－60＝120，答え　120 度》
　　説明も正しくできた。

図 7.15　認知カウンセリングの例（市川，1991 が斎藤，1990 より改変）

7.4 認知カウンセリング

■認知カウンセリングの特徴

　認知カウンセリングが，家庭教師と異なる点として，上記のように学習者の理解度を確認するために，他者に説明してもらうこと，問題が解決した後で，教訓を引き出し，次回同じような問題に直面したときに解決できるように，経験した問題から類似の問題への「転移」を促す点にあります。

　学習者（クライアント）がその問題を一人で解けるようになることだけでなく，解けなかった問題から「自分は何につまずいていたのか」「同じような問題に出会ったときに，次からどうすればよいのか」という教訓を引き出すことで，類似問題へ対応できる力の育成を目指し，自律的に学べる学習者の支援を目指している点が，認知カウンセリングの特徴です。

● さらに読み進めたい人のために

市川伸一（編著）（1993）．学習を支える認知カウンセリング──心理学と教育の新たな接点── ブレーン出版

　残念ながら出版社の事情で絶版となってしまっていますが，「認知カウンセリング」を学ぶには，この本が一番です。次のサイトから無料でダウンロード可能です。
http://www.p.u-tokyo.ac.jp/lab/ichikawa/frame-1.htm

杉江修治（2011）．協同学習入門──基本の理解と51の工夫── ナカニシヤ出版

　「個別に教える」ことだけが「個人差に応じた指導」ではありません。「一人よりも大勢で学んだほうが学習が深まる」という児童生徒には，協同学習がおすすめです。「グループ学習が協同学習ではない」という記述からはじまるこの本には，協同学習を自分の授業に取り入れたい人が知っておくべき内容が丁寧に解説されています。

村上宣寛（2005）．「心理テスト」はウソでした。──受けたみんなが馬鹿を見た── 日経BP社

　本章で紹介したロールシャッハ・テスト，YG性格検査，内田クレペリン検査について書かれた本です。「人間の知能は本当に測れるのか」「性格検査の結果は本当にその人の性格を反映しているのか」といったようなことを疑問に思った方は読んでみて下さい。

学級集団の理解

　皆さんは学級について，学校生活を送る上での基本的な所属集団であると理解していると思います。多くの小・中学校で，授業などの学習活動が学級ごとに行われること，遠足や修学旅行などの行事でも学級内で構成した小グループでともに活動した経験などから，そのように感じるのではないでしょうか。

　クラブ活動，部活動，委員会活動など，学校生活を送る上で関わる集団は学級だけではないのですが，学校での基本的な所属集団というと学級の影響を強く感じるようです。それは，学級での仲間と協同的な関係が構築できると学校生活に満足感をもて，仲間から孤立した状態に陥ると学校生活に不安を感じることなどから，そのように理解しているのではないでしょうか。前者には学校行事などで仲間と協力した体験，後者にはいじめなどのトラブルに遭遇した経験があてはまるでしょう。学級集団にはこのようなポジティブな側面とネガティブな側面があるようです。

　この章では，学級集団について，その状態をどのようにとらえられるのか，教師の影響，いじめなどの集団の影響に関する理論という3つの観点から，学級集団の理解について解説します。こうした影響が自分の過ごした学級ではどのように表出していたのかを考えながら，読み進めてみて下さい。

本章のトピック

- 学級集団の状態はどのようにとらえられるのだろうか？
- 教師は子どもにどのような影響を及ぼすのだろうか？
- いじめなど集団での出来事はどのように考えられるのだろうか？

キーワード

学級風土，リーダーシップ，教師期待効果，教師によるフィードバック，ソシオメトリー，いじめの四層構造，傍観者効果，同調圧力，学級規範，紙上討論

8.1 学級集団の状態についてのアセスメント

　学校での基本的な集団の単位は学級といえるでしょう。予算的な背景として「公立義務教育諸学校の学級編制及び教職員定数の標準に関する法律」により，児童生徒数から学級数が決まり，次に，学級数に応じて教員の人数が決まる仕組みになっています。ご存じのように，35人学級の小学校1年以外は，1学級あたり40人の児童生徒数が標準となっています。ここでは，この学級集団の機能とその状態のアセスメントについて紹介します。アセスメントとは，ある事象を客観的に評価することをいいます。簡単には情報収集ととらえることができます。

■学級集団の機能

　日本の学校での学級集団には次の2つの機能があることが知られています。第1に学習集団としての機能です。学習塾などで取り入れられている個人での学習を援助する学習形態ではなく，効率の高い講義式の一斉授業が学校制度の早くから取り入れられている名残かもしれません。同一年齢の子どもたちが同じ教室で，系統的に教師の指導の下に学習する形態から育った機能といえるでしょう。第2に生活集団としての機能です。生徒指導や学校・学級への所属意識を育てる場として活用される機能です。学級でトラブルが起こり，誰にでも起こるような問題であれば，個人に起きた問題を集団での学びの場に活用することはよく行われています。例えば，いじめや嫌がらせめいたことが起きた場合に，そのようなことが自分に起きたらどのように感じるか，そのような行為で伝えたいことが相手に伝わるのか，当事者や周囲はどうしたらよいのかといった学びに結びつけることなどがそれにあたります。

　小川（2000）は，日本の高校中退率の低さは，授業も含めて学級集団が学校生活の基本単位になっていることによるとしています。それを裏づける例として，学級集団によらない単位制高校，総合学科高校をあげています。このような学校では，学習的，生活的に目標のもてない自立できない生徒には，居場所のない辛い学校とならざるを得ない。自立した生徒は自分の選択した教科の教室へ行ってしまうし，自分のいる教室には自分の選択していない教科の教師と

生徒が入ってくるので，学習意欲のない生徒はどんどん居場所を失って，常習遅刻，授業抜け，無断早退に走り，欠課時数を増やして履修放棄に陥っていくというのです。高等学校年代についても学級集団が生活集団と学習集団としての重要な機能をもつといえるでしょう。

しかし，この2つの機能について，平成12年（2000年）5月に当時の文部省より，教職員配置の在り方等に関する調査研究協力者会議『今後の学級編制及び教職員配置について（報告）』で次のように報告されています。それまで学級集団の機能として一体としていた生活集団と学習集団の2つの機能について，特色ある教育課程の編成，少人数授業などきめ細かな指導，総合的な学習の時間や各教科の指導における多様な指導形態・指導方法を導入できるよう，学習集団としての機能については，学級という概念にとらわれずにより柔軟に考えることが効果的である。つまり，学級は生徒指導や学校生活の場である生活集団としての機能を主としたものとして位置づけることになります。直ちに，学級から学習集団としての機能をなくすという提案ではありませんが，新たな教育方法の導入に伴って，その役割を軽減する方向に向かうことが示されています。小川（2000）で示されている学習への適応を促進するという学級集団の機能が抑制される懸念も感じられます。

■アセスメントツールとしての学級風土質問紙

学級集団の状態や学級での個人の状態を把握し，今後の学級経営や個人の指導に役立てようとする研究があります。伊藤と松井（2001）は，学級の特徴を描き出すためのツールとして学級風土質問紙を作成しました。モース（1976）によれば，学級風土とは学級環境を構成する物理的側面や組織的側面，さらに教師・生徒集団という人的側面から規定される学級の「性格」とされています。伊藤と松井（2001）によれば，表8.1のような「学級活動への関与」「生徒間の親しさ」「学級内の不和」「学級への満足感」「自然な自己開示」「学習への志向性」「規律正しさ」「学級内の公平さ」の8尺度で構成されています。この質問紙の特徴として，次の4点があげられています。

1. 教師が回答すれば，学級についてのイメージを明確にできる。
2. 児童生徒に回答させれば，彼らが学級をどのように認識しているかを知る

表 8.1 学級風土質問紙の質問項目例 (伊藤と松井, 2001)

質問項目例
学級活動への関与 ● 行事などクラスの活動に一生懸命取り組む ● 先生に言われた以上に作業や活動をする
生徒間の親しさ ● このクラスではお互いにとても親切だ ● このクラスはみんな仲が良い
学級内の不和 ● このクラスは，もめごとが少ない ● 重苦しい雰囲気になることがある
学級への満足感 ● クラスで顔を会わせるのを楽しみにしている ● このクラスになって良かったと思っている
自然な自己開示 ● 個人的な問題を安心して話せる ● 自分達の気持ちを気軽に言い合える
学習への志向性 ● 授業中よく集中している ● その日の勉強や宿題をこなすことを重視する
規律正しさ ● このクラスは，しばしば大騒ぎになる ● このクラスは，落ち着いて静かだ
学級内の公平さ ● 何かを決めるとき強い力を持つ人がいる ● 誰の意見も平等に扱われる

ことができる。

3. 学級を比較すれば，その学級の個性を知ることができる。
4. 学級指導について，事例を検討する機会になる。

図 8.1 には 2 つの学級について，学級風土質問紙に対する生徒評定による下位尺度の標準得点を示しました。それぞれの学級の状態を考えてみましょう。

学級 1 は第 1 に「学級活動への関与」と「学級への満足感」の値が高い。生徒は学級活動への関心が高く，取組みが熱心で，学級全体として高い満足感を感じているようです。第 2 に「生徒間の親しさ」の値が高く，「学級内の不和」

8.1 学級集団の状態についてのアセスメント 147

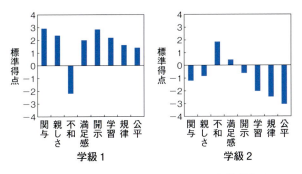

図 8.1 学級風土質問紙に対する生徒評定による下位尺度の標準得点（伊藤と松井，2001）

の値が低い。仲がよく，もめごとも少ない学級ととらえることができます。それに伴ってか，「自然な自己開示」の値も高く，安心して自己開示できるような雰囲気もあるようです。第3に「学習への志向性」の値が高く「規律正しさ」「学級内の公平さ」の値も高い。学習にも真面目に取り組み，規律正しく，誰の意見も公平に扱われると生徒は感じているようです。

　学級2は第1に「学級活動への関与」の値が低く，行事への取組みや学級への関心が低いようです。第2に「学級内の不和」の値が高く，「生徒間の親しさ」「自然な自己開示」の値も低い。もめごとや仲間はずれなどの否定的な雰囲気があり，安心した自己開示も難しいようです。第3に「学習への志向性」「規律正しさ」「学級内の公平さ」の値がいずれも低い。行事などの学級活動だけでなく，学習に対しても関心は低く，規則を守らなかったり，公平さに問題を抱える学級のようです。このような状況にもかかわらず，「学級への満足感」は平均的で低くない。学級の状態は肯定的とはいえないけれど，仲間内での楽しさはあるのかもしれません。それが健全な楽しさであればよいのですが，心配な学級の状態といえるでしょう。

　学級風土質問紙以外にもY-Pアセスメント（横浜市教育委員会，2010），Q-U（河村，2006），なども知られています。それぞれ，目的をもって開発された尺度ですので，その目的に応じて利用できるとよいでしょう。

　横浜市教育委員会（2010）では，子どもたちがいじめ問題や日常生活のさまざまな問題を自らの力で解決できるよう年齢相応の社会的スキルを育成するこ

とを目指しています。そのために、「指導プログラム」と、学級や個人の社会的スキルの育成の状況を把握し、改善の方法を探る「Y-Pアセスメント」を開発しています。紹介されているY-Pアセスメントシートは、子どもが回答する質問紙で、子ども個人や子どもが感じる学級の状態について、「自分づくり（①自己効力感、②自尊感情）」「仲間づくり（①自己表現、②配慮）」「集団づくり（①課題遂行、②合意形成）」の下位尺度得点を算出することができます。Y-Pアセスメントシートによる結果を参考にして、必要な社会的スキル指導プログラムを選択できるように工夫されています。

8.2 教師の影響

浜名（1986）は、学級集団の特質と機能について次のようにまとめています。①学級での諸活動を共に経験し、対人関係を深めることによって、学級集団としての仲間意識と帰属意識をもつようになること。②学級において、個人の欲求が充足されたり阻害されたりする過程や対人的な経験が、生徒の人格形成にとって重要な意味をもつこと。③そのような学級における活動は、主として学級担任あるいは教科担当教師の指導のもとに展開されること。このように、浜名は学級の生活集団としての機能に注目し、その構成メンバーに指導役割を果たす者として、教師を位置づけています。ここでは、教師のリーダシップや教師期待効果に関する研究を中心に紹介します。

■教師のリーダーシップ

教師のリーダーシップというと、教師の指示に沿って児童生徒が行動するような統率的な関わりをイメージするかもしれません。統率力とは多くの人々をまとめて率いる力を指すので、リーダーシップに相当すると受けとれるのでしょう。何となく、強力に引っ張るようなイメージがありますね。

チェマーズ（Chemers, M.）（1997）によれば、リーダーシップとは、「ある共通の課題の達成に関して、ある人が他者の援助と支援を得ることを可能とする社会的影響過程」と定義されています。リーダーに対するもう一方の概念がフォロワーになりますから、この定義によると、リーダーシップは個人の資質

だけでなく，フォロワーとの関係で機能できていると理解できます。そのことを示唆するような，個人に固有な人物特性評価ではリーダーシップを評価できないことも報告されています（橋口，2003）。実際に，児童生徒を卒業させた後，次に担当する児童生徒に対して，以前のようなリーダーシップが発揮できないと感じたことのある教師も多いようです。

教師のリーダーシップを考える上で重要な研究があります。それは，三隅による **PM リーダーシップ理論** です（三隅，1984；三隅ら，1977；三隅と矢守，1989）。三隅ら（1977）は，リーダーシップの機能を目標達成機能（P；Performance 機能）と集団維持機能（M；Maintenance 機能）の2つでとらえ，リーダーシップ行動を類型化しています。**表 8.2** に，三隅と矢守（1989）による，中学校における学級担任教師の PM リーダーシップ行動測定尺度の項目例を示しました。

表 8.2　中学校における学級担任教師の PM リーダーシップ行動測定尺度項目例（三隅と矢守，1989 より構成）

目標達成機能（P 機能）測定項目の例
- 決められた仕事（日直，掃除等）をきちんとするよう言う
- 勉強は自発的にするものだと言う

集団維持機能（M 機能）測定項目の例
- 生徒と気軽に話すことができる
- 授業時間以外に生徒と遊んだり，話したりする

目標達成機能（P 機能） とは，集団の課題や目標を達成させる機能です。具体的には，学習活動を促進させたり，学校生活の規則を守らせようとする行動になります。**集団維持機能（M 機能）** とは，メンバー間の人間関係を良好に保ち，集団を維持しようとする機能です。具体的には，学級集団内の人間関係を良好に保ち，学級集団が全体としてまとまるように働きかける行動になります。三隅（1984）によれば，この2つの機能は各機能 12 項目での測定では中程度の相関がみられ，各機能 8 項目の測定では弱い相関となります。そのため，各機能 8 項目での測定を奨励しています。つまり，三隅は目標達成機能（P 機能）と集団維持機能（M 機能）を関連性の低い，独立した機能と考えている

学級の児童生徒に教師の指導行動について評定させ，学級ごとにP機能，M機能それぞれの平均得点を求め，その得点の高さの組合せにより，図8.2のような4つの類型に分類できます。PM型は児童生徒から，目標達成機能と集団維持機能がバランスよく高いとみなされる教師，Pm型は目標達成機能が高い，pM型は集団維持機能が高い，pm型はいずれの機能も低いとみなされる教師となります。

図8.2　PMリーダーシップ理論による4類型

教師のリーダーシップは児童生徒の学級や学校への適応に影響することが考えられます。そこで，小学生を対象として，質問紙調査により，学級連帯感，学習意欲の得点の高さについて，PMリーダーシップ理論による4類型で比較しました（三隅ら，1977）。その結果，PM型の学級＞pM型＞Pm型＞pm型の順に学級連帯感，学習意欲の得点が高いことが明らかになりました。PM型の学級が他の類型（pM，Pm，pm）に比べて，子どもの成長に有益であることが理解できます。

■**教師期待効果（ピグマリオン効果）**

ローゼンソールとヤコブソン（Rosenthal, R., & Jacobson, L.）（1968）による実験が**教師期待効果**として，よく知られています。これは小学1年生から6年生を対象とした実験で，児童の知能向上を予測する知能検査を開発したと偽りの情報を与え，フラナガン式一般知能検査を実施しました。各学級で20％の児童を「能力が伸びる子どもたちです」と，実際の知能とは無関係にランダムに子どもを抽出して教師に伝えました。つまり，教師が期待をもたされた児童（実験群）とそうでない児童（統制群）とに分けられたのです。その年度の終わりに，同じ知能検査を実施しました。その間，実験者と教師たちとの接触はありませんでした。その結果，図8.3のように，実験群の児童の知能指数（IQ）の伸びは統制群に比べて大きいものでした。その傾向は1，2学年で顕著でした。この報告以降，多くの追試的研究がなされました。

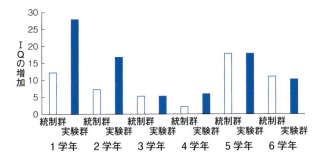

図 8.3 **教師期待による IQ の増加**（ローゼンソールとヤコブソン，1968）

なぜ，このような教師期待効果が生じるのか，その後の研究によると次のようなモデルが紹介されています。①教師の期待が形成され，②期待に沿った教師の差別的処遇が行われる（**表 8.3**）。③児童により教師期待が認知され，④教師の期待に応えようと児童の動機づけや要求水準が高まり，⑤成績の変化に表れる。

表 8.3 **高期待・低期待の子どもに対する教師行動の差異**（古城，1988 より構成）

教師行動＼期待	高期待	低期待
正答に対する賞賛	多い	少ない
誤答に対する叱責	少ない	多い
手がかりの付与	多い	少ない
ほほえみ	多い	
応答を待つこと	多い	少ない

つまり，**表 8.3** に示されるように，高期待の児童は正答に対する賞賛が多く，誤答に対する叱責が少なく，ヒントをくれる，ほほえみかけてくれる，応答を待ってくれるといった，自分と他の子どもに対する教師の対応の違いを感じたのでしょう。そのような教師の対応に注目して，子どもが教師の期待を認知し，それに応えようと動機づけられ，行動が変化すると考えられます。

このような教師期待効果は映画や舞台で知られる『マイ・フェア・レディ』の原作『ピグマリオン』になぞらえて**ピグマリオン効果**ともいわれています。『ピグマリオン』は，相手が自分に貴婦人であることを期待して扱ってくれれば下品な花売り娘も貴婦人になれるというモチーフの作品で，期待をもって関わってもらえることの重要性に気づかされます。

教師の期待が子どもにとって適切なものであればこのような効果につながるのでしょうが，逆に実際の学力よりも低い期待をもたれたために，学力を低い

レベルに変化させてしまうといった現象はゴーレム効果といわれています。こちらは避けたい期待ですね。

■**肯定的評価を伝える指導**

教師期待効果の研究では教師による期待が子どもに肯定的なメッセージとして伝わり，それが効果的に作用したようです。では，直接的に教師が子どもに肯定的な評価を伝えることに効果はあるのでしょうか。阿久根（1979）は，担任教師が児童生徒それぞれの強い面，能力のある面，価値のある面を積極的に発見し意味づけをする positive focus の指導を小学4年生と中学3年生を対象に実施しました。その結果，小学4年生ではスクール・モラールといわれる学校適応に関する指標，教師のリーダーシップ行動の認知などにおいて肯定的な効果を見出しています。しかし，中学3年生ではそのような効果はみられませんでした。この研究では，児童生徒の行動に対する教師による肯定的評価を伝える指導をしました。しかし，中学生を対象とした場合，仲間との相互作用が重要である彼らの発達的特徴を考慮すると，教師による評価よりもむしろ仲間からの評価を教師が伝える方法について検討する必要がありそうです。

仲間による肯定的評価を対象とした指導は，実際の学級活動に関する資料集でも教材が用意されています（児玉，2010；辻本，2000）。同様な観点で，小学校高学年以上を対象とした場合でも，学校行事で頑張った級友へのメッセージを伝える教材が用意されています（樋渡，2010；国吉，1998）。しかしながら，現場の小学校教師からは，高学年になると互いの良いところをほめ合う活動は，児童も照れてやりにくいと指摘されます。まして中学生になると，「君のここがいいね」と仲間でほめ合う活動は一層難しそうです。

樽木（1992）は中学生（中学1年69名，中学2年62名，中学3年94名）を対象に仲間による肯定的評価を担任教師が伝達指導する効果について検討しました。協調性，誠実性，公正さなどの15の行動特性について，**ゲス・フー・テスト**（guess who test）により，生徒の学級内での肯定的な行動を調査・集計し，担任教師が思い当たるエピソードを加えて，個人面談で伝達指導（feedback）しました。その結果，行動についての自己評価の得点が各学年，男女とも事前から事後にかけて向上しました（図8.4）。これにより，中学生

になっても仲間からの肯定的評価を望まないのではなく，それは自己評価を高める情報として有益であることが理解できます．中学生では生徒相互の肯定的評価であるか教師による肯定的評価であるかが一つのポイントになりそうです．

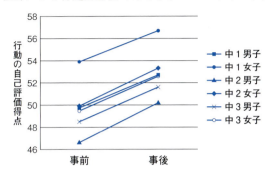

図8.4 仲間からの肯定的評価を担任教師に伝達指導されたことによる自己評価の変容
(樽木，1992)

ゲス・フー・テストは相互評価の一つの方法で，例えば，「この学級の中で，誰とでも仲良くし，みんなと協力する人は誰でしょう（協調性）」などの質問に該当する者の氏名を報告させる方法です．教師が気づいていない子どもの理解に役立つといわれています．

8.3 集団の影響に関する理論

小学校では「みんな仲良く」などといった学級目標を見かけることがよくあります．学級の構成メンバーが互いのことを理解し合うことを目指した目標と思われます．実際には，集団の中でもウマが合う人とそうでない人がいるのはよくあることです．いじめなどは集団であるがために起こることもあります．そのような集団の影響に関する理論をみてみましょう．

■学級集団の構造

モレノ（Moreno, J. L.）は人間関係についての理論と測定法についてソシオメトリー（sociometry）を提唱しています．狭義のソシオメトリーでは集団成員の選択―排斥関係を調べることにより，人間関係や集団の構造を把握しようとするものです．その測定方法の一つが**ソシオメトリック・テスト**（sociometric test）です。具体的には，ある状況下で誰と一緒に行動したいか，したくないかなどについて調査し，その情報を整理，分析し，活用するものです。つまり，ここでいう人間関係や集団の構造とは選択―排斥といったインフォーマルな構造に焦点をあてたものです。

　図8.5には，学級内での成員相互による選択についての状況を示しています。生活班などを編成するときに，子どもたちがよく希望する「好きな者同士」につながる関係を示しています。図8.5では選択の関係しか示していませんが，このような選択や排斥などの回答により示される関係を図示したものを**ソシオグラム**（sociogram）といいます。図8.5では④⑩は4人から選択され，⑥⑨は3人から選択されていますので，多くの人から選択される人気児になります。⑯は誰からも選択されず，誰も選択しない孤立児といい，人間関係が心配な子どもと感じられます。⑬⑭⑮は三者間では相互選択ですが，このグループ以外のメンバーとの交流が気になります。このように，学級内での成員相互の関係が読みとれます。

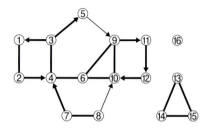

図8.5　ソシオグラム
太線は互いに選択する相互選択を示す。

　友達の友達も友達になると考えて，仲の良いメンバー同志を「ひと塊」として扱う，大局的構造に集約する**コンデンセーション法**（狩野，1979，1985）も提案されています（図8.6）。コンデンセーション法では，相互選択関係にあるメンバーで「塊」を構成し，「塊」同志が相互選択と見なせれば，さらに大きな「塊」を構成します。コンデンセーション法によると図8.5のソシオグラムは図8.6のようなソシオグラムになります。四角で囲まれたメンバーがコンデンセーション法により「塊」として構成されたことになります。大局的な構造が把握しやすくなっていることが理解できると思います。

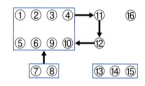

図8.6　コンデンセーション法によるソシオグラム

8.3　集団の影響に関する理論

　佐々木（2001）は，1998年6月に「一緒に遊びたくない子」の実名とその理由を書かせるアンケートを行ったというニュースが報じられて以来，ソシオメトリック・テストが学校現場で使われなくなったと報告しています。ソシオメトリック・テストは現実の子どもの関係を把握するテストであるため，子どもが誰であるかが分からないと活用できません。否定的な関係を求めることへの配慮から使用しにくいことも理解できます。佐々木は子どもの隠れた実態を把握するには，「この学校にいじめはありますか？」といった質問法よりも，ソシオメトリーが効果的であるとも加えています。

　つまり，ソシオメトリーの価値は認められながらも，扱いには注意が必要という諸刃の剣といった状況にあることを理解しておいて下さい。現状では選択関係の把握のみに留めておくのが無難かもしれません。それでも，5名以内の選択なら，第4位，5位の選択には日常生活からは見分けられないような関係もみえてくるでしょう。

■いじめを考える上で参考になる理論

　学級集団を巡る問題として，いじめの話題がよく取り上げられています。いじめの定義は「児童生徒の問題行動等生徒指導上の諸問題に関する調査」や「いじめ防止対策推進法」で定義されてきました。表8.4にその変遷を整理しました。

　昭和61年（1986年）度では，いじめは，「①自分より弱い者に対して一方的に，②身体的・心理的な攻撃を継続的に加え，③相手が深刻な苦痛を感じているものであって，学校としてその事実（関係児童生徒，いじめの内容等）を確認しているもの。なお，起こった場所は学校の内外を問わないもの」と定義されていました。

　平成6年（1994年）度では昭和61年度の定義より，「学校としてその事実（関係児童生徒，いじめの内容等）を確認しているもの」が削除され，「いじめに当たるか否かの判断を表面的・形式的に行うことなく，いじめられた児童生徒の立場に立って行うこと」が追加されました。さらに，平成18年（2006年）度では，「一方的に」「継続的に」「深刻な」といった文言が削除され，「いじめられた児童生徒の立場に立って」「一定の人間関係のある者」「攻撃を受け

第8章 学級集団の理解

表 8.4 いじめの定義の変遷

児童生徒の問題行動等生徒指導上の諸問題に関する調査における昭和 61 年度からの定義
この調査において，「いじめ」とは，「①自分より弱い者に対して一方的に，②身体的・心理的な攻撃を継続的に加え，③相手が深刻な苦痛を感じているものであって，学校としてその事実（関係児童生徒，いじめの内容等）を確認しているもの。なお，起こった場所は学校の内外を問わないもの」とする。
児童生徒の問題行動等生徒指導上の諸問題に関する調査における平成 6 年度からの定義
この調査において，「いじめ」とは，「①自分より弱い者に対して一方的に，②身体的・心理的な攻撃を継続的に加え，③相手が深刻な苦痛を感じているもの。なお，起こった場所は学校の内外を問わない。」とする。なお，個々の行為がいじめに当たるか否かの判断を表面的・形式的に行うことなく，いじめられた児童生徒の立場に立って行うこと。
児童生徒の問題行動等生徒指導上の諸問題に関する調査における平成 18 年度からの定義
本調査において個々の行為が「いじめ」に当たるか否かの判断は，表面的・形式的に行うことなく，いじめられた児童生徒の立場に立って行うものとする。 「いじめ」とは，「当該児童生徒が，一定の人間関係のある者から，心理的，物理的な攻撃を受けたことにより，精神的な苦痛を感じているもの。」とする。なお，起こった場所は学校の内外を問わない。
平成 25 年度いじめ防止対策推進法の定義
「いじめ」とは，「児童生徒に対して，当該児童生徒が在籍する学校に在籍している等当該児童生徒と一定の人的関係のある他の児童生徒が行う心理的又は物理的な影響を与える行為（インターネットを通じて行われるものも含む。）であって，当該行為の対象となった児童生徒が心身の苦痛を感じているもの。」とする。なお，起こった場所は学校の内外を問わない。

たことにより，精神的な苦痛」等が強調されるようになりました。対人関係のつまずきといったレベルのトラブルがいじめに含まれることを容認した上で，いじめについて認知する感度を高めるように意識づけることが読みとれます。

そして，平成25年（2013年）度からは，いじめ防止対策推進法の施行に伴い，「攻撃」という文言から「心理的又は物理的な影響を与える行為（インターネットを通じて行われるものも含む。）」に変更され，いじめについて認知する感度をより高めるとともに，ネットいじめについても加えた表記となりました。いじめ問題の深刻さと広がりが懸念されていることによるものでしょう。ここではいじめを考える上で参考になる理論を紹介します。

1. いじめの四層構造

森田（2010）によるといじめ集団の構造は，被害者，加害者，観衆（はやしたてる者），傍観者で構成される四層構造とされています（図8.7）。傍観者がいじめに対して見て見ぬふりをすると，暗黙の支持となって，いじめ

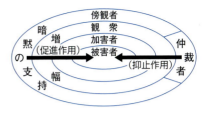

図8.7 いじめ集団の四層構造モデル
（森田, 2010）

は促進されます。しかし，傍観者がいじめに対して否定的な反応を示せば，いじめる子どもへの抑止力として作用するというのです。つまり，傍観者の指導がいじめ対応への鍵になることが示されています。

2. 傍観者効果

周囲に多くの人がいることによって，援助行動が抑制されてしまう集団心理を**傍観者効果**といいます。その原因として，責任の分散，評価懸念，多元的無知などが考えられています。

- 責任の分散とは，自分しかいない状況では責任は自分一人が背負いますが，周囲に多くの人が存在する状況なら責任は分散して，個人としては責任を軽く感じてしまいがちということです。
- 評価懸念とは，傍観者がいると，自分が騒ぎすぎることや援助の失敗を否定的に評価されることを恐れる傾向があるということです。
- 多元的無知とは，援助が必要な状況かどうかを判断するとき，他の人が援助に消極的であると認知すると，事態の緊急性を低く見積もる傾向があるということです。

傍観者効果は援助を求めている人が危険な状態にあることが明確な状況よりも，あいまいな状況で起こりやすいため，身体的暴力によるいじめよりも，無視や仲間はずれなどの関係性攻撃によるいじめのほうが起こりやすいといえるかもしれません。

3. 同調圧力（集団圧力）

アッシュ（Asch, S.）（1951）による**同調圧力（集団圧力）**の実験は，普通の子どもがいじめに荷担してしまう現象を考える上で参考になります。図8.8 の

左側の線と同じ長さの線を図の右側の1，2，3から選ぶ実験で，7人のサクラを入れ本当の回答者より早く答えるように設定しました。1回目，2回目は本当の回答者もサクラも正しく回答をしました。3回目にサクラ全員が線1が最も近いと間違った回答をするようにしました。その結果，本当の回答者の35％がサクラと同じ間違った答え

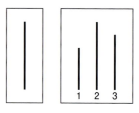

図8.8　アッシュの実験で用いられた図

をしたということです。つまり，たった一人で別のことを主張することにいかに心理的に圧力がかかるかがわかります。周囲で起こるいじめに対して，いじめを認めたくないと思っている子でも，それに同調せずにいることは，とても難しいことなのです。

　しかし，別の実験では，正解を言うサクラを本当の回答者の前に一人混ぜると，誤答率は激減しました。つまり，一人でも味方がいると，自分の考えを主張できることがわかります。一人でいることが多い子どもに，その子の味方になるような関わりをもてる子どもやグループとのつき合いを促進できると，いじめの予防的な対応になるかもしれません。

4. いじめに否定的な学級規範

　子どもはいじめを心地よく思ってはいないでしょう。多くの子どもがいじめに加わりたくはないと考えているのではないでしょうか。では，同調圧力をいじめを促進する方向にではなく，いじめを抑制する方向に作用できないものでしょうか。つまり，学級のみんなが正しいことを主張できるような方向に，学級の雰囲気を変えることはできないのでしょうか。そこまで理想的でなくともいじめに対して否定的な学級の雰囲気がつくれれば，森田（2010）の指摘する，傍観者がいじめに対して否定的な反応を示しやすくなり，いじめる子どもへの抑止力として作用することにつながるのではないでしょうか。

　そこで，いじめに否定的な学級規範に関する研究（大西ら，2009）を紹介します。学級規範とは学級でのメンバーで「何をなすべきか」，もしくは「何をなすべきではないか」ということについて共有されている主観的な意識をいいます。

8.3 集団の影響に関する理論

大西ら（2009）は，児童生徒が教師の日常的な指導態度をどのようにとらえているのかという教師認知が，いじめに否定的な学級規範といじめに対する罪悪感の予期を媒介して，児童生徒のいじめ加害傾向に影響するかどうかを検討しました。547名（小学生240名，中学生307名）の児童生徒を対象として，表8.5に示すような質問紙調査によって検討しました。

表 8.5 調査に用いた質問項目例（大西ら，2009より構成）

児童生徒による教師認知「受容・親近・自信・客観」の項目例
・担任の先生は，うれしいとき一緒に喜んでくれます
・担任の先生は，生徒が話しかけやすい感じがします
・担任の先生は，生徒が口答えや反抗をしてもしっかり指導します
・担任の先生は，納得がいく理由で叱ってくれます
児童生徒による教師認知「不適切な権力の行使」の項目例
・担任の先生は，言うことを聞かないと親に言いつけることがあります
児童生徒による教師認知「怖さ」の項目例
・担任の先生は，ふだんは怖くないけれど，怒っているときはすごく怖いです
いじめに否定的な学級規範の項目例
・仲間はずれをしている人たちに，やめるように注意をすること
・みんなから無視されている人と普通に話をすること
「罪悪感予期」の項目例
・もし○○を仲間はずれにしたら，あなたは罪悪感をもつと思いますか
いじめ加害傾向の「制裁的いじめ加害傾向」の項目例
・いつも自分勝手なので，こらしめたい
・他の子をいじめたことがあり，いじめられる気持ちを知るべきだから
いじめ加害傾向の「異質性排除・享楽的いじめ加害傾向」の項目例
・服装がみんなと違って変だから
・仲間はずれにした時の反応がおもしろいから

その影響関係を図8.9に示しました。これによると，「いじめに否定的な学級規範」と「罪悪感予期」が「制裁的いじめ加害傾向」と「異質性排除・享楽的いじめ加害傾向」という2種類のいじめ加害傾向にともに抑制的に影響していました。また，児童生徒による教師認知の「受容・親近・自信・客観」は「いじめに否定的な学級規範」と「罪悪感予期」に促進的に影響していました。

そして，児童生徒による教師認知の「怖さ」は「罪悪感予期」を介して2種類のいじめ加害傾向に抑制的に影響していました。しかしながら，児童生徒による「教師認知の不適切な権力の行使」はいじめ加害傾向を促進していました。

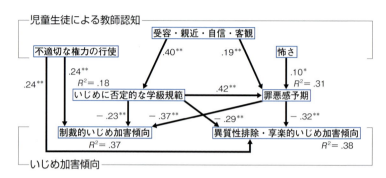

図 8.9　児童生徒の教師認知がいじめの加害傾向に及ぼす影響関係（大西ら，2009 より構成）

　以上のように，適切な教師の指導行動が「いじめに否定的な学級規範」と「罪悪感予期」を介していじめ加害傾向を抑制する方向で影響していました。つまり，受容・親近・自信・客観につながる教師の指導行動がいじめに否定的な学級規範を形成することやいじめに対する罪悪感を喚起することで，いじめ加害傾向を抑制するきっかけになるということです。ここでのいじめに否定的な学級規範の形成は，森田（2010）の指摘する傍観者への指導につながるものと考えられます。

コラム ● いじめに否定的な学級規範意識を育てる紙上討論

　本章では研究を中心に紹介しているため，実際の学級指導に直接的に活かせるような話題提供がなかなかできません。そこで，いじめに対する学級指導方法の一つとして，今泉（2008）による紙上討論を紹介します。

　6年のある学級では，いじめや暴力が日常的で授業中もおしゃべりが絶えません。担任教師はこの学級の状態を何とかしたいと考えました。そして，学級で起きている問題について話し合わせたいが，話し合いができない。作文や，好きなことを書く班ノートの指導では上手くいかないだろうと思案を巡らし，日常生活での問題を無記名で書かせ，それについての意見を募る紙上討論を考えました。それは，わら半紙左半分に出された意見を無記名で筆跡が分からないように提示し，右半分にはそれへの意見（翌日の左半分になる）を書かせる。それをいじめがなくなるまで毎日，朝の会で継続する方法でした。

　最初に出された意見は，一人の女の子が書いた「掃除をさぼって全然やらない人がいる」「エビなどを食べてじんましんになるとバカにする」「道具箱を勝手にいじるので嫌だ」という程度のものでした。しかし，集まった感想のほとんどは，「それはひどい」という共感の声でした。このような共感は安心につながり，子どもたちは次第に，辛かった出来事を書き始めました。

　朝，紙上討論の用紙を渡すと，いじめに関わっていた子どもたちは自分のことが載っていないか気にするようになり，いじめに否定的な学級規範が形成され始めました。友達を傷つけていたことを知ると，いじめていた本人から謝罪するようにもなりました。いじめに大きく関わっていた児童が反省を記したとき，担任教師はすぐには紙上討論の用紙に載せませんでした。これも，担任教師の判断に基づく工夫です。実際に，今泉（2008）を読んでみて下さい。

　この学級では紙上討論は効果的に作用し，いじめがなくなり，児童の学級に対する満足感も示されています。このような効果はどのようなメカニズムでとらえられるのでしょうか。本章で紹介した同調圧力をいじめを抑制する方向で作用させた事例，あるいは，傍観者がいじめに対して否定的に反応する学級規範意識を育てた事例として解釈ができると考えられます。

● さらに読み進めたい人のために

【初学者向け】

森田洋司（2010）．いじめとは何か——教室の問題，社会の問題——　中央公論新社
　いじめは防げないが止めることはできるという筆者の考えにふれることができます。

蘭　千壽・越　良子（編）（2015）．ネットワーク論からみる新しい学級経営　ナカニシヤ出版
　学級経営に関する書籍はなかなか出版されませんが，その領域での久々の新刊といえるでしょう。教師主導のリーダーシップによる学級経営ではない，子ども主導による創発的な学級の育成を導く，学級経営について，多くの事例が示されています。

【中級者向け】

吉田俊和・三島浩路・元吉忠寛（編）（2013）．学校で役立つ社会心理学　ナカニシヤ出版
　学校現場で活用できる社会心理学の理論を紹介した本です。多彩な理論にふれたい人に向いています。

浜名外喜男・蘭　千壽・古城和敬（1988）．教師が変われば子どもも変わる——望ましいピグマリオン教育のポイント——　北大路書房
　本章で紹介した教師期待効果について，分かりやすく紹介されている本です。

【上級者向け】

田中熊次郎（1983）．児童集団心理学　明治図書
　古い本になってしまいましたが，日本でのソシオメトリーの草分けである著者による，子どもを対象とした社会心理学についての専門書です。

樽木靖夫（2013）．学校行事の学校心理学　ナカニシヤ出版
　学級づくりへの学校行事の活用について，生徒作文，教師へのインタビュー，質問紙調査から検討した本章の筆者による専門書です。

発達の特徴を理解する

　皆さんは「発達」というとどのようなイメージを思い描くでしょうか。また，皆さんの物事に対する考え方や人との関わりのあり方はこれまでにどのように変化してきたでしょうか。あるいは，街で見かける子どもたちに着目してみましょう。その言動は，皆さんとどのような点が異なっていたり，共通しているでしょうか。私たちは誰でも，いきなり今の自分のような物事に対する考え方やとらえ方を身につけたわけではありません。特に教育活動においては，子どもと関わり，より効果的な支援を行っていく上で，子どもの発達に目を向けることは欠かせないことといえます。それは，今その子どもがどのような発達段階にあるかということだけでなく，その子どものそれまでの道のりやこれからの可能性にも目を向け，幅広い時間的視野でその子どもの成長をとらえていくということに他なりません。この章では，発達心理学の知見に基づき，教育心理学の基礎となる子どもの心の発達的変化に焦点をあてて解説します。

本章のトピック

- 子どもは生涯を通じてどのように発達していくのだろうか？
- 子どもたちの発達において重要と考えられる社会的環境や対人関係とはどのようなものなのだろうか？
- 子どもたちの認識や，人や社会に対するとらえ方はどのように変化していくのだろうか？

キーワード

遺伝と環境，生態学的環境，発達段階，発達課題，エリクソンの心理社会的発達段階，愛着（アタッチメント），ピアジェの認知発達段階，心の理論，友人関係，遊び，道徳性，向社会的行動

9.1 発達とは

発達とはどのように定義できるのでしょうか。成長や成熟，変化といった言葉が浮かんでくるかもしれません。しかし，その定義は研究者によってもさまざまといえ，その見解は必ずしも一致したものではありません。発達心理学は，加齢に伴い，人の心がどのように変化していくかを扱います。近年では，高齢化に伴うライフサイクルの変化もふまえ，人は生涯をかけて発達していくという視点で発達をとらえていくことが，ますます重要になってきています。

■遺伝と環境

発達における遺伝と環境の影響については，哲学や心理学の分野で長く議論されてきました。ルソー（Rousseau, J-J.）は，子どもを自己実現する可能性をもった存在とみなし，それを損なうような働きかけを極力控えるべきであると主張しました。一方，ロック（Locke, J.）は，子どもは生得的な概念はもたず，白紙（タブラ・ラサ。ラテン語で何も書かれていない書板を意味する）で生まれてくるとし，後の経験を重視しました。こうした考え方の流れを汲むものも含め，現在，発達は，遺伝と発達のどちらに重点をおくかについての立場の違いはあるものの，総じて両者の相互作用によって決まるとする考え方が主流といえます。さらに，近年では，ヴィゴツキー（Vygotsky, L. S.）や，以下に示す，ブロンフェンブレンナー（Bronfenbrenner, U.）といった，発達における文化や社会の影響を重視する立場も改めて見直されてきています。

■発達と環境

ブロンフェンブレンナー（1979）は，生態学的発達理論を提唱し，人が，身近な家庭といった環境から，文化のような環境を含む，重層的な環境システムの中に生きる存在であることを示しました（図9.1）。人をとりまく一番身近な環境は，マイクロシステムとよばれます。それは，家庭や学校や友人関係のように，日常的に直接経験する役割を含む人間関係やさまざまな活動に関わる環境であり，そこでは，人は，関わりのあるすべての他者と何らかの影響を与え合っているといえます。さらに第2の層といえるメゾシステムは，家庭や学校や仲間など，マイクロシステム間の相互関係によって生じる環境といえます。

例えば学校で運動会がある場合，家庭が協力的に，子どもの練習に合わせて生活時間を早めたり，親子参加の競技について相談し合うといったことなど，学校と家庭の相互関係が生じることが考えられます。第3の層といえる，**エクソシステム**は，子どもが直接参加はしないものの，家族の職場のように人に間接的に影響を及ぼす環境です。一番外側にくる層が，**マクロシステム**であり，文化やイデオロギーといった，目には見えないものの，人が生きる上で大きな影響を受ける環境です。人は「入れ子」状になったこれらの環境システムの中で，相互的に影響し合いながら発達していく存在といえます。

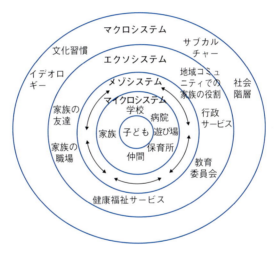

図9.1 **ブロンフェンブレンナーの生態学的環境**（ブロンフェンブレンナー，1979；シェイファー，2005を参考に著者が一部改変）

■**発達段階と発達課題**

人の発達の質的な変化に基づき時期を区分したものを**発達段階**といいます。乳児期，幼児期，児童期，青年期などの区分もその一つといえ，それぞれの時期の発達の特徴は異なっているといえます。また，各発達段階において達成すべき課題のことを**発達課題**といいます。エリクソン（Erikson, E. H.）は，人の生涯を見渡し，心理社会的発達段階を提唱しました（エリクソン，1959 西平と中島訳 2011）。彼は人生を8つの時期に分け，それぞれの時期の発達課題を示しています（**表9.1**）。それぞれの発達課題はポジティブな内容とネガテ

表 9.1 **エリクソンの心理社会的発達段階**（エリクソン，1959 西平と中島訳 2011；シェイファー，2005 をもとに作成）

およその年齢	心理社会的発達段階	各時期の重要な特徴と影響
誕生から1歳ごろ	基本的信頼 対 基本的不信	この時期は，乳児が他者に対する基本的信頼感を学ぶ時期であり，それは，生理的な欲求をかなえるための世話を受ける上でも重要である。もし，養育者が拒絶的だったり，一貫した世話に欠けるなら，乳児は世界を危険で，信頼できない人々で満たされた場所とみなし，不信感を抱くようになる。
1歳から3歳ごろ	自律性 対 恥と疑惑	この時期は，子どもが食事や着替え，衛生などの基本的な生活習慣を身に着ける中で自律性を得る時期である。このことに失敗すると，子どもは自分の能力に疑いを持ち，恥や疑惑の感情を感じるようになる。
3歳から6歳ごろ	自主性 対 罪悪感	この時期は，子どもが，より積極的にふるまうようになる。能力以上のことも引き受けようとしたり，家族との間で葛藤を伴うような目標や行動につながることもある。一方，そうした葛藤は，子どもに罪悪感を感じさせることもあるため，自主性を保てるようなバランスが重要になる。
6歳から12歳ごろ	勤勉性 対 劣等感	この時期は，重要な社会的および学業に関わる能力を身に着ける時期である。また，仲間と自己の比較もなされる。この時期にそうした多様な活動に積極的に関われるならば，子どもは自己確信につながる勤勉性を獲得することができる。しかし，それに失敗するなら，劣等感が生じることになる。
青年期	自我アイデンティティ 対 自我アイデンティティの拡散	子ども時代と大人の間に位置し，「自分とは何者か」という問いを得る時期である。この時期に必要なのは，社会的および職業的なアイデンティティを確立することである。もしそれがなされないならば，大人としてなすべき役割に混乱が生じ，アイデンティティの拡散が生じる。
成人期	親密性 対 孤立	この時期に一番重要なことは，他者と強い友情を形成し，アイデンティティを共有できる親密な交流の感覚を得ることである。それらを得ることができない場合，孤独感や孤立感が生じる。
中年期	生殖性 対 停滞	この時期に人は，自分の仕事の成果を生み出すことや，子孫を育てること，若い世代の面倒をみること，といった課題に直面する。次の世代につながるこうした生殖性は文化によっても規定される。それらがなされない場合，停滞や没我の状態が生じる。
老年期	統合 対 絶望	この時期に人は人生を振り返り，それが意義のある，生産的で，幸せな経験で満たされていたと捉えられるならば，人生を統合し，受け入れることができる。しかし，多くの失敗や果たされない約束，定まらない目的などで満たされたとみなされるならば，絶望感に見舞われる。

9.1 発達とは

ィブな内容が対になって示されています（例えば，「基本的信頼」対「基本的不信」）。人生の各時期において，人は両方の内容を経験しますが，ポジティブ（例えば「基本的信頼」）な内容をネガティブな内容に比べて，持続的により多く経験するならば，それぞれの時期を適応的に過ごすことが可能であるとされます。例えば，青年期では，人が「自分とは何者か」「自分は何をして生きていくのか」といったアイデンティティを模索し，それを解決していくことが大きな課題といえ，青年期の適応にも大きく関わってくるといえます。

一方で，エリクソンのそうした考え方は，図 9.2 のような生涯発達のイメージ図式の中に位置づけられるものといえます。図式の中の余白は，各時期の課題がそれ以前から何らかの形で存在していることを示しています。すなわち，発達課題はそれが示されている人生の各時期に優勢にはなりますが，その時期のみで果たされるものではないということです（エリクソン，1959 西平と中

	1	2	3	4	5	6	7	8
Ⅷ老年期								統合 対 絶望 知恵(wisdom)
Ⅶ成人期							世代性(生殖性) 対 停滞 世話(care)	
Ⅵ成人前期						親密 対 孤立 愛(love)		
Ⅴ青年期					アイデンティティ 対 アイデンティティ拡散 忠誠(fidelity)			
Ⅳ学童期				勤勉性 対 劣等感 有能(competence)				
Ⅲ遊戯期			自主性 対 罪悪感 目的(purpose)					
Ⅱ幼児期初期		自律性 対 恥, 疑惑 意志(will)						
Ⅰ乳児期	基本的信頼 対 基本的不信 希望(hope)							

図 9.2 **エリクソンの発達図式**（エリクソン，1982 に基づいて遠藤，1998 が作図）

島訳 2011)。例えば学童期において，担任の先生の影響で，教師という仕事に憧れをもち，将来の夢として描くようになるといったことは，青年期のアイデンティティという発達課題に関わる萌芽が学童期にみられたものともいえます。一方で，乳幼児期に果たされなかった課題を学童期における教師の個別的な関わりや，友達の丁寧な関わりの中で，補償されていく必要もあるかもしれません（川原，2000）。教育現場では，子どもの発達を過去や未来も含めた流れの中でとらえ，大切に育んでいくことが重要といえます。

9.2　人とつながる——乳幼児期の有能性と愛着

　スイスの動物学者のポルトマン（Portman, A.）によれば，人間は，生理的早産で産まれるとされます。実際に人間が，自立歩行が可能になるまでにはほぼ1年を要します。一方で，心理的発達においては，生後間もなくからめざましい発達がみられます。

■乳児の視覚的な好み

　乳児は興味のあるものをより長く見つめる性質があります。こうした乳児の性質を用いてさまざまな研究が行われてきました。ファンツ（Fantz, R. L.）(1963) は，乳児の図形パターンに対する好みについて検討を行い，生後間もない時期から乳児が単色の色図版よりは，複雑なパターンを好み，その中でも人の顔を好むということを示しました（図9.3）。これについては，生後48時間以下の乳児と，生後2～5日の乳児と，生後2～6カ月の乳児の好みにほとんど違いがなく，人の顔パターンを最も好んでいることがわかります。乳幼児は生後間もない時期から社会的な潜在能力が高い存在であることがうかがえます。

■乳児の表情の模倣

　メルツォフとムーア（Melzoff, A. N., & Moore, M. K.）(1977) は，新生児が大人と同じ表情を模倣することを示しました（図9.4）。これらは生後間もない時期からみられるとされ，乳児にとって，人がきわめて特別な存在として知覚されていることや，人に対する反応性の高さがうかがえます。

9.2 人とつながる――乳幼児期の有能性と愛着　　169

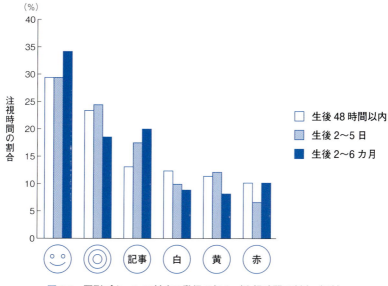

図9.3　図形パターンに対する乳児の好み（注視時間の割合（%））
（ファンツ，1963に基づいて作図）

図9.4　新生児の表情の模倣（メルツォフとムーア，1977）

■乳児の微笑

　乳児期は，コミュニケーションにおいて重要な微笑にも変化がみられます。新生児は生まれたばかりの頃から，笑っているような表情をみせることがあります。それは生理的な筋肉の動きによる，新生児微笑（生理的微笑）とされる

もので，感情表現としての微笑とは異なりますが，周囲のポジティブな反応を引き起こし得るものになります。一方，3カ月頃になると明らかに周りの他者に向けた社会的微笑がみられるようになります。ここでの微笑は自分に近づく幅広い他者に向けられ，大人にその魅力を伝える手段ともなり，養育行動をよりいっそう引き出すものになるとも考えられます。さらに，6カ月頃からは見慣れた大人に対してのみ，微笑をみせるようになり，いわゆる「人見知り」とよばれる時期に入っていきます。これは乳児が重要な他者を見分けられるようになってきたことを示しており，後述する愛着行動とも深くかかわる中で，おおむね2，3歳頃には落ち着いてくるとされます。乳児の微笑からはこうした初期の発達に関わる多くの示唆を得ることができます。

■視覚的断崖

ギブソンとウォーク（Gibson, E. J., & Walk, R. D.）（1960）は，**視覚的断崖**という，台の半分がガラス板になった実験装置を用い，6カ月から14カ月の乳児が，装置の反対側に立つ母親に向かって，ガラス部分を渡るかどうか観察しました。その結果，6カ月の乳児でも，ガラス板の側を渡らないことがみられ，這う行動が身についた乳児が，奥行き（高さ）の知覚が可能であること，またそれによって恐れを感じていることがうかがえました。こうした高さに対する恐れは，這うという行動に伴って身についてくるものといえます（キャンポスら，1970）。それでは，母親が向こう側で恐怖や怒りの表情をみせた場合には乳児はどうするでしょうか。ソースら（1985）が同装置を用いて，実験を行った結果，母親が恐れや怒りの表情をみせた場合，ガラス板の上を渡った乳児はごく少数にとどまりました。しかし，母親が笑顔をみせると，多くの乳児がガラス板を渡っていくことがみられました（図9.5）。これらは社会的参照とよばれ，乳児が不確かな状況で，養育者の発する社会的信号を読みとり，行動することができる有能な存在であることを示している結果といえます。

■ハーロウの実験

人は乳児期から社会的存在として他者との関わりの中で育ちます。ハーロウ（Harlow, H. F.）（1958）は，子ザルを対象とし，ミルクの出る針金でできた代理母と，ミルクの出ない暖かい毛布で包まれた**代理母**の装置を用いて実験を行

9.2 人とつながる——乳幼児期の有能性と愛着

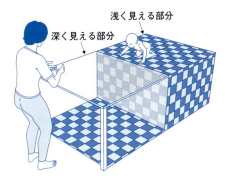

図 9.5 視覚的断崖（ギブソンとウォーク，1960 をもとに作成）

いました。その結果，母ザルから引き離された子ザルは，ミルクを飲むときだけは針金の代理母のところに行ったものの，それ以外のほとんどの時間を毛糸の代理母にしがみついて過ごしました（図 9.6）。ここでの結果は，不安な状態におかれた子ザルが，空腹を満たすということとは別の機能を毛糸の代理母に求め，それにしがみつくことで，精神的な安定を得ていることを示唆するものといえます。

図 9.6 ハーロウの子ザルの実験（ハーロウ，1958）

■アタッチメント（愛着）の発達

児童精神科医のボウルビィ（Bowlby, J.）（1969, 1988）は，**アタッチメント**（attachment, **愛着**）という概念を提唱しました。アタッチメント（愛着）とは，乳児が，特定の他者との間に築く緊密な情緒的結びつきや絆のことを示します（遠藤と田中，2005）。生後まもなくから形成されはじめる，信頼できる他者とのアタッチメントを通じて無力な乳児は安心感を得ることができ，社会的な適応が可能になっていきます（**表9.2**）。アタッチメントは，生涯にわたって続くものであるとされますが，養育者—子ども関係の変化に伴い，その質は変化していくものと考えられます（デーモン，1983 山本ら訳 1990）。

表9.2　愛着の発達（ボウルビィ（1969），Damon（1983 山本他（訳）1990），遠藤（1998）を参考に作成）

第1段階	誕生から生後8〜12週ごろ「前愛着」	他者に対して，視線，泣き，リーチング，喃語，微笑などによって広く愛着行動を示すが，特定の人を弁別することはできない。
第2段階	12週〜6カ月ごろ「愛着形成」	他者に対する乳児の社会的反応は強さを増し，特に身近な人へは際立って親しみや喜びを示す。特定の愛着対象が絞り込まれてくる。
第3段階	6カ月ごろ〜2, 3歳「明確な愛着」	特定の愛着対象への選好が強まることにより「人見知り」や「分離不安」が強くみられる。乳児の移動能力が発達し，養育者へ接近を求める行動も多様化する。また，養育者を「安全基地」として扱い，そこから周囲を探索したり，危険を感じるたびに養育者のところに戻るといった行動がみられる。
第4段階	3歳前後〜「目標修正的な協調関係」	特定の愛着対象と自分の関係に関する認知的なモデルが機能するため，愛着対象が必ずしも近接していなくても，形成された愛着についての確信がもてるようになる。その安心感をもとに，特定の愛着対象以外の，人物や仲間と幅広い相互作用が可能になる。また，養育者の感情や視点に合わせた複雑で豊かなコミュニケーションが可能になる。

■アタッチメント（愛着）のパターン

エインズワース（Ainsworth, M. D. S.）（1978）は乳児期に形成されるアタッチメントが，親子の関係性の違いによってどのように異なるか，といった点

に着目しました。そして，母子を対象としたストレンジ・シチュエーション法という方法を用いて，その測定を試みています。実験室や実験者は乳児にとって，新奇な状況といえます。実験では，母子が実験室に入り，乳児にとって見知らぬ人である実験者（ストレンジャー）が入室した後，母親が一時退室するなどして，母子分離の状態をつくり，その後再会するといったことを繰り返すことで，軽いストレス状況を作ります（図 9.7）。そして，乳児が養育者に対して近接や維持をどのように求め，どのように安全基地として用いるか，といった点に着目し，子どもの反応や行動を観察します。

　その結果，乳児の反応は，A タイプ（回避型），B タイプ（安定型），C タイプ（アンビバレント型）という 3 つの型に分類されました。A タイプは養育者との分離や再会時にあまり混乱を示さないタイプです。B タイプは分離時に多少の泣きや混乱を示しますが，再会時には容易に落ち着き，養育者に身体的接触を求めるタイプです。C タイプは，分離時に強い不安や混乱を示す一方で，再会時には，養育者に近接を求めながらも怒りを示すような両価的な反応をみせる子どもです。エインズワースの検討結果では B タイプが最も多く約 70%にみられました。次いで，A タイプが約 20%，C タイプが約 10%という結果でした。一方，この割合については文化差も指摘されており，ドイツの乳児では A タイプがやや多いものの，日本の乳児では C タイプがやや多いことも指摘されています。早くから自立・独立を重んじる欧米文化の影響下にあるドイツと，子育ての責任が母親に集中することが未だみられる日本とでは愛着行動に違いがみられることが推察されます。実際に，複数の愛着対象がいる文化とそうでない文化とでは，愛着行動の表れ方にも違いがみられるとされます（図 9.8）。

　また，近年では突然のすくみや顔をそむけた状態での親への接近など，行動が組織立っていない，D タイプ（無秩序型）の存在が新たに報告されており，親の抑うつや，虐待等を含めた養育不全がその要因である可能性が指摘されています（遠藤と田中，2005）。

① 実験者が母子を室内に案内、母親は子どもを抱いて入室。実験者は母親に子どもを降ろす位置を指示して退室。(30秒)

⑤ 1回目の母子再会。母親が入室。ストレンジャーは退室。(3分)

② 母親は椅子にすわり、子どもはオモチャで遊んでいる。(3分)

⑥ 2回目の母子分離。母親も退室。子どもは1人残される。(3分)

③ ストレンジャーが入室。母親とストレンジャーはそれぞれの椅子にすわる。(3分)

⑦ ストレンジャーが入室。子どもを慰める。(3分)

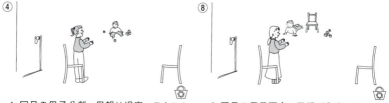

④ 1回目の母子分離。母親は退室。ストレンジャーは遊んでいる子どもにやや近づき、働きかける。(3分)

⑧ 2回目の母子再会。母親が入室しストレンジャーは退室。(3分)

図9.7 ストレンジ・シチュエーション法の8場面(エインズワースら, 1978)

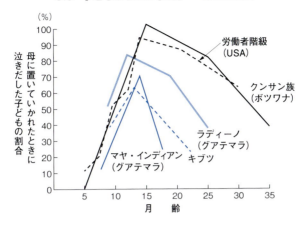

図 9.8 実験において母親の退室によって泣きだした子どもの比率（文化別月齢変化）
(ケイガン（1976）にスーパーとハークネスが手を加えたもの；柏木，1996)

9.3 子どものものの考え方——認知の発達

　子どもはどのように知識を身につけたり，物事を認識するようになっていくのでしょうか。ここでは，そうした子どもの認知的な発達についてみていきます。

■ピアジェの認知発達段階

　子どもの認知発達について最初に多大な影響力のある理論を提唱したのは，スイス生まれの生物学者であり，心理学者であったピアジェ（Piaget, J.）といえるでしょう。ピアジェは，系統発生的視点と，個体発生的視点をふまえた**発生的認識論**を提唱しました。

　ピアジェの考え方によれば，認知発達とは，**シェマ**（scheme；認識の枠組み）が同化や調節によって構造が変化していく過程です。同化とは，目の前の事物を既知のものにあてはめて理解することといえます。一方，調節は，子どもが新しいものを同化するときに，既成のシェマをそれに合わせつくり直す（調整する）ことといえます。こうしたピアジェの考え方は，それまでにみられていた，遺伝的な要素の影響や，あるいは，環境（外側）から強要された影響が子どもの発達を大きく決定するという考え方に対し，子どもが自ら主体的

・能動的に知識を構成する存在であるという，現在の発達観にも受け継がれる考え方を示したものとして重要といえます（ピアジェ，1948 谷村と浜田訳 1978；トーマス，1979 小川他訳 1985）。

ピアジェの認知発達段階は，以下のように，感覚運動期，前操作期，具体的操作期，形式的操作期の4つの段階に分かれます。

1. 感覚運動期（誕生～2歳頃）

感覚の働き（五感）と運動的活動を通して世界を知る時期です。この時期の大きな特徴は，物の永続性の理解と意図性の獲得です（表9.3）。乳児はものを握ったり離したりといった行動や，偶然鳴らしたおもちゃを今度は自ら鳴らすことを意図的に繰り返すといった行動などを通じて，積極的に環境を探索していきます。1歳になる前には，明確な知的行動が生じ，目的と手段の関係を理解し，物が見えない間も存在しているという永続性についての理解も可能になってきます。12～18カ月になると，隠されたおもちゃを自ら探そうとする行為や，マットの上のおもちゃを取るために，マットを引っぱるなどの，新しい手段を発見しようとする能動的な行為がみられるようになります。さらに，18～24カ月では，そうした関係や手段を頭の中でイメージ（表象）として結びつけながら，新たな手段を見出すことも可能になってきます。こうしたイメージの世界は，以降の前操作期でより明確になっていきます。

表9.3 ピアジェによる感覚運動期の認知発達過程

生後1～4カ月	シェマの調節開始。ものを握ったり離したりなど，反復行動を繰り返すこと（第一次循環反応）で環境をとらえていく。
生後4～8カ月	偶然鳴らしたおもちゃを今度は自ら鳴らすことを意図的に繰り返す反応（第二次循環反応）が可能になる。
生後8～12カ月	明確な知的活動が生じ，因果関係の理解や永続性の理解が成立する。
生後12～18カ月	シェマの調節がより明確になることで，新しい手段を能動的に発見しようとする反応（第三次循環反応）が可能になる。
生後18～24カ月	表象（イメージ）の世界が明確になりはじめ，関係や手段を頭の中で結びつけながら，新たな手段を見出すようになる。

2. 前操作期（2歳～7歳頃）

「操作」とは，体系化された論理的な枠組みでなされる思考を示します。し

かし，この時期にはまだ，それが十分に可能な段階には達しておらず，その前段階にあるといえます。

　この時期にみられる大きな変化としては，象徴機能（symbolic function）が表れてくることです。象徴機能とはあるもの（A）を別のもの（B）で表す働きのことです。例えばままごとの中で飴玉（A）を石（B）で表す場合，石が飴玉のシンボルとして用いられているといえます。こうした象徴機能は，子どもに「今・ここ」だけではない世界を可能にするものです。こうした働きにより，丸を描いて「お母さん」を表すといった，描画行動や，仲間を「お客さん」，保育室のコーナーを「お店」，等と設定しながら，そうしたイメージ（表象）を共有しあって遊ぶ，ごっこ遊びなどもさかんになってきます。さらに，重要なのがことばの世界が構築されてくることです。音のつらなり（例えば，「リンゴ」という言葉）や，文字によってイメージを他者と共有・伝達しあうことが可能になります。

　さらに，ピアジェがこの時期の特徴としてあげたものが「自己中心性」です。これは，物事を見る視点が自己の視点に限られ，客観的な視点がとれないことを示します。それにより，液体量の保存課題や，数の保存課題において，見かけ上の一方の視点（水面の高さや，おはじきの列の幅など）に左右されてしまい，偏った物の見方になってしまいます（図9.11，図9.12参照）。こうした特徴は，子どもの水平概念や垂直概念が表れた絵や（図9.9，段階Ⅰ，ⅡA，ⅡB参照），「自分がしたい遊びを相手もしたいと思っている」といった，幼児の社会行動などに

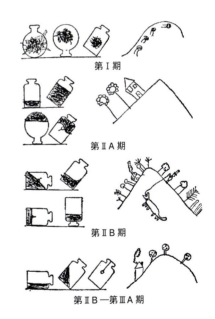

図9.9　ピアジェの検討——子どもの水平概念と垂直概念が表れた絵
(木村と伊藤，1965)
段階Ⅰ（4〜5歳），段階ⅡA，ⅡB（5〜7歳），段階ⅢA（7歳以降）。

も表れてくるといえます。

3. 具体的操作期（7, 8歳～11歳頃）

この段階になると，実際に見たり，想像できる物を含んだ具体的課題であれば，論理的な思考が可能になってきます。これには，保存性の理解（物が何らかの操作によって変化しても，変わらない性質もあること）や，系列化の理解（大きさや数，長さの基準に従って並び替える），加法的分類（生物には動物と植物が含まれる）や，乗法的分類（組合せの理解），他者の視点の理解（3つの山の模型（三つ山課題，図9.10）を用いた自分とは異なる位置からの見え）などの理解があげられます。例えば，

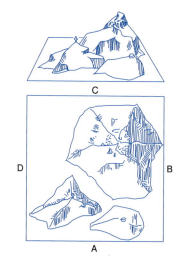

図9.10 ピアジェの三つ山課題
（木村と伊藤, 1965）

液体量の保存課題では，ビーカーの水を形の違うコップに入れ替えたとしても，水の量が変わらないことや，数の保存課題で，おはじきの列の幅が広がっても，数は変わらないことが正解できるようになります（図9.11, 図9.12）。これは，この時期，前操作期の「自己中心性」から抜け出し（脱中心化）客観的な視点

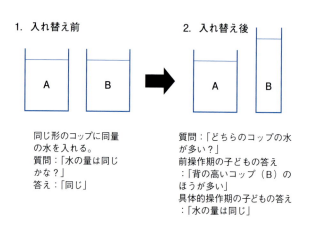

図9.11 液体保存課題の例

9.3 子どものものの考え方——認知の発達

色の異なるおはじきを
同数並べる。
質問:「おはじきの数
は同じかな?」
答え:「同じ」

質問:「どちらのおはじきが多い?」
前操作期の子どもの答え:
「Aのおはじき(幅をひろげた)が多い」
具体的操作期の子どもの答え:
「おはじきの数は同じ」

図9.12 数の保存課題の例

がとれるようになることによるもので,同時に2つの属性に着目し,可逆性(もとのコップに戻せば最初と同じになる),や相補性(コップの高さが低くても,幅の広さで補われている)等を勘案した判断が可能となってくることを示しているといえます。また,前操作期でもとりあげた,子どもの絵についても,自分からの見た目の視点だけでなく,そうした客観的な視点など,複数の要素をふまえた,遠近法などを用いた描画もみられるようになってきます。

4. 形式的操作期(11, 12歳頃～15歳頃)

この段階になると,実際に見たり,触れたりといった具体的な課題に限定されることなく,抽象的な思考が可能になってきます。これにより,組合せや,関連要因,比例概念といった思考を用いた課題解決が行えるようになります。こうした抽象的な思考は,子どもの表現行動など,認知的活動に関わるさまざまな側面にも反映すると考えられます。一方,こうした形式的操作期が完成する時期は一様とはいえず,個人差や社会・文化,さらには個々人の経験によって異なることも指摘されています。教育場面ではそうした点に配慮することも必要といえるでしょう。

■ピアジェに対する批判

ピアジェの研究は子どもの論理的思考の変化に焦点をあて,認知発達がどのように変化していくかについて大きな示唆を与えてくれるものですが,それに対する批判や,異なる立場による主張もみられます。

ピアジェの考え方は,それぞれの段階のシェマの特徴があらゆる認知活動に適用されるというものといえます。こうした考え方に対して,知識は,特定の領域や文脈でのみ有効な知識が集積されて,一般的な知識に変化していくという「領域固有性」という考え方があります。こうした「領域固有性」の立場は,

ピアジェの考え方に批判的で，認知の未熟さは，知識の少なさやその体制化の未熟さが原因と考えます。例えば，「時間」についての理解をみてみると，実際に子どもは，「時計の針が8になったら，遊び時間が終わる」，等，日常文脈の場面ごとに有効な知識をもっているといえます。こうした蓄積が時間についての一般的な理解に結びついていくことが考えられます。

また，ピアジェがその研究方法により，子どもの認知能力を過小評価している可能性も指摘されています。新ピアジェ派とされる研究者たちは，ピアジェが実験における子どもの言語的な応答に焦点をあてていることや，幼児が課題を行う上で必要な情報を覚えておくための作業記憶の容量も少ない，といった点から，それらが未熟な幼児期の子どもにおいては不利な面があるとしています（シーガル，1991　鈴木ら訳　1993）。

一方，こうした認知的側面に関わる指摘以外に，実験者とのやりとりの中での問題も指摘されています。すなわち，子どもは意義を感じられない，非日常文脈の課題では課題の理解が難しいことや（ドナルドソン，1978）や，実験者の「奇妙な」質問の意図を読みすぎて誤答してしまう場合があることが挙げられています（シーガル，1991　鈴木ら訳　1993）。

さらに，1.1でもとりあげた，発達における文化や社会の影響を重視する立場からは，子どもが一人ではなく，他者との相互作用によって知識を構成していくことが強調されています。ヴィゴツキーは**発達の最近接領域**（Zone of Proximal Development ; **ZPD**）という考え方を提唱しています。発達の最近接領域とは，子どもが一人でできる水準と，より熟達した親や教師，仲間などと行うことで達成できる水準との差にあたる部分のことです（**図9.13**）。教育で

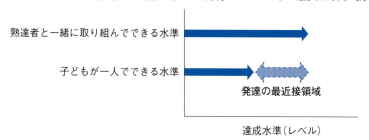

図9.13　発達の最近接領域

は子どもと協同的に関わりながら、そうした部分に働きかけ、子どもの発達を促していくことが重要といえ、子どもの能力もそうした側面もふまえてとらえていくことが必要といえます。

■ 心 の 理 論

子どもの認知的な理解において、ここ数十年の間に検討が進められてきた「心の理論」は重要なものといえます。霊長類の研究者であるプレマックとウッドラフ（1978）はチンパンジーの「あざむき」行動に着目し、「他の仲間の心の状態を推測しているような行動（他者の行動の背後に「心」を想定すること）」を「心の理論」という考え方で解釈することを提唱しました（子安、2000）。こうした考え方をもとに、ヴィマーとパーナー（1983）は、誤信念課題とよばれる課題を考案しました。その内容は主人公のマキシーがいない間に、他者（母親）に移し替えられてしまったチョコレートを求めて、どこを探すかを子どもに尋ねるというものです（図 9.14）。その結果、3歳児は答えに確信

マキシーはチョコレートを緑色の戸棚にしまいました。

マキシーは公園に行きました。

マキシーがいない間にお母さんはチョコレートを緑色の戸棚から青色の戸棚へ移しました。

お母さんは庭に出て行きました。

マキシーはチョコレートを食べるために家に戻りました。

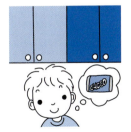
マキシーはチョコレートを食べるためにどこを探しますか？

図 9.14　誤信念課題の例（マキシー課題）（パーナーとラング、1999 より作成）

がもてませんが，4歳を境に正答率が上昇することが示されました。さらに，より複雑な二次的信念（「〈Aさんの考え〉について考えているBさんの考え」がわかること）の理解についても，9歳のほとんどが正解するとされます（子安，2016）。こうした早期からの心の理解の開始は，その後の包括的な検討の中で，幼児期に一貫する真性の概念変化であること，欧米やそれ以外の文化の違いによって，早い遅いの違いがあるものの，発達の軌跡は同一であることが指摘されています（子安，2016）。「心の理論」研究は，子どもが，ピアジェが他者の視点がとれることを指摘した具体的操作期（7, 8歳〜11歳頃）よりもかなり早くから，他者の心と行動の関係が理解できることを示唆しています。

子どもの世界の広がり——社会性の発達

■社会性の発達とは

　社会性の発達とは，その範囲や定義は幅広いものの，総じて，「個人が自己を確立しつつ，人間社会の中で適応的に生きていく上で必要な諸特性を発達させていくこと」ということができるでしょう。これには生活習慣や，価値規範，行動基準に沿った行動や，他者との円滑な人間関係がとれることなど，非常に広範囲の内容が含まれます（繁多ら，1991）。

■友人・友情関係の発達

　幼児期から学童期にかけて同輩の仲間同士の関わりが活発になってきます。仲間関係は，子どもの社会的コンピテンスがよく表れるものといえます（ハータップ，1996）。また，仲間との間に形成される，友情（friendship）のありようも社会的発達と大きく関連し，児童期を中心に大きく変化していきます。ビゲロウ（1977）は，子どもの友情の発達には3つの段階があるとしています。第1の段階は，お互いに好きで，近くにおり，共通の活動をすることを友情と考える段階です。その後，友情の規範やルールが生まれ，お互いに尊重しあい，肯定的態度を維持しなければならないと考える段階を経て，児童期の終わり（おおむね高学年期）頃までに，お互いに忠誠心や自己開示性でつながり，親密なコミュニケーションが成立しうる段階となっていくとしています。

9.4 子どもの世界の広がり——社会性の発達

こうした友情は，他者の視点（観点）がどのようにとれるかという点とも深くかかわります。セルマン（Selman, R. L.）によれば，他者の視点がより明確にとれるようになることに伴い，友情のあり方が大きく変化していくことが示されています（セルマン，1976，1981，2003）（表9.4）。自分の視点に限られている段階（レベル0）では，友情とは，一時的なものに過ぎませんが（ステージ0），自分から，あるいは相手からのみの視点にとどまらず，相互的な，あるいは第三者の視点もとれるようになってくると（レベル3），葛藤が生じたことだけでは終わらないような友情関係の成立が可能になるといえます（ステージ3）。さらに幅広い社会的な観点がとれるようになる段階では（レベル

表9.4 友情の発達（他者の観点の理解を軸として）（セルマン，1981，2003を参考に一部改変して作成）

およその時期	他者の観点の理解の発達	友情の発達
おおむね3〜7歳ごろ	レベル0：自己の視点しか理解できない「自己中心的」な段階。	ステージ0：この時期の友人とは一時的・物理的な関係に基づいており，今ある活動が一緒にできる人，近くにいる人である。
おおむね4〜9歳ごろ	レベル1：自己の視点と他者の視点が異なることへの理解が可能になりはじめる。	ステージ1：このころの友人関係は，一方向的な関係であり，自分がしたい特定の活動をする相手として重要とみなされる。
おおむね6〜12歳ごろ	レベル2：他者から自己の視点（考えなど）がどのように見えるかを想定できるようになり，自己内省的な視点をとることが可能になる。	ステージ2：友人関係は互恵的な関係となり，協力関係が可能になる。一方で，葛藤によって友情が継続しないなど，関係が変わりやすい。
おおむね9〜15歳ごろ	レベル3：第三者や相互的な視点から，自分や相手の考えがどのように見えるかが理解できるようになる。	ステージ3：親友間の関係の継続性や愛情の絆に気づく。友情とは，相互的な親密性と相互的サポートを発展させる基本的手段とみなされ，葛藤が生じたとしても関係がすぐに終わることはなくなる。
おおむね12歳ごろ〜成人期	レベル4：他者の視点を，多元的で深いレベルでとらえることが可能になる。また，これらの視点は，ネットワークやシステムを形成するものとみなされ，社会的観点や，法律的，道徳的観点といった概念に一般化されていく。	ステージ4：この時期になると，友人間の独立と依存の感情を統合する能力によって，友情が発展し続けるという感覚を持てるようになる。自立した関係を構築したり，必要であれば心理的サポートを与え合うといったことが可能になる。

4），必要なときにはサポートを与え合うことも含めた，自立した友情関係の構築が可能になるといった形に発展していくといえます（ステージ4）。こうした過程からは，子どもの社会的な発達が，それをとらえる認知的理解と切り離せないものであることがうかがえるものともいえます。

■**児童期から青年期にかけての仲間関係**

児童期から青年期にかけて，生活の大半を過ごす仲間同士の関係は，親から自立し，自己を確立していくまでの間の依存と独立に伴う不安を分かち合える存在としてみることもできます。保坂（1998, 2017）は，こうしたそれぞれの時期に，特有の関係がみられてくることを指摘しています。

1. **ギャング・グループ**……おおむね小学校高学年期を中心とする，同性の同輩集団であり，男児に多くみられます。ここでは同一行動にもとづく凝集性や仲間からの承認が重要視され，遊びの共有ができない者が仲間から外されるといったことも生じます。

2. **チャム・グループ**……おおむね中学生期にみられるとされる，仲良しグループであり，女児に多くみられます。チャムとは，サリヴァン（Sullivan, H. S.）による，こうしたグループから生まれた特別な友人（チャム・親友）が語源であり，同じ興味・関心やクラブ活動を通して，互いの共通点や忠誠心を重視し，「私たちは同じね」という確認や，仲間だけでしか通じない言葉（符丁）を通じて，仲間関係を形成します。

3. **ピア・グループ**……おおむね高校生期にみられるとされる，異質性や違いを認め合い，自立した個人としての関係が構築され得るグループといえます。

保坂（2017）は，近年の子どもの放課後の予定の合わなさ等から，ギャンググループが消失し，チャム・グループが学童期や高校生期まで肥大化してきていることを指摘しています。学童期までチャム・グループが広がってくることは，グループ内での強い同調性が求められる中で，スケープゴートとしてのいじめの対象が生じやすいことが危惧されます。一方，チャム・グループが高校生まで広がることは，グループ内で，自他の違いを認め合う自立した関係が形成されず，同質性の相互確認に安住する傾向に陥りやすいといえます。現在，子どもの仲間関係が彼らのストレスのもととなっている（保坂，2017）という

可能性は，青年期にかけてのアイデンティティや自立を考える上で憂慮すべき問題といえます。

■ **道徳性の発達**

道徳性とは，社会の善悪に関する判断を内在化させていくことといえます。こうした道徳性の発達過程に着目したものとして，先に述べたピアジェやコールバーグ（Kohlberg, L.）の検討があげられます。ピアジェ（1932/1965）は子どもがどのように道徳的判断を行うかについて，「うっかり（ドアがトレイに当たり），コップを 15 個割った（ストーリー A）」「母親のいない間にジャムを取ろうとしたはずみに，コップを 1 つ割った（ストーリー B）」といった行為の動機の異なるストーリーを聞かせ，どちらの子どもが悪い子か，といった質問を子どもに行いました。その結果，6,7 歳までは，行為の結果に着目し，皿が多く割れたほう（A）を悪いと判断しましたが（結果論的判断），8,9 歳頃では，行為の動機に着目し，B が悪いと判断できるようになる（動機論的判断）ことを示しました。

さらに，ピアジェは，6 歳頃では，規則は一方的に大人から与えられたもので，服従すべき絶対的なものと考えますが（他律の道徳），10 歳頃になると，規則は仲間同士の相互的な合意で修正可能という考え方（自律の道徳）に変わっていくことを示しました。

一方，コールバーグ（コールバーグ，1969；コルビーとコールバーグ，1987）は，ピアジェの理論を発展させ，道徳的判断の背後にあるより深い認知構造に焦点化し，ジレンマが生じるようなストーリー課題を用いて，10 歳から 16 歳の子どもの道徳的判断について検討を行いました。

> **モラル・ジレンマ課題の例（ハインツのジレンマ）**
>
> ヨーロッパで一人の女性が特殊ながんのために死に瀕していました。医者によれば，彼女の命を救える薬が 1 つだけありました。それは最近薬剤師によって発見された，ラジウムの一種でした。その薬を作るのにはお金がかかりますが，女性を救うのに最低限必要な分について，薬剤師は薬の開発費の 10 倍にあたる 2,000 ドルもの値段をつけていました。ハインツ

は病気の女性の夫で，できる限りお金を借り集めましたが，用意できたのは必要な額の半分の1,000ドルでした．彼は薬剤師に，「妻が死に瀕しているので，少しまけてくれないか」，あるいは，「後払いにしてくれないか」と頼みました．しかし薬剤師は「だめです．私は薬を開発したのだから，それでお金を稼がなければならないのです」と答えました．ハインツは，自暴自棄に陥り，店に薬を盗みに入ってしまいました．ハインツはそうすべきだったでしょうか．

ここでは，結果（薬を盗むべきだったか否かの答え）よりも，相対する場面（生命対法律）をどのようにとらえたか，が重要となります．その結果，罰や得られる損得など結果にのみ着目して判断する前慣習の水準から，社会的な期待や秩序に沿って判断する慣習の水準，正義や良心など，普遍的な原理にたって自分自身の判断をし，必要によって法も作り変える，脱慣習の水準へと，3水準にわたって判断の仕方が変化することが示されました（**表9.5**）．こうした道徳的判断には文化差がみられることが指摘されています．日本人は，アメリカ人と比較して，「慣習的水準」には早く到達しますが，「後慣習的水準」に到達するのは遅れ，総じて「慣習的水準」にとどまっている期間が長い（山岸，1985）とされます．慣習的水準の考え方が，日本文化における考え方と重なる可能性がうかがえる結果といえるでしょう（山岸，1985）．

■向社会的行動の発達

向社会的行動とは，「思いやり行動」ともいえるものであり，相手の利益のために（外的報酬を期待することなく），自発的，意図的になされる行動といえます．こうした行動には道徳的判断が関与されるとされます．アイゼンバーグ（Eisenberg, N.）（アイゼンバーグら，1983；アイゼンバーグ，1986など）はこうした向社会的判断について，コールバーグとは異なる，罰や法律などが強調されない葛藤を伴うストーリーを子どもに示し，その発達過程を検討しています（**表9.6**）．それによれば，幼児や小学校低学年では，何か自分に見返りがあるという考えによって判断することが多いといえますが（レベル1），小学生では，他者の要求に目を向けた判断（レベル2）が可能になってきます．

9.4 子どもの世界の広がり——社会性の発達

表 9.5 コールバーグの道徳的判断の発達 (小嶋, 1991)

段階	解説と，例話で「薬を盗んだのは正しい／間違っている」とする理由
	《水準 1　前慣習の水準》
I	服従と罰への志向：罰せられることは悪く，罰せられないことは正しいとする。「盗みは罰せられることだから，盗んだことは悪い」
II	手段的欲求充足論：何かを手に入れる目的や，互恵性（相手に何かしてお返しを受ける）のために，規則や法に従う。「彼が法律に従っても，得るものは何もないし，また，薬屋に何かの恩恵を受けたこともないから，盗んでもよい」
	《水準 2　慣習の水準》
III	「よい子」の道徳：他者（家族や親友）を喜ばすようなことはよいことであり，行為の底にある意図に目を向け始める。「盗みは薬屋はもちろんのこと，家族や友人を喜ばすものではない。しかし，いのちを助けるために盗んだのだから，正しいと思う」
IV	「法と秩序」志向：正しいか間違っているかは，家族や友人によってではなく，社会によって決められる。法は社会的秩序を維持するために定められたものであるから，特別の場合を除いて従わなければならない。「法を破った点では，彼は悪い。しかし，妻が死ぬかもしれないという特別の状況にあったのだから，完全に悪いとは言い切れない」
	《水準 3　脱慣習の水準》
V	「社会契約」志向：法は擁護されるべきであるが，合意によって変更可能である。法の定めがあっても，それより重要なもの（人間の生命や自由の権利など）が優先される。「生命を救うために，彼が薬を盗んだのは正しい行為である」
VI	普遍的な倫理の原理：生命の崇高さと個人の尊重にもとづいた，自分自身の原理を発展させている。大部分の法律はこの原理と一致しているが，そうでない場合には，原理に従うべきである。「生命の崇高という普遍的な倫理の原理は，どのような法律よりも重要であるから，彼が薬を盗んだのは正しい」

注）表では，「盗んだのは正しい」，あるいは「間違っている」とする一方の場合の理由づけの例を示している。しかし，逆の判断に伴う理由づけも，それぞれの水準について同様に成り立ち得る。理解しやすくするために用語を変えたところがある。

さらに，小・中学生にみられるステレオタイプ的な判断がなされる時期（レベル 3）を経て，中・高校生では，内面化された価値や規範や義務による判断が可能になっていくとされます（レベル 4b，レベル 5）。こうした向社会的行動には，そうした向社会的判断のほか，共感性や，役割取得能力が関係するとさ

表9.6 アイゼンバーグの向社会的行動の判断の発達 (アイゼンバーグ，1986；シェイファー，2005；アイゼンバーグ，1986 菊池と二宮 訳 1991をもとに一部改変して作成)

レベル1：快楽主義的・自己焦点的思考	
自分の要求が中心であり，他者を助けるか助けないかの理由は，自分に得るものがあるかどうかによる。「パーティに行きたいから助けない」	小学校入学前および小学校低学年で優勢

レベル2：要求に目を向けた思考	
他者が助けを求めていることに関心を示すが，それに対する共感性や，助けなかった場合の罪の意識については，明言されない。「彼女が助けを求めているから助ける」	小学生と一部の幼児で優勢

レベル3：ステレオタイプ的な承認思考	
他者を助けるかどうかは，承認を得ることや，良い・悪いといったステレオタイプのイメージによって大きく影響をうける。「もし助ければ母親からほめてもらえるから」	小学生と一部の中学生で優勢

レベル4a：自己反省的な共感的思考	
他者を助けるかどうかは，自己反省的な同情的応答や，共感的な感情によって判断される。「苦しんでいる人を助ければ自分も気分が良いから」	小学校高学年の少数と中・高校生で優勢

レベル4b：移行段階	
他者を助けるかどうかは，内面化された価値や規範，義務や責任を含むが，その言及はあいまいなものに留まる。「助けなかったら，きっと後悔するから」	中・高校生の一部とそれ以上

レベル5：内面化された価値による思考	
他者を助けるか，あるいは助けないかの判断は，内面化された価値や規範，確信や責任を含む。これらの原則に違反することは，自尊心が損なわれることにつながる。「私たちには苦しんでいる人を助ける義務がある」	高校生の一部，小学生にはみられない

れます（ホフマン，1984）。共感とは他者と同じ感情を自分のものとして感じ共有できることであり，役割取得とは，他者の立場にたち，その役割や，気持ちや考えを推察できることといえます。向社会的行動は，論理や推論といったことだけでなく，そうした情動面やそれをとらえる力によって大きく支えられているといえます。

● さらに読み進めたい人のために

エリクソン, E. H.　西平　直・中島由恵（訳）（2011）．アイデンティティとライフサイクル　誠信書房

　この章のエリクソンについて解説した箇所で引用したのがこの本です。より詳しく知りたい方は読んでみて下さい。

数井みゆき・遠藤利彦（編著）（2005）．アタッチメント——生涯にわたる絆——　ミネルヴァ書房

　アタッチメントについてぜひ知っておきたい内容について幅広く取り上げている本です。もっと深く学びたい人におすすめです。

アイゼンバーグ, N.・マッセン, P.　菊池章夫・二宮克美（訳）（1991）．思いやり行動の発達心理　金子書房

　この章の向社会的行動のところでも引用しましたが，思いやり行動の発達に関わる基本的な知識を深めたい方，また，より詳しく理解したいという方におすすめです。

発達障害とは 10

　教職を目指す皆さんにとって，小・中学校での「子どもたちの日常」といえば，「担任の言葉に耳を傾けて熱心に授業を受けている姿」「友達とスポーツや芸術活動を楽しんだり，熱心に取り組んでいる姿」などを思い浮かべるでしょうか。しかし，「十人十色」という言葉があるように，学級の中には実に多様な子どもたちがいます。彼らの中には，私たちと"同じもの"を見たり聞いたりしても，他の友達とは"異なる"感じ方や理解の仕方をしている場合もあります。中には，そうした個々に異なる特性が「みんなと一緒」の学習環境とうまく折り合いをつけることができず，結果的に学習や生活の中で，さまざまな辛さや悩みを抱えている場合もあります。

　以下では，「発達障害」のある子どもについて，これまで教育現場でどのようにとらえられてきたのか（歴史），その内容，理解の仕方，そして支援の仕方の4点から，解説していきます。

本章のトピック

- 発達障害に対する教育はどのように考えられてきたのか？
- 発達障害とは何を指しているのか，また学習上どのような難しさを抱えているのだろうか？
- 発達障害のある子どもへの支援はどのようなものがあるのだろうか？

キーワード

特殊教育から特別支援教育，自閉スペクトラム症，注意欠如多動性障害，学習障害，認知特性，ディスクレパンシー，長所活用型指導法

10.1 学校現場における「発達障害」の処遇

　最近では，外国にルーツをもつ子ども，LGBT，虐待を初めとして家庭生活上の困難をもつ子ども，そして発達障害など，多様なニーズを抱える子どもが学級にいることを前提に，学級活動が計画・配慮されることが重視されています。ところがわずか数年前まで——少なくとも特別支援教育が始まった2007年よりも以前は——そのような状況ではありませんでした。「うちの学級に障害児がいるはずはありません」というセリフすら飛び交っていた時代もありました。発達障害についての説明を行う前に，こうした状況がどのように変化しながら現在に至っているのかをまず説明します。

■見向きもされなかった「特殊教育」の時代（戦後〜1990年頃）

　戦後よりずっと続いてきた日本の障害児教育（特殊教育）の特徴は「場による教育」という言葉にその特徴が見て取れます。つまり，問題対処のスタンス・方法として医学のモデルに依拠しながら，「高い専門性をもった教員が，通常とは異なる場で，高いコストをかけて教育を行うこと」を採用してきました。2007年の特別支援教育が始まる前までは，支援の対象は基本的な5つの障害，つまり知的障害，肢体不自由，病弱，視覚障害，聴覚障害と，その他言語障害や情緒障害のある子どもであり，その割合はおおよそ1.5％前後と限られていました。こうした子どもたちに対して，障害の種類や程度に即して，特殊教育諸学校，特殊学級，また1993年より施行された通級指導教室という3つの（特別な）場で専門的な教育が行われてきました。どれだけ障害の程度が重い子どもであっても教育機会を担保させようとしてきた点，そして障害特性に応じてさまざまな技法を習得し，質の高い教育を展開させようと教員個人が責任感をもって奮闘してきた点に，従来の教育（特殊教育）の成果があったといえます。

　一方で，当然この時代にも「発達障害」と位置づけられる子どもたちは当たり前に在籍していました。しかし「通常学級には障害児はいない。もしそうなら養護学校や特殊学級にいるはず」という考え方が根強かった頃です。「ちょっと変わった子」「気になる子」と周囲の大人にとらえられることがあっても，

教育の配慮は公的には保障されておらず，その配慮はまさに担任の気づきと善意にゆだねられていたのです。

■「気づき」の時代（1990〜2000年代初頭）

その後，知的障害のない自閉的傾向を示す子どもをはじめとして，学校での授業場面や日常生活での友達とのやりとりに困難さを示し，後に学校不適応や行動問題などの二次的問題を抱えかねない子どもたちへの注目が集まり始めます。およそ，通級指導の制度が始まった1993年よりも後，90年代後半のことでした。障害の程度が重い子どもに対して教育を手厚く行ってきた日本とは異なり，知的障害は認められないLD（学習障害）等のある子どもへの対応に重きをおかれている他国（例えばアメリカ）の状況に気づき，対応について検討が始まったことも，発達障害児の存在に気づく上での一因でした。

国が本格的に動き始めたのは2000年代初頭です。2002年文部科学省はこうした子どもたちが通常の学級にどれくらい在籍しているのかを把握するために，初めて調査を行いました（公表された結果については図10.1）。調査の主な回答者は学級担任であり，必ずしも医師の診断に基づく把握ではないことに気をつけなければいけませんが，学習面で著しい困難を示す児童・生徒が4.5%，不注意や多動性・衝動性の問題を抱えている児童・生徒が2.5%，対人関係やこだわりなどの問題がある児童・生徒が0.8%，それらの重なりを考慮に入れても，LD（学習障害）やHFA（高機能自閉症），ADHD（注意欠陥多動性障

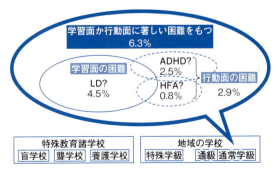

図10.1 通常の学級に在籍する特別な教育的支援を必要とする児童生徒に関する全国実態調査（文部科学省，2003より作成）

害）の可能性がある児童・生徒（後述）が6.3％，通常学級に在籍している可能性が初めて指摘されました。少なくとも1つの学級に2名程度は必ず在籍していることを表す数字です。しかし，この時代には仮に医師から認められた診断があったとしても，教育上の配慮を通常学級内で求めることは一切できなかったのです。

　この調査をきっかけとして，その後の障害児教育の在り方と方法に関する議論が急ピッチで進められていきます。特に，それまで1.5％と限られた子どもたちに対して高い物的・人的（あるいは金銭的）コストをかけて行ってきた状況から，実に4倍近くに対象（6.3％）が増えてしまうことについて，「場による教育」の是非も含めて議論が行われました。結果，通級指導教室の利用，コーディネーターの指名，既存の小学校・中学校の支援体制の強化（校内支援体制の構築），専門家を受け入れる体制の整備など（文部科学省，2003），その学校や地域が含みもつ資源を最大限活用できるような体制のもと，"一人の担任"が背負い込むのではなく，"みんな"で発達障害のある子どもを支えていく教育の方向性が示されていきました（干川，2005；肥後，2008）。

■「特別支援教育」そして「学びの多様性」を認める時代へ（2007年以降）
　上記のような発達障害のある子どもを含む教育制度上の変革は，「特殊教育」から「特別支援教育」という障害児教育の総称の変更も含めて，2007年4月の学校教育法の改正時に現実のものとなりました。つまり2007年以降，発達障害のある子どもの教育の責任は公のものとなり，通常学級に在籍する発達障害のある子どもにも，通常学級や通級指導教室内で（一人ひとりの教育的なニーズに基づいた）支援が提供されることがあたりまえ，となったのです。

　当然，わずか数年の間にこれだけ大きな変革があったことについては，学校現場の戸惑いもありました。が，少しずつその重要性と具体的な対応の考え方は浸透しつつあります。学び方に多様性や個性がある子どもたちに合った支援が蓄積されるにつれて，「学びは大人が導こうとする1つの方向からだけではなく，さまざまな方向から導くことができる。大人が子どもたちに合わせていくことが大切」というスタンスを導くことにもつながっていきました。

　昨今，先述したように発達障害以外にも，外国にルーツをもつ子ども，

LGBT，虐待を初め家庭生活上の困難をもつ子どもなど多様な教育的・生活上のニーズを抱えた子どもたちがいます。一人の担任が孤軍奮闘するのではなく，校内外の資源を含めた"みんな"で問題解決を図ろうとする特別支援教育のスタンスは，こうした子どもたちへの支援において，とても重要であることを押さえておく必要があります。

10.2 発達障害とは

発達障害という概念やその具体的な対象は，教育の分野では2007年に改定された特別支援教育によって，また福祉の領域では2005年の発達障害者支援法の施行によって明文化されました（表10.1）。教育現場・研究などに限らず，さまざまなメディアで取り上げられることも多く，「発達障害」はもはや私たちにとっての共通言語となりつつありますが，知的障害や視覚障害などと比べるとまだまだ歴史の浅い領域かもしれません。以下，発達障害の概念の中心に位置づけられる「自閉スペクトラム症（かつての自閉症，高機能自閉症，アスペルガー症候群を含む）」「注意欠陥多動性障害」「学習障害」について言及します。

■自閉スペクトラム症（ASD）

かつては「広汎性発達障害」という大きなくくりと，「自閉性障害（自閉症）」「特定不能の広汎性発達障害」「アスペルガー障害」などのサブカテゴリーに分けられた診断が行われていました。ところが，サブカテゴリー間で明確な「線引き」を行うことは妥当ではなく，むしろ自閉症的な症状が軽い子どもから重い子どもまで「連続的（スペクトラム）」であるという理解が高まっていきます。2013年には国際的な診断基準であるDSM（Diagnostic and Statistical Manual of Mental Disorders；精神疾患の診断・統計マニュアル）がDSM-5と新しいバージョンに改訂されたことに伴い，上記のような複数のサブカテゴリーはいずれも「自閉スペクトラム症（ASD；Autism Spectrum Disorder）」という診断名に統一されることになりました（図10.2）。なお表10.1に示したように，教育の分野では独自の定義として，「高機能自閉症」という独自な

表 10.1 福祉・教育分野における「発達障害」の位置づけ（厚生労働省，2005 ならびに文部科学省，2007 より作成）

福祉 発達障害者支援法における「発達障害」（2005 年 4 月～）

　この法律において「発達障害」とは，自閉症，アスペルガー症候群，その他の広汎性発達障害，学習障害，注意欠陥多動性障害，その他これに類する脳機能の障害であって，その症状が通常低年齢において発現するものとして政令で定めるものをいう。

領域別で異なる位置づけ・定義も考えられたが，①国民のわかりやすさや，②他省庁との連携のしやすさ等の理由から，足並みをそろえる形に

教育 特別支援教育における「発達障害」（2007 年 4 月～）
※学校教育法の一部改正に伴い

（発達障害者支援法の定義を引用したうえで）
- **自閉症**
　3 歳位までに現れ，①他人との社会的関係の形成の困難さ，②言葉の発達の遅れ，③興味や関心が狭く特定のものにこだわることを特徴とする行動の障害であり，中枢神経系に何らかの要因による機能不全があると推定される。
- **高機能自閉症**
　3 歳位までに現れ，①他人との社会的関係の形成の困難さ，②言葉の発達の遅れ，③興味や関心が狭く特定のものにこだわることを特徴とする行動の障害である自閉症のうち，知的発達の遅れを伴わないものをいう。また，中枢神経系に何らかの要因による機能不全があると推定される。
- **学習障害（LD）**
　学習障害とは，基本的には全般的な知的発達に遅れはないが，聞く，話す，読む，書く，計算する又は推論する能力のうち特定のものの習得と使用に著しい困難を示す様々な状態を指すものである。学習障害は，その原因として，中枢神経系に何らかの機能障害があると推定されるが，視覚障害，聴覚障害，知的障害，情緒障害などの障害や，環境的な要因が直接の原因となるものではない。
- **注意欠陥/多動性障害（AD/HD）**
　ADHD とは，年齢あるいは発達に不釣り合いな注意力，及び／又は衝動性，多動性を特徴とする行動の障害で，社会的な活動や学業の機能に支障をきたすものである。また，7 歳以前に現れ，その状態が継続し，中枢神経系に何らかの要因による機能不全があると推定される。

名称を用いることがありました。その定義はやはり DSM がベースとなって参考にされている点を考慮に入れて下さい。

　DSM-5 では「社会的コミュニケーションおよび対人的相互反応に持続的な欠陥」ならびに「行動，興味，または活動の限定された反復的な様式」の 2 つが ASD 児への診断において大きな位置を占めています。

10.2 発達障害とは

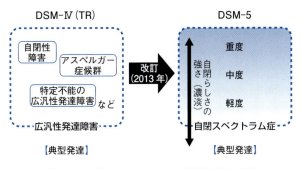

図10.2 自閉スペクトラム症の診断体系の変化

つまり前者については，乳児期早期からの保護者とのアイコンタクトをはじめとして，表情の理解，他人への興味関心の乏しさ，コミュニケーションの始発の少なさなどにより，各ライフステージにおける社会生活―対人関係を構築・維持することの困難さがあることを示しています。例えば「会話」ということに絞って考えてみましょう。二者間での会話が成り立つためには，順番に発話するというルール，会話のトピック（テーマ）を発話の流れで微妙に調整しながら維持していくこと，内容が分からなかったときに「えっ？　どういうこと」と聞き返すような「明確化要請」といった機能が必要です（ブリントンとフジキ，1989）。ところが自閉スペクトラム症児の場合，他者の心の存在やその動きを推測する力，つまり「心の理論」の理解（図9.14参照）が苦手なため，そうした会話を支える機能に制約を抱えやすいとされています（吉井ら，2015）。

一方，後者（反復的な様式）については，物を一直線に並べたり，同じ動きを一貫して繰り返す常同行動を示すこと（例えば手のひらをひらひらさせたり，体を前後に揺らす），強迫的とも見えるように同じ物・同じ位置・同じ状態にこだわることが多いことを示しています。あるいは感覚刺激の入力に際して，極端な過敏さや鈍感さを示すこともあります。つまり，音などの聴覚的な刺激や光などの視覚的刺激，触覚的な刺激などが調整されずに入力されてしまい，大きな音―明るすぎる環境―他者からの接触などを極端に嫌う子どももいるのです。

その他，学童期に目にしやすい自閉スペクトラム症児の行動を表 10.2 に示しました。必ず起こるというわけではありませんが，こうした状況で環境上の配慮がなされない場合，本人は辛い状況に至っているかもしれません。

表 10.2　周囲との関係の中で ASD 児が抱えやすい困難

- 会話のトピックが維持できず，テーマがずれてしまう。
- 気持ちを察したコメントが返せない。本音と建前の区別ができない。
- クラス内の「暗黙のルール（隠れたカリキュラム）」が理解できない。
- たとえ話を事実として理解してしまう——比喩理解の困難。
- 自分のやり方を否定されたり，強要されるとパニックになる。
- 味覚の過敏性により偏食が多く，給食が食べられない。
- 急な時間（割）の変更が苦手。

■注意欠如多動性障害（ADHD）

　文部科学省による注意欠如多動性障害（Attention-Deficit/Hyperactivity Disorder；ADHD）の定義を以下に示しました。先の DSM-5 とともにその基本的な特性は「不注意」と「多動性―衝動性」であり，この両方または一方の特性をもつ者のことを ADHD のある子どもとして位置づけています。

　「年齢あるいは発達に不釣り合いな注意力及び，又は衝動性，多動性を特徴とする行動の障害で，社会的な活動や学業の機能に支障をきたすものである。また 7 歳以前（※DSM-5 の定義では 12 歳以前に変更）に現れ，その状態が継続し，中枢神経系に何らかの要因による機能不全があると推測される。」

　なお，こうした子どもたちの有病率はおおむね 5～10％とされ，また女児よりも男児のほうが多いことが指摘されています（井上と四宮，1996）。ただし，表 10.3 に示した DSM-5 の診断基準の一部を見ると，ADHD の診断において「しばしば」といった表現が多用されており，かつこうした"状態"は誰にでも思い当たる行動であることに気がつくでしょう。実際に診断医が判定する際には「症状のうちのいくつかが，少なくとも 6 カ月以上続くこと」などの条件つきで診断を行いますが，こうした理由から特に発達初期の乳幼児への過剰診断（オーバー・ダイアグノーシス）の問題も指摘されています（黒田と木村，2014）。ことさらに学校現場で子どもにこうした行動・状態が見られるからといって，安易に ADHD のラベルを与えてしまうことは避けなければいけません。

10.2 発達障害とは

表10.3 DSM-5におけるADHDの診断基準の一部

【不注意】
- 学業，仕事，また他の活動中に，しばしば綿密に注意することができない，または不注意な間違いをする。
- 課題または遊びの活動中にしばしば注意を持続することが困難である。
- 直接話しかけられたときに，しばしば聞いていないように見える。
- など，その他6項目（全9項目）。

【多動性および衝動性】
- しばしば手足をそわそわ動かしたりトントン叩いたりする，または椅子のうえでもじもじする。
- 席についていることが求められる場面でしばしば離席する。
- 不適切な状況でしばしば走り回ったり高いところへ登ったりする。
- など，その他6項目（全9項目）。

ADHDの中核的な症状である「不注意」と「多動性―衝動性」については，①脳の前頭前野の働きの偏り（実行機能：過去を振り返り，将来に向けて適切な行為を計画・選択・調整する力），あるいは②脳内の刺激・情報伝達の役割を果たす神経伝達物質の働きの制約がその背景となっていることが指摘されています。こうした器質的な問題から，**表10.4**のような行動が学校等で出やすいとされています。

表10.4 周囲との関係の中でADHD児が抱えやすい困難

- クラスで響いているさまざまな音が気になってしまい，集中できない。
- 忘れ物，なくし物が多い。
- パズルや工作をすると行き当たりばったりになる。
- 片づけの途中で余計な刺激に反応してしまい，結局整理できない。
- 考えるよりも先に動いてしまう（列への割り込み，友達に手が出る）。
- しゃべり始めると止まらない（口の多動）。
- 不器用さがある。
- 好きな物にだけこだわって集中してしまう――時間管理の困難。

■学習障害

先述（**表10.1**）したように文科省の定義上では，**学習障害**（Learning Disabilities）は「全般的な知的水準は遅れがない（平均的である）にも関わらず特定の能力に関わって問題のあること」を指します。特定の能力としてあげられるのは「聞く」「話す」「読む」「書く」「計算する」「推論する」の6つです。

一方，かつてのDSM-Ⅳでは学習障害は，「算数障害」「読み障害」「書字障害」「特定不能の学習障害」の4つの下位分類から構成されていました（「聞く」「話す」についてはコミュニケーションの障害として別に処理）。現在のDSM-5ではそうした下位分類は廃止され，「限局性学習障害（Specific Learning Disorder; SLD）」として表10.5のような基準に基づいてその診断が行われています。

表10.5 DSM-5におけるSLDの診断基準の一部

以下の症状の少なくとも1つが存在し，少なくとも6カ月間持続している。
1. 不適格または速度が遅く，努力が求められる読字
2. 読んでいるものの意味を理解することの困難さ
3. 文字を綴ることの困難さ
4. 書字表出の困難さ
5. 基本的な数字の概念，または計算を習得することの困難さ
6. 数学的推論の困難さ

　全般的な知的能力の問題はないにもかかわらず，特定の能力に問題が生じる背景として私たちの脳の構造と機能が関係しています。「（大脳の）機能局在」という言葉が示すように，私たちの脳は高度なコンピュータのように，役割の異なる複数の領域を含みもっています。LDはこうした機能の"どこか"に問題があり，その場所に応じた学習上の困難さが生じます。知的障害児が全体的な知的発達の遅れとして「IQ（知能指数）の水平的なライン」で表されるのに対して，LD児の場合は「発達凸凹」と称されるように，そのラインは局所的・限定的な能力によって個人内で差が大きいといえます。このことから，認知面のアンバランスさあるいはディスクレパンシー（個人内差）という言葉が用いられることもあります。

　子どもたちは授業中に「先生の言うことを聞いたり理解したりしながら，何かを書いたり発言したり」することが求められます。このプロセスをもう少し正確に子どもの立場から表すと「刺激の受け取り（情報の入力）」→「脳内での処理（情報の符号化など）」→「求められる反応の表出（行動による出力）」という3つに分けることができます。他方，教育を行う大人の立場からすれば「子どもに伝える」→「子どもに考えさせる」→「応答してもらう」というプロセスで

しょうか。LD のある子どもは脳機能の問題から，このプロセスの"どこか"に困難をもちます。学校の日常生活で生じやすい問題について下記にまとめました（図 10.3）。「学習障害」といっても，その背景は一人ひとり異なり，個人差がとても大きいことに注意が必要です。

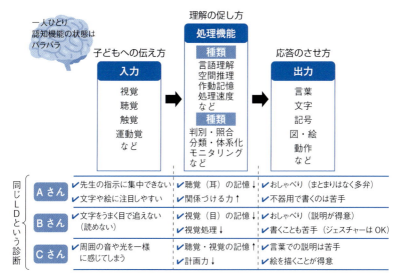

図 10.3　刺激の処理プロセスとそれに基づく LD 児の固有の困難
　　　　　（一部，上野（2006）を修正して作成）

■発達障害を理解するための方法

　発達障害のある子どもに特有な認知・行動特性については，「迷子になりやすい」「お絵かきが苦手」「ぎこちない」「癇癪が激しい」……などの形で幼児期段階で予兆が表れることもあります。このためいわゆる早期発見・早期支援のプロセスから，すでに診断名をもった状態で学童期に突入している子どもも少なくありません。ただし診断名があれば即，その子に合った支援が施されるというわけにはいきません。その独自な特性を理解するためにも，教師による経験・対応スキルに加えて，客観的な理解と支援を導く「アセスメント（査定／評価）」が求められます。以下では，発達障害児に適用されることの多いアセスメントとして，1. 認知面のアセスメント，2. 行動問題や気になる行動に

対するアセスメントを紹介します。

1. 認知面のアセスメント

発達障害のある子どもには特有の発達のバラツキ（通称，発達凸凹）が生じやすいことは先に述べました。こうした発達のアンバランスさを理解する上で，これまでに開発されてきた知能検査や認知能力を測ることのできるアセスメントは有効です。アセスメントは，子どもの状態や年齢などに応じて選択されます。ただし，①子どもの体調や検査者との関係（相性）の問題から検査には誤差がどうしてもつきものであり，また②1回1種類の検査結果のみでは結果の解釈に限りがあることから，複数の異なる検査を組み合わせる「検査バッテリー」という考え方も重視されています。

以下，認知特性を明らかにするアセスメントとして，WISC-Ⅳ，K-ABC-Ⅱ，DN-CASについて述べます。

(1) WISC-Ⅳ

ウェクスラー（Wechsler, D.）が開発したウェクスラー式知能検査の児童用の最新版です。5歳0カ月から16歳11カ月までを対象としており，全体的な知的能力を表す【全検査IQ（FSIQ）】に加えて，性質の異なる4つの認知機能として【言語理解指標（VCI）】【知覚推理指標（PRI）】【ワーキングメモリ指標（WMI）】【処理速度指標（PSI）】を算出します（図10.4）。

医療現場での診断判定や児童相談所等での療育手帳取得の判定時に用いられることも多く，主流な検査として現在位置づけられています。

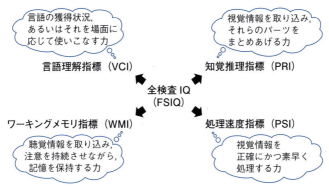

図10.4　WISC-Ⅳの概要　（一部，『WISC-Ⅳ実施・採点マニュアル』（2010）より筆者加筆）

(2) K-ABC Ⅱ

カウフマン夫妻（Kaufman, A. S., & Kaufman, N. L.）によって開発された検査です。2歳6カ月から18歳11カ月までを対象としています。従来（つまりK-ABCの頃）より大切にしている考え方として，①心理学的側面と教育学的側面の分離，②外的刺激の符号化における2つの処理様式の活用があります。前者の①については，「個人がどのような『認知特性』を有しているのか（認知機能尺度）」そして「その力を学校等の学習場面でどう活かしさまざまな知識やスキルを『習得』してきたのか（習得度尺度）」ということを区別して考えます。後者の②については外的な情報（刺激）の処理プロセスを「情報を1つのまとまりとして関連づけたり意味づける同時処理」と，「情報の一つひとつを決まった順序として正しく処理する継次処理」に分けて，その力を判定します（一部図10.5参照）。現在のバージョンであるK-ABCⅡでは，これに加えて，③学習尺度と計画尺度（プランニング）の力の判定が加えられました。

なお習得度尺度を構成する下位の項目として「語彙」「読み」「書き」「算数」「数的推論」「計算」が用意されており，それぞれの力・習得状況を別個に扱うことができます。これは教育上のLDの定義（表10.5）と対応しており，「子どもが何に困っているのか」ということを正しく理解する上で役立ちます。

(3) DN-CAS

この検査はダスとナグリエリ（Das, J. P., & Naglieri, J. A.）によって開発された認知機能を測定する比較的新しい検査です。この検査では「脳は3つの機能的な相互依存的システムによってその機能が展開されている」とするPASS理論に基づいて子どもの認知能力が「Planning（プランニング）」「Attention（注意）」「Simultaneous（同時処理）」「Successive（継次処理）」ごとに評価されます（図10.5）。同時-継次，といった外部刺激の処理プロセスにだけ焦点を当てるのではなく，その適切な処理を支える制御的側面としての「注意」や「プランニング」を含めた評価が可能となります。これにより「その場でどう関わるか」ということへの工夫だけでなく，「この子に合った環境とは」という学習環境のデザインにも有益な情報を与えてくれます。

図10.5　DN-CAS（またはK-ABC）の理論的背景であるPASSモデルの概要

2. 行動問題や気になる行動に対するアセスメント

「言われたことをすぐ忘れてしまう子どもに対して，矢継ぎ早に次々と早口で指示を出してしまう先生……」「視覚的情報処理に難しさがあるために教科書を読むのに苦労しているときに，国語の時間に急に外で運動会の練習が始まり，どうしても我慢できなくなり……」等々，発達障害児は自らの特性と環境とがうまくフィットしない事態に陥りやすいといえます。その場合，大人は「言うことを聞かない子」「怠け者」ととらえるかもしれません。あるいは「他児へのちょっかい」「大人への反抗」「自己刺激（貧乏ゆすりや机叩き）」「破壊的行動」などの目立つ行動へと発展し，教師を悩ませる場合もあります。先例に示したように，こうした事態につながる理由は「個人特性」だけではありません。その子の周囲にも目を向けるべきでしょう。

この点で，認知面のアセスメントと同じように，発達障害のある子どもに対する行動面のアセスメントも重視されるべきです。現在，最も広く知られている手法として「**機能的アセスメント**（Functional Assessment；**FA**）」をあげることができます（オニールら，1997）。FAでは①大人が気にする行動の明確化，②ABC（行動が起こる前―行動―行動が起こった後）の記録，③行動が起きやすいまたは起きにくいタイミングの把握，④行動の機能（役割）の推定を通してアセスメントを行い，これを通して⑤機能的に等価な代替行動の教示，つまり問題行動と同じ役割を果たす「適切な行動を教える」というポジティブなスタンスから行動問題への対応を促します（図10.6）。

■発達障害児への支援

教育の世界に限らず発達障害のある子どもに対する社会的認知が年々高まっ

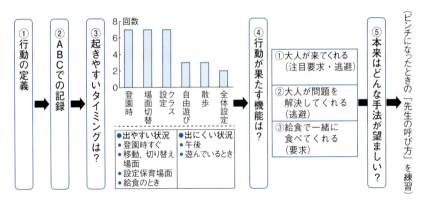

図 10.6 園で頻繁に泣く ASD 幼児へ FA を用いた例（真鍋，2009 より筆者作成）

ています。この間に研究や実践も積み重ねられ，こうした子どもたちに学校でどのように対応すればよいかの知見もまとめられつつあります。以下では，先述した認知面の検査結果の活用方法なども含めながら，学級の中でどのように発達障害児の参加と発達を促すことができるかについて，複数のアプローチを交えて説明します。

1. 個々の子どもへのアプローチ
(1) 長所活用型指導法

先述した認知面のアセスメントの結果，一人ひとりの個人内差（ディスクレパンシー）が明らかにされます。特に K-ABC の 2 つの処理プロセス（同時―継次），WISC における 4 つの指標得点（言語理解・知覚推理・ワーキングメモリ・処理速度）の関係性をとらえることで，どのような教育方略がその子に合っているのかを考えることができます。この中でも，子どものもっている得意な力を用いて学習を進めていくことを「**長所活用型指導法**」といいます（藤田ら，1998）。発達障害のある子どもの支援において，「僕もできた」という自信や自己肯定観をもってもらうためにもこの視点はとても重要です。

表 10.6 に，異なる認知プロフィールを示す典型事例を示しました。A くんも B くんも共に 1 年生ですが，WISC-Ⅳのプロフィール（折れ線の具合）はそれぞれ全く異なります。

私たち大人は「自分が小さいころはこのように理解した。このほうが覚えや

表 10.6 異なるプロフィールを示す 2 名の実態と支援の例

	A くん	B くん
タイプ	得意↕苦手　VCI　PRI　WMI　PSI 言語理解　知覚推理　ワーキングメモリ　処理速度 （VCI低め、PRI高、WMI低、PSI中の山型）	得意↕苦手　VCI　PRI　WMI　PSI 言語理解　知覚推理　ワーキングメモリ　処理速度 （VCI低、PRI中、WMI高、PSI中）
実態（例）	●耳で聴いて言葉で考えることが苦手。多くのことを覚えることができない。 ●言葉を使わない視覚的な絵や図の理解は得意。	●人から聞いた話などを機械的に覚えることは得意。 ●考えてもらおうと促すと，逆に混乱する。複雑で深い思考は苦手。
基本的な指導方針	●できる限り視覚的な手がかりを添えてあげる。 ●あまり多く教師から言葉の指示を出さない。	●覚えてもらいたい内容はシンプルに提示する。 ●手続きや知識がしっかり入った後で，意味や関係性を教える。
（例）計算	計数の対象となる具体物などを視覚的に提示し，考えさせる。	計算の手続き（順番）を先に教える。具体物は混乱するので出さない。
（例）漢字	漢字パズルや象形文字を用いて，まずは全体を理解してもらう。	一筆または部首ごとに分けて，書き順を意識させる（言葉で唱えさせるなどする）。

すい」というものを何かしらもっているものです。もちろん，多くの子どもたちに適用できるやり方もあるかもしれません。ただし発達障害のある子どもが外からの情報を受け止めるルートは限られており，その入り口もとても狭いものです。であるのなら，やはり大人（教師）はそのルートや入り口に「自分の指導」を合わせていくことも求められるのです。

(2) カリキュラム修正とユニバーサルデザイン

　小・中学校等における教育環境は，その子の学年，学習指導要領の内容，クラスの実態，そして学校の伝統・文化などに応じて，担任の先生によって作られます。ただし，これまでに見てきたような特性をもつ発達障害児は，担任が通常想定する教育環境の幅（許容量）から，物理的に，認知的に，社会的にはみ出してしまいがちです。結果的にそこでの参加と学びが保障されない事態に陥ります。

これを防ぐためにも，既存の教育環境を含めたカリキュラム全体に変化が求められます。特にその手法として「カリキュラム修正」と「ユニバーサルデザイン」の2つがあります（図10.7）。

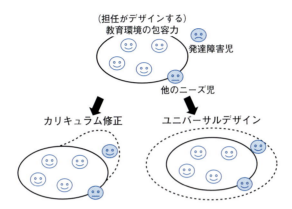

図10.7　カリキュラム修正とユニバーサルデザインの概要図

カリキュラム修正では，その子の認知や行動特性と，既存の教育カリキュラム（教育目標・教育方法・指示の出し方・表現のさせ方など）との間にギャップが生じていないかを確認し，そのギャップを埋めるための手法を検討します。ギャップを埋めるための手法として「環境の調整」「活動の簡略化」「特別な道具の使用」「大人の支援」「友達の支援」「道具の調整」などさまざまな対応が考えられます（サンドールとシュウォルツ，2008）。子どもの「できた！」という達成感や自己肯定観を支える上で「大人の支援とそれ以外とのバランス」が肝要です。

ユニバーサルデザインでは，「そもそもクラスの中には多様な子どもたちがいる」ことを前提に，教育環境の企画の段階から「どうすればクラスの子どもたちがみんな楽しく参加できるのか」を考えます。指示の出し方・教育目標などに加えて，物理的・社会的環境や活動全体のスピード（時間的環境）にも気を配るべきです。その理由として，こうした内容はクラス全体への一斉の活動を途中で止めて，特定の子どものためだけに，修正や調整を加えるということが難しい点をあげることができます。

2. 学校規模のアプローチ

2007年，それまでの「特殊教育」から「特別支援教育」へのシフトチェンジにあたって重要視されていたのは，「みんなで発達障害のある子どもを支えていく」ということにありました。多様なニーズをもつ子どもの理解と支援，固有の歴史を抱えてきた多様な家族（保護者），学校外の機関との連携など，一人の教員が奮闘して対応できる量には限界があります。いかに学校としての問題解決力をつけていくかが重要であったのです。

こうした理想を実現させるために，文部科学省は各学校に「校内支援体制」を公務分掌内で位置づけることを指示します。トップダウンで整えられてきたこの体制づくりは，すでにほとんどの小学校や中学校で運営されています（文部科学省，2016）。校長や教頭のリーダーシップのもと，担任，別担任，養護教諭，支援学級担任など，多様な特技や支援のアイデアを校内で共有する手段として位置づけられているのです。

また昨今こうした校内支援体制の構築において，アメリカを中心に検討が進む**多層モデル**が脚光を浴びています（例えば藤井と齋藤，2010）。多層モデルでは，学校あるいはクラスの成員全体を，その児童が示しているリスクや問題の重篤度，あるいは学業達成の状況に応じて，複数（例えば3層）に分けます（図10.8）。第1層に対しては予防的な対応やあたりまえの質の高い教育が施されるのに対し，第2層・第3層はその状態に応じて専門的な対応が積み重ねられます。最も困難さのある第3層には，外部の支援者との連携や時に周囲とは明確に異なる専門的な技法が提供されることもあるでしょう。第2層に対しては校内委員会を中心に，既存の人的（教員）資源を活用して問題解決にあたることが望まれます。多層モデルに基づけば，「通常の教育」と「発達障害児への教育」とが別個のものではなく，そのニーズに応じて複層的に与えられるべき，という発想で支援を講じることができるでしょう。

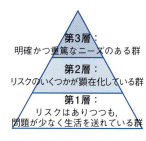

図10.8　多層モデルの概要図

● さらに読み進めたい人のために

カービィ，J. R.・ウィリアムス，N. H.　田中道治・前川久男・前田　豊（編訳）（2011）．学習の問題への認知的アプローチ──PASS 理論による学習メカニズムの理解──　北大路書房

　発達障害児の認知面の凸凹についてもっと知りたいと思う方は，参考にして下さい。本章で述べた PASS 理論を中心として，個々の子どもの学習の問題の背景にある多様な要因を，一つひとつ紐解くのにとても参考になります。

藤田和弘（監修）（1998-2016）．長所活用型指導で子どもが変わる（シリーズ全 5 巻）　図書文化

　アセスメントはやって終わりではなく，支援・指導につなげてこそ本来の価値を発揮します。本書では，同時処理─継次処理の得意・不得意などに合わせて，大人の関わり方をどのように変えるべきか，分かりやすく解説されています。

干川　隆（編著）（2005）．通常の学級にいる気になる子への支援──校内支援体制と支援の可能性──　明治図書

　同僚の教師とどのように協力しながら，発達障害児への支援をみんなで行えばいいのかについて書かれている，数少ない著書です。

児童・生徒の悩みを理解する

11

　学校現場にはさまざまな児童・生徒がいます。集団生活の中で「自分」の確立を目指す「学校に所属している時期」は，多くの子どもが悩み苦しむ時期でもあり，そうした意味では学校で出会う子どもたち全員が，何らかの悩みを抱えているといっても過言ではないでしょう。そして，教師には，そうした児童・生徒の悩みを理解し，彼らの成長を一番に考えて，時に優しく時に厳しく接していくことが求められます。では，皆さんはそうした児童・生徒たちにどのように接していけばよいのでしょうか？　彼らの気持ちをどの程度くみ取ってあげることができるでしょうか。

　本章の前半では，まずは個々の児童・生徒の悩みを聞く上で役に立つ理論を紹介していきます。また，昨今では児童・生徒の抱える問題の複雑化・多様化に伴い，担任だけではなく，校内での連携，校外との連携が求められています。本章の後半で，そうした連携の実際について学びます。

本章のトピック

- 子どもたちの悩みを「きく」ために，どんな方法があるのだろうか？
- 子どもたちのこころの問題を，どのように予防できるだろうか？
- 子どもたちを学校全体でどのように支援していけばいいのだろうか？

キーワード

傾聴，共感，カウンセリング・マインド，クライアント中心療法，認知行動療法，家族療法，予防的援助，ストレスマネジメント，不登校，アセスメント，スクールカウンセラー，教育相談，コーディネーター，教育支援センター（適応指導教室）

11.1 児童・生徒の話を「きく」ということ

■人の話を「きく」とはどんなことか

　カウンセリング・マインドという言葉を聞いたことがある人は多いと思います。**カウンセリング・マインド**とは，カウンセラーのもつ基本的な姿勢や態度のことを示しています。わが国で用いられるようになった造語であり，学術的な定義は筆者の探した範囲では存在しませんが，一般的には看護師・教師など，カウンセラー以外の専門職を対象に使われるようです。カウンセラーの基本的な姿勢として，「**共感**」すること，そして「**傾聴**」することがあげられるでしょう。これだけを聞くと，ただ児童・生徒の話を「うんうん」と聞けばいいと思う人もいるかもしれませんが，「人の話をきく」ということは，実はとても難しいことなのです。

　臨床心理士の専門技能について論じる中で，下山（2000）は，"きく"技能には「訊く」「聴く」があると述べています。最初の「訊く」は，辞書に基づいた意味では，質問すること，問うこと，尋ねることという意味合いがあります。これを実際のコミュニケーション場面で考えると，話を「きく」側が主導権を握り，必要な情報を聴取していくようなやりとりを示します。それに対して，後者の「聴く」は，その相手の話の内容に積極的に耳を傾けている状態，注意を向けてきいている状態を示します。「傾聴」というときに，この漢字を使うのは，こうした意味の違いによります。コミュニケーション場面で考えると，相手がうすうす感じているけれども自覚できていないような考え・気持ちなどに気づいていくことを促すような，語り手に主導権を預けるようなきく姿勢のことを示します。前者の「訊く」に該当するきき方として，下山（2000）は，不明なことを調べる質問，不確実なことを確かめる質問，事実に直面させる質問があるとしています（「いつから具合が悪くなった？」「テストで自信がないものはどれか？」など）。それに対して後者の「聴く」ためには，反射（語り手の発言をその気持ちに沿うように語り返す。例：「テストの点数が悪くてショックだったんだね」），明確化（語った内容を要約し，伝え返す），純粋性（聴き手が感じたことを素直に伝え返す）などの技法を用いてきいていきま

す。後者のきく技法を取り入れることで、"共感してもらえた"と感じてもらうことができます。「Aさんに話を聞いたけど、教えてもらえない」「児童・生徒が自分には相談してくれない」と感じたときには、まずはご自身の"きき方"を振り返ってみるといいでしょう。

　では、児童・生徒の相談にのることになったとき、具体的にはどのように話をきいていけばいいのでしょうか。アイビィ（Ivey, A. E.）によってまとめられたマイクロカウンセリングの考え方は、カウンセラーに必要な態度や技能をまとめており、参考となります。その中で、「閉ざされた質問（closed question）」と「開かれた質問（open question）」という考え方があるので紹介します。閉ざされた質問、とは、「はい・いいえ」で答えることができる質問や、2, 3語の言葉で答えることができる質問を指します（福原, 2007）。例えば、「メロンは好きですか？」「今日は晴れていましたか？」「テレビはよく見ますか？」などです。それに対して、開かれた質問とは、一言では答えにくく、相手に応答内容を預けている質問を指します。「メロンのどんなところが好きですか？」「晴れているときはどんなふうに過ごしていますか？」「その番組のどんなところが好きですか？」などです。開かれた質問のほうが相手の発話量が増えますし、誘導尋問にもなりにくいです。例えば、「〜君が怖かったのね？」という大人の問いかけに、「うん」と答えただけで、「〜君が怖かったとBくんが言っていました」と報告をしてしまう大人がいます。この場合、本当に〜君が怖かったのか、または質問した大人につられてとりあえず「うん」と答えてしまったのかがわかりません。その一方で、閉ざされた質問のほうが回答しやすい、回答までにかかる時間が短くて済む、不安や緊張が強い人にも答えやすいというメリットもあります。子どもによっては、自分の気持ちや体験をうまく言語化できない子もいるため、閉ざされた質問を活用することも必要となります。2つの質問のメリット・デメリットを理解して、意図的に使い分けていくことが求められるでしょう。

　このように、「きく」ということは普段無意識に行われていることですが、カウンセリング・マインドに基づいて話をきく、という文脈では意識的にその姿勢や態度、きき方を振り返ることが求められます。

11.2 心理療法における諸理論の紹介

前節で、一般的な「きく」ということについて説明したので、本節では臨床心理学や心理臨床における代表的な理論を紹介していきます。

■**クライアント中心療法**

1940から50年代にロジャーズ（Rogers, C. R.）が提唱した方法であり、現在「カウンセリング」という表現が用いられるときには、この技法を示していることが多いでしょう。**クライアント中心療法**では、クライアントは理想自己と現実自己が不一致の状態にあると考え、本来の自分を他者に受け入れられる体験をすることで、現実自己を見つめなおせるようになり、その乖離が解消されていくと考えます。また、クライアント自身が自ら成長していく力を有していることを信じており、非指示的なかかわりをするという特徴があります。クライアント中心療法におけるカウンセラーの条件としては、①**共感的理解**（あたかもクライアントが体験しているように、クライアントの体験に対して共感的な理解を示していること）、②**受容**（無条件に肯定的な配慮を示していること）、③**純粋性**（セラピストが人間として、自己一致していること）があげられます。クライアント中心療法においては、クライアントとカウンセラーに上下関係はなく、カウンセラーはクライアントに「こうしたほうがよい」といったアドバイスはせず、クライアント自身が自分の問題や状態に気づけるように促していきます。

例えば、以下の会話を見てみましょう。

【会話例①】

先生：最近、元気がないんじゃないか。どうかしたのか。
生徒：先生、実は、友達のA子とうまくいかなくて。私のこと無視していると思うんだよね。
先生：あー、A子は塾が始まって忙しいから、余裕がないんじゃないか。気のせいだよ、無視してるとか。
生徒：そっかー。はーい。

11.2 心理療法における諸理論の紹介

【会話例②】

先生：最近，元気がないんじゃないか。どうかしたのか。

生徒：先生，実は，友達のA子とうまくいかなくて。私のこと無視していると思うんだよね。

先生：そうかぁ。無視されるって思っているのか。（生徒：うん……）なんだか，すっきりしないように見えるな。

生徒：うーん。A子，忙しそうだから，別にいいんだけど。挨拶くらい笑顔でできたらいいなと思うんだよね。

先生：挨拶くらい笑顔でできたらいいな，と。

生徒：そう。今朝はぶすっとしてたから。でも，私もちゃんと声かけてなかったからいけないのかも。気にしすぎかもしれない。明日はちゃんと声かけてみる。先生ありがとー。

　会話例の①と②を比べてみると，最初の生徒の発言は一緒ですが，会話例①では，先生が自分の考えを一方的に押しつけてしまい，結局，この生徒が何を気にしているのか，今後どうしたらいいのかについて解決できていません。生徒も相談する気がなくなっています。一方で，会話例②では，先生側から何もアドバイスはしていませんが，結果的に，生徒は自分のもやもやは，今朝のA子の対応を見て気になっていたということがわかり，自分で解決策を考えだして，先生にもお礼を言っています。会話例②をよく見ると，生徒のしんどさへ「共感」しており，また生徒の気持ちについて「反射」し，教師が生徒の気持ちをきちんと理解していることを伝えています。このようにこの教師が自分を理解し，また自分の考えを「気にしすぎ」と決めつけて否定したり適当に対応したりすることなく接してくれたおかげで，生徒自身の自己理解が深まっています。

　クライアント中心療法で用いられる方法や基本的な姿勢は，前節で述べたカウンセリング・マインドと重なる部分が多いでしょう。もちろん，クライアント中心療法が心理療法の一つとして用いられているときには，何かしらの症状や問題を抱えている人を対象として，その軽減を目的に行われることが多いです。「カウンセリング」という言葉はどちらかというと，その人の自己成長を

促すような関わりを行うときに用いられます（大芦，2008）。こうした用語の違いは学校現場で用いるときにはほとんど意味がないかもしれませんが，クライアント中心療法が示している，カウンセリング・マインドにも通じる姿勢は，学校現場で，児童・生徒の悩みを聞く場面における基本的な態度を示してくれている，と考えてよいでしょう。

■**認知行動療法**

　認知行動療法という言葉を聞いたことがある人は近頃多くなってきたのではないでしょうか。現在一部の疾患で保険診療が認められ，さまざまな症状に対して有効性が確認されている心理療法の一つです。「認知療法」「行動療法」は認知行動療法と区別して用いることもありますが，最近では認知行動療法と総称して述べられる場面も増えてきました。**認知行動療法**とは，学習理論を基盤として，ある望ましくない行動を巡る悪循環を解消していくためのアプローチのことを示します（鈴木と神村，2005）。ここで示す「行動」の中には，私たちがイメージする体の動きや動作だけではなく，発声や情動反応，各種の生理的反応，頭の中での情報処理活動など生物が取りうる反応全般を示しています。そして，認知行動療法では，どんなきっかけがあり，それにどう認知・行動・感情・身体が反応し，その結果何が起きるのか，を丁寧に分析し，悪循環の解消を目指していきます。例えば，ある問題が持続しているときに，その問題を巡ってどんな悪循環が生じているのか，図 11.1 のように分析をしていくこと

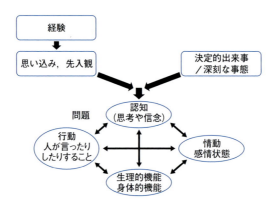

図 11.1　認知行動療法における問題の発展モデル（ウエストブルックら，2011）

で解決の糸口が見つかることもあります。

1. 認知(考え方)を扱う——認知再構成

　認知療法は，ベック(Beck, A. T.)によって提唱された方法です。ベックはうつ病に特有の考え方，認知のゆがみを発見し，その転換を促すような介入を行うことで，うつ症状が改善するのではないかと考えました。同じ出来事に対しても，人によってとらえ方は異なります。例えば，担任が「もう忘れ物をしないようにしなさい」と話したときに，A子は「自分のことを思って先生は言ってくれている。次からは気をつけよう」ととらえるのに対して，B子は「先生に嫌われてしまったに違いない。私はおしまいだ」ととらえたとします。では，その後にそれぞれに生じる感情や行動はどのように変化するのでしょうか。A子は，少し注意されて怖いと感じたけれど，前向きな気持ちになったかもしれません。帰ってからさっそく荷物の整理に取り組みだすかもしれません。一方で，B子はどんな気持ちになったでしょうか。怖いという気持ちや緊張，不安などネガティブな気持ちが生起した可能性があります。荷物の確認をするどころか，学校にもう行きたくないと親に打ち明けるかもしれません。このように，人の「考え」が「気持ち」や「行動」にどのように影響しているのかを検討し，より合理的で有益な考え方を会得できるように促していく方法を認知療法といいます。ベックは，うつ病患者にある一定の否定的な認知が存在することを発見し，その変化を促すように積極的に関わることの効果を実証しました。

　具体的な方法を見てみましょう(図11.2)。図11.2は7つのコラム法といわれています。あるネガティブな感情が生起した状況に対して，「状況(誰と一緒にいたか，いつ，どこで，何をしていたか，など)」「気分(%)」「自動思考(そのとき浮かんだ考え・イメージ)」「根拠(自動思考を裏づける事実)」「反証(自動思考に反する事実)」「適応的思考(代わりとなる考え)」「その後の気分(%)」が書かれています。このように，自分が今まで無意識に影響を受けていた自動思考を客観的に見直すだけでなく，自分のその思考への反証や新しい考え方をすることで，どのように気持ちが変化するのかを理解することを促します。

　こうした認知療法を学校現場できっちりと行うことは難しいと思いますが，

状況	友達と授業で同じグループになることができなかった。
気分 (0-100%)	悲しい（90%），怒り（80%）
自動思考 (そのとき浮かんだ考え・イメージ)	・私のことが嫌いなんだろう。 ・クラスに友達もいなくて独りぼっちだ。 ・友達ができてもすぐに嫌われる。
根拠 (自動思考を裏付ける事実)	・相談せずに，他の子とグループを組んでしまった。 ・最近放課後遊ばなくなった。 ・休み時間に声をかけてくれる友達が減った。
反証 (自動思考に反する事実)	・自分もすぐにグループを組む友達は見つかった。 ・今朝普通に挨拶をしに来てくれた。 ・席が離れてしまってから，声をかけてもらえなくなった。 ・最近塾が始まって忙しいと話していた。
適応的思考 (代わりとなる考え)	・すぐにグループを組む友達が見つかったし，他の友達と仲良くなるいい機会。 ・嫌っていたら挨拶もしないだろう。最近忙しいから遊べないだけかもしれない。 ・席が近い友達とグループを組むのは自然なことだ。
その後の気分 (0-100%)	悲しい（30%），怒り（20%）

図 11.2　7つのコラムの記入例（藤澤と大野, 2005を参考に作成）

何回同じことを話しても，ネガティブにとらえてしまう児童・生徒に出会ったときに，その思考を理解するために用いることができるでしょう。

2. 行動を主に扱う——曝露療法

行動療法は行動主義を背景としており，ある目に見えて測定ができる「行動」というものを介入の対象とします。代表的な技法に，**曝露療法**というものがあります。私たちがあるものを「恐怖」と感じるのは，生きていく上では適応的な側面もあります（ライオンを目の前にして恐怖を感じないのはむしろ危険でしょう）。一方で，恐怖を感じる必要がない対象に対してまで過度な恐怖を感じ，生活に支障が生じた際には援助が必要となります。こうした本来感じる必要のない恐怖を体験するのは，その刺激と「恐怖」という感情を同時に体験し，その刺激を「恐怖」と結びつけて学習したからだと考えられます。例えば，みんなの前で発表することが怖い，という生徒がいたとします。もしかし

たらその生徒は以前，同じように集団の前で発表したときに失敗して笑われたことがあったかもしれません。そうではなくても，よくお母さんに「失敗しちゃだめよ」といわれてきたので，失敗してしまうことが怖くて，みんなの前に立てないのかもしれません。このように，「みんなの前で話すこと」が何らかの原因で「恐怖」と結びつけられてしまっています。曝露療法では，こうした状態で，「みんなの前で話すこと」をしても，「怖くない」という体験をしていきます。例えば，あえて，みんなの前で話をしてみたり，家族の前で練習をしてみたりして，成功体験を積ませるように促したりします（図 11.3）。このプロセスの中で，「失敗してしまうかも」という恐怖感が，ある程度時間が経過することで軽減していくこと（馴化）を学ぶことも必要です。すると，今まで逃げることでしか対処できていなかった恐怖感に対して，より適応的な方法で立ち向かうことができるようになります。言葉にすると簡単ですが，実際には怖がっている生徒に怖いと思っていることをさせるため，とても難しいことです。そのため，少しずつできそうなことからスモールステップを踏んでいき，「みんなの前で話しても，大丈夫だった」という経験を積んでもらうことを目指します。このように，具体的な行動変容を目的として，実証された理論に基づいた介入方針を立てていくのが行動療法です。認知行動療法に分類される技

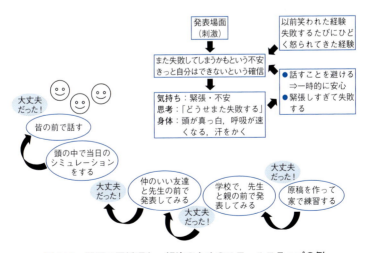

図 11.3　問題の悪循環と，解決のためのスモールステップの例

法の中でも，ソーシャルスキルトレーニング，アサーション・トレーニング，リラクセーショントレーニングなどは学校現場でもしばしば活用されている方法です。

3. 家族療法

　家族療法という言葉は聞きなれない読者も多いと思います。中釜（2010）は従来の個人療法との違いを以下のように述べています。「従来の個人を対象とした心理療法では問題を抱えた個人を心理治療や援助の対象と捉えて，家族はその背景にあるものだと捉えています。それに対して家族療法は，家族というひとまとまりを治療や援助の単位と捉えたり，家族メンバー間の相互作用や結びつきの様態を問題形成やその維持に積極的役割を果たすものとして重要視するセラピーである」（p.24）。簡単に述べると，家族療法では，個人に問題を帰属させず，家族全体で生じている問題を維持する悪循環などに注目し，できるところからその変化を促すことで，結果的に家族内の個人も変化していくと考えています。

　家族療法の理論や技法をここで詳しく述べることは避けますが，代表的な考え方として，円環的因果律という考え方を紹介します（詳細に関心がある方は，平木と中釜（2006），中釜（2010），日本家族研究・家族療法学会（2013）などを参照して下さい）。私たちは，ついつい物事を直線的因果律（Aが原因，Bが結果）としてとらえがちです。しかしながら，実際には，結果もまた何かの原因となっていたり，ある出来事は，原因と結果の連鎖の中で生じている一部分だったりします（図11.4）。図11.4の右上の図を見てみましょう。下の矢印だけに注目すると，Aが原因でBが結果という，直線的因果律の考え方と同じように見えます（破線部）。けれど，全体を見てみると，Bもまた原因であり，結果でもあることがわかります。この考え方に基づいて問題をとらえることで，誰か（何か）に問題を帰属させたり，個人に対してのみアプローチを続けるという考え方から解放されることができます。つまり，問題の悪循環がどのように起きているのかを検討し，できる部分から変化を促していくことを目指していきます。

　学校臨床における家族療法に基づいた支援の必要性について，吉川（2013）

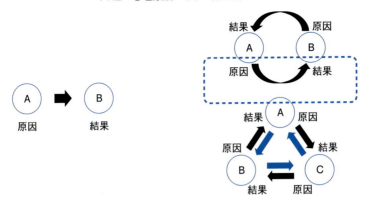

図11.4 左が直線的因果律，右が円環的因果律（平木と中釜，2006より作成）

がまとめています。吉川（2013）によれば昨今，学校現場で生じている問題は，個人の視点だけでは解決が難しいものが増えてきています。例えば，「不登校」や「家庭内暴力」などは，いずれも家庭内で起きていることの影響が大きく，必然的に「保護者対応」や「家族との連携」が必要となるでしょう。児童・生徒を直接的に指導するだけではなく，家庭での問題にまで踏み込んで児童・生徒の指導を行う必要性が生じてきています。このときに，家族療法の視点を活用することができるでしょう。

例えば，ある子どもへの保護者の対応を依頼する場合，子どもへのかかわりを，ただ子どもの援助の一環としてアドバイスすると，「そんなことはできない」「うちの子にはきかない」などの反発が生じることもあります。しかし，家族個々人の思いや考えを加味して，そもそもどのようなコミュニケーションや相互作用が家族で起きているのかを検討していくことで，誰もが納得できる介入可能なポイントを見つけて，具体的にアプローチしていくことができることはしばしばあります。こうしたシステムで物事をとらえるという姿勢は，学校と家庭の連携や，地域と家庭の連携を促す際にも活用できるでしょう。時折，学校と保護者が対立するときもありますが，「～が悪いから，対立している」と考えるのではなく，何が起きているのかを分析していくことで，その糸口がほどけることもあります。こうした家族という視点で児童・生徒の悩みを見返してみることは今後ますます求められていくでしょう。

11.3 学校現場での支援

ここまでは，臨床心理学や心理臨床の領域の理論について紹介してきました。これらを枠組みとして活用しながら，実際には臨機応変に児童・生徒の対応にあたっていくことと思います。そこで，本節では学校現場で行われることの多い実践について，具体的に紹介していこうと思います。

■予防的援助

1次予防，2次予防，3次予防という考え方をご存知でしょうか。1次予防とは，積極的予防のことを意味します。この段階では健康な人も含めたすべての人を対象に，そもそもの「問題予防」を行います。例えば医学の枠組みだと，健康を促すための食生活や運動の啓発や，予防接種の実施などです。学校という場では，楽しい学校づくり，誰でも理解ができる授業づくりがあげられるでしょう。実際に，平成28年に文部科学省が提示した通知では，「不登校が生じないような学校づくり」として，「魅力あるよりよい学校づくり」をあげています。2次予防では，問題の「早期発見・早期介入」を行い，問題の"悪化"を予防します。問題を早期発見するためにはスクリーニングのための質問紙や健康診断などが行われます。そして問題が大きくなる前に，早期治療が行われます。学校では，いじめを発見するためのアンケートが行われたり，教師と生徒での面談が行われたりします。もしそこで児童・生徒の悩みに気づいたり，いじめを発見したりしたら，問題が大きくなる前に即時に介入します。3次予防では，「問題による機能障害の防止と社会復帰」を促します。例えばリハビリテーションなどがここに含まれます。学校現場での例では，不登校やいじめにあい傷ついた児童・生徒が，後々の集団生活への適応で障害を被らないように，スクールカウンセラーによる面談を実施したり，担任などが味方であることを示したり，学習面の個別対応をしていくことなどがあげられます。この枠組みで考えると，問題が発生する前からできることもたくさんあることがわかります。

こうした予防的取組みの中で，小学校や中学校で取り入れられている**ストレスマネジメント**の活動と理論を紹介します。藤原（2010）では，ストレスマネ

ジメント教育を①ストレスの概念を知る，②自分のストレスに気付く，③ストレス対処法を習得する，④ストレス対処法を活用する，という4つのステージに分けて紹介しています．

　ストレスの心理学的理論で有名なものに，ラザルスらの理論があります．この理論では，人はストレッサーとなりうる刺激を受けたときに，まず，そのストレスが自分にとってどんなものか（有害か無害か）を判断します．そして自分自身にとってそのストレッサーが脅威と認知された場合，ストレス反応が生じます．それを何とかしようとして，人は何らかの対処行動（コーピング）を行います．そのコーピングがうまくいったときに，ストレス反応を軽減させることができます．こうしたプロセスを理解すると，ストレッサーはそもそも悪いものだけではないこと，そしてストレスフルな環境におかれたとしても，うまく付き合っていくことが大事であることがわかります．藤原（2010）も①の段階として，こうしたストレスの発生プロセスと付き合い方が大事だという点を学ぶと述べています（図11.5）．

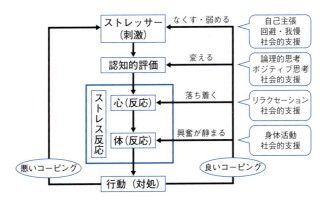

図11.5　ストレス発生のプロセス及び各段階のコーピング（藤原，2010）

　②の段階では，自分のストレスに対する気づきを深めます．自分にとって刺激となるストレス状況とはどのようなものか，自分の心身への影響としてどのような反応が起こるのか，どのような対処方法を行っているのかを理解します．③の段階で，ストレスに対してどのような対処をすることができるのかを知ります．④は実際に活用してみる段階です．こうした体系的な段階を経たプログ

ラムで有効性が検証されているものもいくつかあります。この中の要素をいくつか導入してみるのもまずは現場でできることでしょう。例えば、ストレス対処法を扱った学校だよりや保健だよりを配付してみることで、児童・生徒のストレスへの気づきを高めるかかわりができるでしょう。アサーション（自分の気持ちをなるべく率直に、場に適した方法で伝える自己表現）の練習を総合の授業に取り入れることもできるかもしれません。

平成25年（2013年）度に内閣府が行った小・中学生の調査から、「悩みや心配なことはない」と回答した児童・生徒は全体の4割弱であり、中学生では3割以下となります。特に、勉強や進学について悩んだり心配に感じる児童・生徒は中学生の6割を超え、多くの児童・生徒が悩んでいることがわかります（内閣府（2016）「平成25年度　小学生・中学生の意識に関する調査」より）。こうした悩みをもつことは悪いことではありませんが、それが過度にならないように、積極的にストレスマネジメントの考え方を導入することが必要だといえます。

■不登校

「不登校」という言葉は多くの人が知っていると思います。文部科学省が毎年行っている学校基本調査によれば、長期欠席者数として、年間30日以上欠席したものを調査しており、そのうち、「不登校」に該当するのは、「『病気』や『経済的理由』以外の何かしらの理由で、登校しない（できない）ことにより長期欠席した者」としています。図11.6に、不登校とされる児童・生徒の数を示しました。平成25年度では、小学校では2万4,175人（全体の0.36％）が、中学校では9万5,442人（2.69％）が不登校であり、いまだ高い水準にとどまっています。

では、こうした不登校経験者はその後、どのような進路をたどるのでしょうか。平成18年度に中学3年生に在籍し、学校基本調査において不登校と計上されたものを対象に、5年間の追跡調査が行われ、その結果の報告がなされています（文部科学省，2014）。その結果では、高校進学率は85.1％、中退率は14.0％であり、平成5年度からの追跡調査と比較して大幅に改善していることが報告されています（平成5年度からの追跡調査では、進学率65.3％、中退率

11.3 学校現場での支援

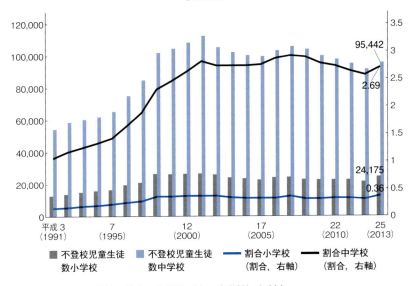

図11.6 不登校の児童・生徒数（小・中学校）と割合
（「平成27年版子ども・若者白書」（内閣府，2015）より筆者作成）

37.9％）。

また，高等専門学校への進学率も22.8％であり，平成5年度に行われた調査の結果（8.5％）からは大幅に向上していました（「不登校に関する実態調査〜平成18年度不登校生徒に関する追跡調査報告書」（文部科学省，2014））。こうした数値の改善は，不登校に対して，誰にでも生じうる問題であると認識し，その生徒の「学校への登校」を目的とするのではなく，主体的に進路を選択し，成長していくことを促す支援を求めるようにされてきたことが背景としては考えられます。

また，高校への進学率が大きく改善している背景には，小学校・中学校において支援が充実してきたことが背景としてあるでしょう。不登校への対応の際に重視されることとして，「本人の成長にとって必要な時期だと考え，焦らせない」けれど，「学校との接点は何らかの形で保つ」ということです。このバランスが難しいといえます。しばしば児童・生徒への対応で悩むこととして，「登校刺激を出していいのか」という疑問があげられます。担任の教員から積極的に学校に来るように促したり，家庭訪問をしたり，同級生から手紙を書い

たりした方がいいのかどうか,悩む先生も多いでしょう。この判断は児童・生徒の**アセスメント**を丁寧に行うことでなされます。

　アセスメントとは,医学的な診断をすることとは異なり,その児童・生徒がおかれている状況を,本人の主観的な体験も含めて理解していくことです。定義の仕方は場面によって異なりますが,ここでは「ある人の状態について,さまざまな方法を用いて多角的に情報を収集し,その背景・プロセスを理解して支援への道筋を立てていくこと」とします。不登校に対しては,前項で紹介した認知行動療法が有効性を確立させつつある方法の一つといわれています。マニュアルが邦訳されているものとして,カーニーとアルバーノ（2014）があげられます。カーニーらは,不登校の個々の事例の背景が多様であるため画一的な対応が難しいことを述べた上で,「機能分析」(ある行動や事象が継続されているときに,その行動が有する機能を探る方法。認知行動療法でしばしば用いられる技法の一つ）の重要性を指摘しています。カーニーら（2001）では,機能分析の結果に基づいて,不登校の有する機能を,①不安などのネガティブな感情が喚起する状況への回避,②社交や評価が生じる場面への回避,③特定の他者からの注目,④学校外での明確な報酬の存在,の4つの類型に不登校を分類し,それぞれへの対応を示しています。①,②の場合は,それぞれの不安の状況を明確化した上で,児童・生徒本人へ不安の性質についての心理教育,段階的な曝露療法,認知再構成やロールプレイなどを行います。③の場合には,保護者（または重要な他者）の関わりを変えていきます。登校をしぶることで,保護者がかまってくれたり,周りに注目してもらえることを学習してしまえば,その不登校状態は長引くこととなります。そうではなくて,登校行動に対してより保護者が注目したり,報酬を与えるように工夫していきます。④のときは,家族にも積極的に参加してもらいます。例えば学校外での友達からの誘いの断り方を学んだり,学校やクラスへ送り届けるのかをどうすべきか検討したりしていきます。カーニーらの方法は一つの例であり,日本においても有効かはまだわかりませんが,不登校である児童・生徒に遭遇したときに,どうしてその不登校という状態が維持されてしまっているのかを検討していくことは,どんな事例であっても重要でしょう。なお,具体的な事例については,p.230のコ

ラムを参照して下さい。

11.4 チームで児童・生徒を支える

　ここまでは，学校である教員が生徒にかかわる際の視点について紹介してきました。しかし，学校という場では，一人の教員が個人に割ける時間は限られており，一人で対応するには限界があります。現在では，さまざまな機関のさまざまな職種が協力して，児童・生徒の悩みの解決に取り組んでいます。その仕組みの概要を紹介して本章を終えようと思います。

■校内の教育相談体制

　昨今，子どもたちの抱える心理的困難について，その問題の複雑化がしばしば指摘されています。担任が一人ひとりの児童・生徒に向き合うことはいうまでもなく重要なことですが，担任だけですべての児童・生徒を支えることは困難になりつつあります。校内・校外で，いかに連携関係を構築できるかが重要となってきます。

　教育相談の組織は学校によって異なります。ですが，一般的に各学校に1名ほど，教育相談主任を校務分掌で担っている先生がいます。学校は教科指導と生徒指導が主に行われる場ですが，教育相談はそのうち生徒指導に位置づけられます。大芦（2008）は，その主な活動内容として，①児童・生徒に関する計画的・組織的な資料の収集，②教師が教育相談活動を円滑に行うためのバックアップ，③広報活動，④個々のケースに関する調整（学内・学外の連携），などをあげています。必要に応じて，保護者や児童・生徒の相談に乗ることもあるため，カウンセリング・マインドに基づいた対応が求められたり，一定程度の臨床心理学・精神医学の知識が求められることもあります。

　また，他に校務分掌に位置づけられている役割として，「特別支援教育コーディネーター」の存在があげられます。特別支援教育が導入されたことに伴って，発達障害やその傾向をもつ児童・生徒に対して，その認知特性に応じた支援が求められるようになりました。特別支援教育コーディネーターは，そうした児童・生徒の支援のために，学外の連携機関や保護者との窓口的役割を担っ

たり，学校内の職員と学外の専門機関との連携を調整するような役割を担ったりします。特別支援教育コーディネーターと教育相談担当が兼任されていることもしばしばあります。保護者や担任からの情報を受けて，児童・生徒ごとの個別の支援計画を立てたり，校内委員会を開催したり，その業務は多岐にわたります。

　こうした学内の教職員が担う役割のほかにも，他領域の専門家が学内で勤務し，教職員と連携をとることも増えてきました。その代表的な職種に，スクールカウンセラー（以下，SC）があげられるでしょう。SC は 1995 年度に文部科学省（当時，文部省）によって実施された「SC 活用調査研究委託事業」により中学校への配置が決まって以降増加の一途をたどっています。SC の役割について明確に省令で定められるきっかけとなった報告書に，「児童生徒の教育相談の充実について」（教育相談等に関する調査研究協力者会議，2017）があります。そこでは，SC の職務について，「心理に関する高度な専門的知見を有する者として，不登校，いじめや暴力行為等問題行動，子供の貧困，児童虐待等の未然防止，早期発見及び支援・対応等や学習面や行動面で何らかの困難を示す児童生徒，障害のある児童生徒・保護者への支援に係る助言・援助等のため，これらを学校として認知した場合や災害等が発生した場合等において，様々な技法を駆使して児童生徒，その保護者，教職員に対して，カウンセリング，情報収集・見立て（アセスメント）や助言・援助（コンサルテーション）を行うとともに，全ての児童生徒が安心した学校生活を送ることができる環境づくり等を行うことが求められる」としています（下線筆者）。実際に学校現場では週 1 日程度しか来校しない SC よりも，教員や保護者のほうが日々児童生徒と接していることが多いため，情報共有と観察に基づいた，対応方法についてのコンサルテーションを行うことが中心業務となります。また，SC とは別に，福祉の専門家として，スクールソーシャルワーカーの配置も整備されつつあります。

　こうした校内のさまざまな専門家・教員の連携によって，児童・生徒の支援は行われています。

■校外との協力体制

児童・生徒の抱える問題の深刻化に伴って，校内で連携をしていても，対応できないような事例も増えてきています。校外の専門機関・相談機関といかに連携をとれるかが，今後ますます重要視されていくことでしょう。小・中学校の段階で連携がしばしばなされるのは，地区町村の教育相談，子ども家庭支援センター，児童相談所，教育支援センター（適応指導教室），医療機関などがあげられます。これらすべての組織について，赴任した学校ではどのように連携をしているのか知っていることも重要です。その中でも，特に学校の出席日数などとも関係するので，教育支援センター（適応指導教室）の実情について，ご紹介したいと思います（以下は，教育支援センターと表記）。

教育支援センターの役割については，平成16年（2004年）度に不登校への対応の施策の一つとして推進されました。平成27年（2015年）の調査では，おおよそ6割の自治体に設置されています（文部科学省「教育支援センター（適応指導教室）に関する実態調査」）。多くの自治体で，心理的な要因で不登校となった児童・生徒を対象としており，適応指導教室へ通所した日数が出席日数としてカウントされるという制度を取り入れています。退職した教員や心理職などがスタッフとして対応するため，学級に戻るのはハードルが高いが，勉強はしたい，という場合や，まずは居場所を確保するために通うという場合もあったりします。同上の平成27年の調査によれば，学校復帰率は小学校で約44％，中学校で約39％，高校で約68％となっています。8割弱の施設が学校復帰を目標としてはいますが，その一方で，「学級復帰」だけではなく，「社会に出たときに自立できること」を目標とした支援も求められています。例えば，中学校には登校することができなかったとしても，こうした教育支援センターなどに通い，同年代の友人を作り，学業に取り組んでいき，高等学校では志望校に合格して通学できる，という子どもも多くいます。不登校になった後の選択肢も増えてきている時代だといえるので，教員自身の視野が狭まらないようにすべきでしょう。

以上のように，児童・生徒の悩みへの対応は，個々の対応の丁寧さはもちろんのこと，学内・学外と連携をしながら行っていくことが求められるでしょう。

さらに読み進めたい人のために

大芦　治（2016）．教育相談・学校精神保健の基礎知識　第3版　ナカニシヤ出版

　教育相談の仕組みから臨床心理学・教育心理学の基礎理論まで，幅広い知識が概説されているため，初学者がまず読む本としておすすめです。

下山晴彦（編）（2009）．よくわかる臨床心理学　改訂新版　ミネルヴァ書房

　今回紹介した内容は臨床心理学のさまざまな理論が関係しています。それを網羅的にまず知りたい方は本書を手にとっていただき，関心のある領域についてさらにさらに読み進めていくとよいと思います。

神村栄一（2014）．学校でフル活用する認知行動療法　遠見書房

　「学校現場では心理学の理論が使いにくい」と感じている人や，「認知行動療法は学んだけど，学校現場に入ると使えない」という人に，解決志向のアプローチを具体的にどう学校現場で活用するかが示されています。実践をしている人向けなので，やや応用的ですが，実際の応用で悩んだ方にはおすすめです。

コラム●不登校への対応

　不登校への対応というと，以前は「学校へ行くようにうながさないほうがいい」「そっと見守っておいたほうがいい」などといわれていました。けれど，不登校の数は増加し続けていたこともあり，現在では，「不登校の児童・生徒の社会的自立に向けて，積極的に関わること」の重要性が提言されています。ひとくくりに「不登校」といっても，状態は一人ひとりで異なることは，本章で紹介してきました。大切なのは一人ひとりの児童・生徒のことを考えて，適切なタイミングで，適切なスモールステップを提示してあげることだと考えられます。その理解のために，以下の2つの事例を比較してみましょう（いずれの事例も創作です）。

　A子さんは小学1年生の女の子です。保育園の頃は問題は全くなく，1学期のはじめの頃は普通に登校していました。しかし，ゴールデンウィーク明け頃より，「学校に行きたくない」と言うようになり，母親が学校まで送らないと登校しなくなりました。ある朝，「もう絶対に行きたくない！」と言って，母親が付き添っても登校ができなくなりました。学校で何か嫌なことがあったか聞いてみたところ，「お母さんといたい。学校には嫌なことはない」と話したといいます。こうした報告を保護者から受けたとしたら，あなただったらどう対応しますか？

「お母さんといたいのだから，いさせてあげよう。あのお母さんは仕事が忙しくてなかなか一緒に過ごせない様子だし……」と考えて，一緒にいるように伝えますか？

　こうした事例の場合，不登校という状態はどのような機能をもっていると考えられるでしょうか。例えば，「親の注目をひくことができる」「学校にいるよりも家のほうが気楽」などが考えられるでしょう。こう考えると，「学校に行っていても親の注目をひくことができる」「学校が楽しいと感じられる」という取組みによって，不登校のもつ機能を軽減させることができるでしょう。学校で友達といるときに，いい子にしすぎて自分を押し殺している様子はありませんでしたか？　先生に怒られないように顔色を伺って過ごしているうちにつかれてしまっていた可能性はありませんか？　もちろん，A子さんの場合，母親と過ごす時間も必要です。けれど，学校自体への不安感が強くない段階であれば，「長期の欠席に伴い，学校に行くことへの不安が増す」という事態を避けるために，問題を解消させてあげるほうが望ましいこともしばしばあります。ケースバイケースで対応は変わりますが，例えば，こうした生徒に出会った場合には，以下のように対応します。①母親は，帰宅後にしっかりと関わったり，登校回数が多かった週末には好きな場所に一緒に出かけたりする，②学校での安心感を増すために，担任の先生が声かけをしたり，玄関まで迎えに行ったりして安心させる，③友達とのかかわりを増やし，学級の居心地をよくする，④学級全体に不必要な叱責などしていなかったか内省する。こうした対応を試してみることができます。このA子さんの場合，保護者とスクールカウンセラー，担任での話し合いを経て，①～④の対応をしたところ，2カ月ほどで完全に登校しぶりの訴えがなくなりました。

　では，不登校が長期化している場合はどのように対応すればいいのでしょうか。中学校2年生のB子さんは小学4年生のときの友達とのトラブルをきっかけに，学校に行けなくなりました。小学生の間は週に2回ほど，別室で授業を受け，給食を食べて過ごしていました。中学校では，B子さんの希望で越境しての進学となりました。けれど，中学入学後も，「人が怖いから行きたくない」と話しています。ちょうど，B子さんが学校に行かなくなった時期は祖父が倒れた時期とも重なり，B子さんの母親は仕事をやめて，祖父の介護で多忙となった時期でもありました。B子さんはよく母親を手伝っていました。母親も「学校に行きなさい」と話してはいますが，B子さんが家にいて手伝ってくれると，楽だなぁとつ

い思ってしまいます。こうした生徒の担任となったときに、どのように対応するのがよいでしょうか。

　思春期に入ると、大人の言うことに従うのではなく、自分の意志で行動できる児童・生徒が増えていきます。仮にB子さんの家に担任としてあいさつに行って、「学校に行こう」とただ声をかけてもおそらくあまり意味はないでしょう。学校に行く必要があるのはわかっているけれど、さまざまな事情が重なって行くことができないB子さんには、理解してもらえないとすら思われてしまうかもしれません。

　この事例の難しいところは、①祖父の介護という家族の危機がB子さんの状態を維持していること、②B子さんが「人が怖い」という体験をしたクラスメイトはもう学校にはいないけれど、怖いという気持ちが続いてしまっていること、③不登校が長期化しているため、学業の遅れが懸念されること、があげられるでしょう。もしもB子さんが一時的に登校復帰できたとしても、いざクラスに入ったら、「怖い」と感じて、緊張してしまい、クラスメイトと会話もできないかもしれません。また、実際に授業に出てみて、小学校と中学校のギャップに驚き、挫折感を覚えたり、「やっぱり学校には行けない」と思ってしまうかもしれません。こうした事例の場合、まず、B子さん自体がどうしたいのかに気がつくためのカウンセリング（教師、スクールカウンセラーや教育相談など）を行いながら、本人が主体的に動いていけるように働きかけます。学習への意欲を取り戻したら学習支援の体制（家庭学習の支援、別室での取り出し授業など）を組んだり、家族のことが心配だと語られたら、福祉援助を受けられるように家庭支援センターなどとの連携を行ったりすることもできるでしょう。こうした事例を理解するときには、もちろん登校復帰は視野に入れつつも、卒業した後に、B子さんが家族のためだけではなく自分のために生きていけるような支援が求められます。

　以上の2つの事例を比較すると、一言に「不登校」といっても、まず、「何が不登校という状態を維持しているのか」「不登校という状態がどのような機能をもっているのか」を丁寧に考える必要があることがわかります。そのときに、原因やきっかけを理解することも大切ですが、それにとらわれ過ぎずに、（待つ、という対応も含めて）できることから行っていくことが大切でしょう。

引用文献

第 1 章

Bandura, A., Ross, D., & Ross, S. A. (1963). Imitation of film-mediated aggressive models. *Journal of Abnormal and Social Psychology,* **66**, 3-11.

Bower, G. H., Clark, M. C., Lesgold, A.M., & Winzenz, D. (1969). Hierarchical retrieval schemes in recall of categorized word lists. *Journal of Verbal Learning and Verbal Behavior,* **8**, 323-343.

Bransford, J. D., & Stein, B. S. (1984). *The ideal problem solver : A guide for improving thinking, learning, and creativity.* W. H. Freeman & Company.

Brodgett, H. C. (1929). The effect of the introduction of reward upon the maze performance of rats. *University of California Publications in Psychology,* **4**, 113-134.

Collins, A., Brown, J. S., & Newman, S. E. (1987). *Cognitive apprenticeship : Teaching the craft of reading, writing and mathematics.* Technical Report. Cambridge, MA : BBN Laboratories, University of Illinois.

Craik, F. I. M., & Lockhart, R. S. (1972). Levels of processing : A framework for memory research. *Journal of Verbal Learning and Verbal Behavior,* **11**, 671-684.

Köhler, W. (1917). *Intelligenzprufungen an Menschenaffen.*
　(ケーラー, W. 宮 孝一(訳)(1962). 類人猿の知恵試験　岩波書店)

Lave, J., & Wenger, E. (1991). *Situated learning : Legitimate peripheral participation.* Cambridge University Press.
　(レイヴ, J.・ウェンガー, E. 佐伯 胖(訳)(1993). 状況に埋め込まれた学習──正統的周辺参加──　産業図書)

中澤 潤(編)(2008). よくわかる教育心理学　ミネルヴァ書房

Murdock, B. B. (1962). The serial position effect of free recall. *Journal of Experimental Psychology,* **64** (5), 482-488.

Pavlov, I. P. (1927). *Conditioned reflexes* (translated by Anrep, G. V.). Oxford University Press.

Piaget, J. (1948). *La naissance de l'intelligence chez l'enfant* (2e éd). Delachaux et Niestlé.
　(ピアジェ, J. 谷村 覚・浜田寿美男(訳)(1978). 知能の誕生　ミネルヴァ書房)

Rogers, T. B., Kuiper, N. A., & Kirker, W. S. (1977). Self-reference and the encoding of personal information. *Journal of Personality and Social Psychology,* **35**, 677-688.

Schunk, D. H., & Hanson, A. R. (1985). Peer models : Influence on children's self-efficacy and achievement. *Journal of Educational Psychology,* **77**, 313-322.

Skinner, B. F. (1938). *The behavior of organisms : An experimental analysis.* Appleton.

Skinner, B. F. (1954). The science of learning and the art of teaching. *Harvard Educational Review,* **24**, 86-97.

Toth, E., Klahr, D., & Chen, Z. (2000). Bridging research and practice : A cognitively based classroom intervention for teaching experimentation skills to elementary school children. *Cognition and Instruction,* **18** (4), 423-459.

Vygotsky, L. S. (1962). *Thought and language.* New York, NY : Wiley.

Watson, J. B. (1913). Psychology as the behaviorist views it. *Psychological Review,* **20**, 158-177.

Watson, J. B. (1930). *Behaviorism.* Chicago, IL : University of Chicago Press.

Watson, J. B., & Rayner, R.（1920）. Conditioned emotional reactions. *Journal of Experimental Psychology*, **3**, 1-14.

第2章

Asimov, I.（1963）. 小尾信彌・山高　昭（訳）（1978）. 空想自然科学入門　早川書房

Chi, M. T. H.（1992）. Conceptual change within and across ontological categories : Examples from learning and discovery in science. In R. N. Giere（Ed.）, *Minnesota studies in the philosophy of science*（vol. 15）: *Cognitive models of science*（pp. 129-186）. University of Minnesota Press.

Clement, J.（1993）. Using bridging analogies and anchoring intuitions to deal with students' preconceptions in physics. *Journal of Research in Science Teaching*, **30**, 1241-1257.

伏見陽児（1978）. 幼児における「動物の繁殖形態」把握の実態　日本保育学会第31回大会研究論文集，168-169.

伏見陽児（1991）. 科学的文章教材の学習に及ぼす焦点事例の違いの効果　読書科学，**35**, 111-120.

伏見陽児・麻柄啓一（1986）. 図形概念の学習に及ぼす発問系列の違いの効果　東北教育心理学研究，**1**, 1-9.

伏見陽児・麻柄啓一（1993）. 授業づくりの心理学　国土社

細谷　純（1976）. 課題解決のストラテジー　藤永　保（編）思考心理学（pp. 136-156）大日本図書

細谷　純（1983）. プログラミングのための諸条件　斎賀久敬・新田倫義・三浦香苗・佐伯胖・吉田章宏・細谷　純　講座現代の心理学3　学習と環境（pp. 299-388）　小学館

細谷　純（2001）. 教科学習の心理学　東北大学出版会

市川伸一（1995）. 学習と教育の心理学　岩波書店

板倉聖宣・上廻　昭（1965）. 仮説実験授業入門　明治図書

板倉聖宣・渡辺慶二（1974）. 仮説実験授業記録集成4　ものとその重さ　国土社

麻柄啓一（2006a）. 第1部解説　麻柄啓一・進藤聡彦・工藤与志文・立木　徹・植松公威・伏見陽児　学習者の誤った知識をどう修正するか――ル・バー修正ストラテジーの研究――（pp. 91-95）　東北大学出版会

麻柄啓一（2006b）. 第4部解説　麻柄啓一・進藤聡彦・工藤与志文・立木　徹・植松公威・伏見陽児　学習者の誤った知識をどう修正するか――ル・バー修正ストラテジーの研究――（pp. 229-234）　東北大学出版会

麻柄啓一・伏見陽児（1979）. 学習者のル・バー所有の有無が学習に及ぼす影響　日本心理学会第43回大会発表論文集，565-566.

麻柄啓一・伏見陽児（1982）. 図形概念の学習に及ぼす焦点事例の違いの効果　教育心理学研究，**30**, 57-61.

麻柄啓一・進藤聡彦（1997）. 経済領域における大学生の不適切な認識とその発生機序　千葉大学教育学部研究紀要，**45**（1），21-29.

McCloskey, M., Washburn, A., & Felch, L.（1983）. Intuitive physics : The straight-down belief and its origin. *Journal of Experimental Psychology : Learning, Memory, and Cognition*, **9**, 636-649.

西林克彦（1994）. 間違いだらけの学習論――なぜ勉強が身につかないか――　新曜社

西大条幸子（1972）. 重さ（小4）　極地方式研究会（編）極地方式の授業72　評論社

小野寺淑行（1995）．学習の過程　宇野　忍（編）授業に学び授業を創る教育心理学　中央法規出版
大田　堯（1984）．なぜ学校へ行くのか　岩波書店
Posner, G. J., Strike, K. A., Hewson, P. W., & Gertzog, W. A.（1982）. Accommodation of a scientific conception : Toward a theory of conceptual change. *Science Education*, **66**, 211-227.
進藤聡彦・麻柄啓一（2006）．ル・バーとは何か　麻柄啓一・進藤聡彦・工藤与志文・立木　徹・植松公威・伏見陽児　学習者の誤った知識をどう修正するか――ル・バー修正ストラテジーの研究――（pp. 1-17）　東北大学出版会
高橋金三郎（1974）．極地方式による授業の研究（pp. 114-116）　評論社
吉永いずみ・田中宏太郎・麻柄啓一（1984）．児童の角度概念に関する教授心理学的研究　千葉大学教育学部研究紀要, **32**, 1-23.

第3章

Boyle, J. R.（2010）. Strategic note-taking for middle school students with learning disabilities in science classes. *Learning Disabilities Quarterly*, **33**, 93-109.
Broden, M., Hall, R. V., & Mitts, B.（1971）. The effects of self-recording on classroom behavior of two junior high school students. *Journal of Applied Behavior Analysis*, **4**, 191-199.
Doctorow, M., Marks, C., & Wittrock, M.（1978）. Generative processes in reading comprehension. *Journal of Educational Psychology*, **70**, 109-118.
Hamman, D., Berthelot, J., Saia, J., & Crowley, E.（2000）. Teachers' coaching of learning and its relation to students' strategic learning. *Journal of Educational Psychology*, **92**（2）, 342-348.
Hayes, S. C., Rosenfarb, I., Wulfert, E., Munt, E. D., Korn, Z., & Zettle, R. D.（1985）. Self-reinforcement effects : An artifact of social standard setting? *Journal of Applied Behavior Analysis*, **18**（3）, 201-214.
Mace, F. C., Belfiore, P. J., & Shea, M. C.（1989）. Operant theory and research on self-regulation. In B. J. Zimmerman, & D. H. Schunk（Eds.）, *Self-regulated learning and academic achievement*. New York, NY : Springer.
McKenzie, T. L., & Rushall, B. S.（1974）. Effects of self-recording on attendance and performance in a competitive swimming training environment. *Journal of Applied Behavior Analysis*, **7**（2）, 199-206.
村山　航（2003）．テスト形式が学習方略に与える影響　教育心理学研究, **51**, 1-12.
村山　航（2007）．学習方略――子ども自身の自律的な学習を目指して――　藤田哲也（編）絶対役立つ教育心理学――実践のための理論，理論をふまえた実践――（pp. 85-100）ミネルヴァ書房
中澤　潤（編）（2008）．よくわかる教育心理学　ミネルヴァ書房
Price, G., & O'Leary, K. D.（1974）. *Teaching children to develop high performance standards*. Unpublished manuscript. State University of New York at Stony Brooks.
Robbins, S. B., Lauver, K., Le, H., Davis, D., Langley, R., & Carlstrom, A.（2004）. Do psychosocial and study skill factors predict college outcomes? : A meta-analysis. *Psychological Bulletin*, **130**, 261-288.
Robinson, F. P.（1946）. *Effective study*. Harper and Brothers.
佐藤　純（1998）．学習方略の有効性の認知・コストの認知・好みが学習方略の使用に及ぼ

す影響　教育心理学研究, **46**(4), 367-376.
瀬尾美紀子 (2005). 数学の問題解決における質問生成と援助要請の促進――つまずき明確化方略の教授効果――　教育心理学研究, **53**, 441-455.
Snowman, J. (1984). Learning tactics and strategies. In G. Phye, & T. Andre (Eds.), *Cognitive instructional psychology* (pp. 243-275). Orland, FL: Academic Press.
Sweeney, W., Salva, E., Cooper, J., & Talbert-Johnson, C. (1993). Using self-evaluation to improve difficult-to-read handwriting of secondary students. *Journal of Behavioral Education*, **3**(4), 427-443.
辰野千壽 (1997). 学習方略の心理学――賢い学習者の育て方――　図書文化社
Weinstein, C. E., & Mayer, R. (1986). The teaching of learning strategies. In M. C. Wittorock (Ed.), *Handbook of research on teaching* (3rd ed.). Macmillan.
Willoughby, T., Porter, L., Belsito, L., & Yearsley, T. (1999). Use of elaboration strategies by students in grades two, four, and six. *The Elementary School Journal*, **99**(3), 221-231.
Woolfolk, A. (2004). *Educational psychology*. Toronto: Allyn and Bacon.
湯澤正通 (2009). 自己質問作成による活用力の向上　吉田　甫・ディコルテ, E. (編著) 子どもの論理を活かす授業づくり――デザイン実験の教育実践心理学――　北大路書房
Zimmerman, B. J. (2001). Theories of self-regulated learning and academic achievement: An overview and analysis. In B. J. Zimmerman, & D. H. Schunk (Eds.), *Self-regulated learning and academic achievement* (2nd ed.). New York, NY: Springer.

第4章

Atkinson, J. W., & Feather, N. T. (1966). *A theory of achievement motivation*. Wiley.
Baumeister, R. F., & Tierney, J. (2011). *Willpower: Why self-control is the secret to success*. Penguin.
　　(バウマイスター, R. F.・ティアニー, J. 渡会圭子 (訳) (2013). Willpower――意志力の科学――　インターシフト)
Deci, E. L. (1971). Effects of externally mediated rewards on intrinsic motivation. *Journal of Personality and Social Psychology*, **18**, 105-115.
Dweck, C. S. (1986). Motivational processes affecting learning. *American Psychologist*, **41**, 1040-1048.
Dweck, C. S. (2008). *Mindset: The new psychology of success*. Ballantine Books.
　　(ドゥエック, C. S. 今西康子 (訳) (2016). マインドセット――「やればできる」の研究――　草思社)
Halvorson, H. G. (2010). *Succeed: How we can reach our goals*. Hudson Street Press.
　　(ハルバーソン, H. G. 児島　修 (訳) (2013). やってのける――意志力を使わずに自分を動かす――　大和書房)
平井信義 (1978). 登校拒否児――学校ぎらいの理解と教育――　新曜社
McClelland, D. C. (1961). *The achieving society*. Van Nostrand.
　　(マクレランド, D. C. 林　保 (監訳) (1971). 達成動機――企業と経済発展におよぼす影響――　産業能率短期大学出版部)
Mischel, W. (2014). *The marshmallow test: Mastering self-control*. Little, Brown and Company.
　　(ミシェル, W. 柴田裕之 (訳) (2015). マシュマロ・テスト――成功する子・しない子――　早川書房)

Mischel, W., Shoda, Y., & Rodriguez, M. L.（1989）. Delay of gratification in children. *Science*, **4907**, 933-938.

大芦　治（2013）. 無気力なのにはワケがある――心理学が導く克服へのヒント――　NHK出版

Seligman, M. E. P., & Maier, S. F.（1967）. Failure to escape traumatic shock. *Journal of Experimental Psychology*, **74**, 1-9.

第5章

蘭　千壽（1980）. 学級集団の社会心理学――jigsaw学習法を中心として――　九州大学教育学部紀要（教育心理学部門），**25**, 25-33.

Aronson, E., Stephan, C., Sikes, J., Blaney, N., & Snapp, M.（1978）. *The jigsaw classroom*. Sage Publications.

Bransford, J. D., & Johnson, M. K.（1972）. Contextual prerequisites for understanding：Some investigations of comprehension and recall. *Journal of Verbal Learning and Verbal Behavior*, **11**, 717-726.

Bredderman, T.（1983）. Effects of activity-based elementary science on student outcomes：A qualitative synthesis. *Review of Educational Research*, **53**, 499-518.

Bruner, J. S.（1961）. The act of discovery. *Harvard Educational Review*, **31**, 21-32.

原　玲子（2013）. スタッフのやる気を引き出す目標管理の実践・評価ワークブック　日本看護協会出版社

日和佐　尚（2011）.「おたずね」で育つ子どもの学び　学習研究，**449**, 6-11.

市川伸一（1995）. 学習と教育の心理学　岩波書店

市川伸一・鏑木良夫（2007）. 教えて考えさせる授業　小学校――学力向上と理解深化をめざす指導プラン――　図書文化社

市川伸一・植阪友理（編著）（2016）. 最新　教えて考えさせる授業　小学校　図書文化社

板倉聖宣（1966）. 未来の科学教育　国土社

岩下　修（1989）. AさせたいならBと言え　明治図書出版

河田孝文（2007）. 発問構成・発問の仕方　明治図書出版

北尾倫彦・中島　実・林　龍平・広瀬雄彦・高岡昌子・伊藤美加（2008）. 精選コンパクト教育心理学　北大路書房

小暮太一（2011）. 学校で教えてくれない「分かりやすい説明」のルール　光文社

Mayer, R. E.（2004）. Should there be a three-strike rule against pure discovery learning? *American Psychologist*, **59**, 14-19.

McTighe, J., & Wiggins, G.（2013）. *Essential question*. Alexandria, VA：ASCD.

西林克彦（1997）.「わかる」のしくみ――「わかったつもり」からの脱出――　新曜社

大西忠治（1998）. 発問上達法――授業つくり上達法PART2――　民衆社

Rothstein, D., & Santana, L.（2011）. *Make just one change：Teach students to ask their own questions*. Cambridge, MA：Harvard Education Press.
　　（ロスティン，D.・サンタナ，L. 吉田新一郎（訳）（2015）. たった一つを変えるだけ――クラスも教師も自立する「質問づくり」――　新評論）

鹿内信善（2007）. 主体的学びの授業　杉江修治（編）教育心理学　学文社

辰野千寿（1985）. 教室の心理学　教育出版

第6章

橋本重治（1976）．新・教育評価法総説　金子書房
金井達哉・石田恒好（1981）．新版　教育評価の技術　図書文化社
北尾倫彦・中島　実・林　龍平・広瀬雄彦・高岡昌子・伊藤美加（2006）．精選　コンパクト教育心理学——教師になる人のために——　北大路書房
村山　航（2003）．テスト形式が学習方略に与える影響　教育心理学研究，**51**，1-12．
西岡加名恵・石井英真・田中耕治（2015）．新しい教育評価入門——人を育てる評価のために——　有斐閣
鈴木敏江（2010）．ポートフォリオとプロジェクト学習　医学書院
田島桂子（2009）．看護学教育評価の基礎と実際［第2版］——看護実践能力育成の充実に向けて——　医学書院
辰野千寿（1985）．教室の心理学　教育出版
Wiggins, G., & McTighe, J. (2005). *Understanding by design* (Expanded 2nd ed.). Alexandria, VA : ASCD.
　（ウィギンズ，G.・マクタイ，J.　西岡加名恵（訳）（2012）．理解をもたらすカリキュラム設計——「逆向き設計」の理論と方法——　日本標準）
Wilson, J., & Jan, L. W. (1993). *Thinking for themselves : Developing strategies for reflective learning.* Melbourne : Eleanor Curtain Publishing.
　（ウィルソン，J.・ジャン，L. W.　吉田新一朗（訳）（2004）．「考える力」はこうしてつける　新評論）
吉田新一郎（2006）．テストだけでは測れない！——人を伸ばす「評価」とは——　日本放送出版協会

第7章

東　洋（著）柏木惠子（編）（1989）．教育の心理学——学習・発達・動機の視点——　有斐閣
東　洋・柏木惠子・高橋惠子（編）（1993）．生涯発達の心理学　1巻　認知・知能・知恵　新曜社
Cronbach, L. J. (1957). The two disciplines of scientific psychology. *American Psychologist*, **12**, 671-84.
Dunn, R., & Dunn, K. (1978). *Teaching students through their individual learning styles.* Reston, VA : Reston.
福森崇貴（2015）．臨床心理アセスメント2——心理検査法——　杉江　征・青木佐奈枝（編）スタンダード臨床心理学　サイエンス社
古川　聡（編著）（2000）．教職に活かす教育心理——子どもと学校の今——　福村出版
Gardner, H. (1999). *Intelligence reframed : Multiple intelligences for the 21st century.* New York, NY : Basic Books.
　（ガードナー，H.　松村暢隆（訳）（2001）．MI：個性を生かす多重知能の理論　新曜社）
Gardner, H., & Hatch, T. (1989). Multiple intelligences go to school : Educational implications of the theory of multiple intelligences. *Educational Researcher*, **18**(8), 4-9.
市川伸一（1991）．実践的認知研究としての「認知カウンセリング」　認知科学のフロンティアI　サイエンス社

市川伸一（編）(1993). 学習を支える認知カウンセリング――心理学と教育の新たな接点―― ブレーン出版

市川伸一（編著）(1998). 認知カウンセリングから見た学習方法の相談と指導 ブレーン出版

Ireson, J., & Hallam, S. (2001). *Ability grouping in education*. London, UK : Sage Publications.
（アイルソン, J.・ハラム, S. 杉江修治・石田裕久・関田一彦・安永 悟（訳）(2006). 個に応じた学習集団の編成 ナカニシヤ出版）

北尾倫彦 (1991). 学習指導の心理学――教え方の理論と技術―― 有斐閣

Kretschmer, E. (1955). *Körperbau und Charakter*(22. Aufl.). Berlin : Springer.
（クレッチマー, E. 相場 均（訳）(1960). 体格と性格――体質の問題および気質の学説によせる研究―― 文光堂）

三好一英 (2013). 知能 服部 環・外山美樹（編）スタンダード教育心理学 サイエンス社

並川 努・谷 伊織・脇田貴文・熊谷龍一・中根 愛・野口裕之 (2012). Big Five 尺度短縮版の開発と信頼性と妥当性の検討 心理学研究, **83**, 91-99.

Neisser, U., Boodoo, G., Bouchard, T., Boykin, A., Brody, N., Ceci, S., Halpern, D., Loehlin, J., Perloff, R., Sternberg, R., & Urbina, S. (1996). Intelligence : Knowns and unknowns. *American Psychologist*, **51**(2), 77-101.

西村純一・井森澄江（編）(2010). 教育心理学エッセンシャルズ［第2版］ ナカニシヤ出版

Rosenzweig, S. (1945). The picture-association method and its application in a study of reactions to frustration. *Journal of Personality*, **14**, 3-23.

斎藤由紀子 (1990). 角の大きさを求める問題の指導 市川伸一（編）認知カウンセリングのケース報告――日本女子大における学生の報告から（1989年度）―― 教育心理学フォーラム・レポート, FR-90-002, 7-11.

Salomon, G. (1972). Heuristic models for the generation of aptitude treatment interaction hypotheses. *Review of Educational Research*, **42**, 327-343.

Snow, R. E., Tiffin, J., & Seibert, W. F. (1965). Individual differences and instructional film effects. *Journal of Educational Psychology*, **56**(6), 315-326.

Stahl, S. A. (2002). Different strokes for different folks? In L. Abbeduto (Ed.), *Taking sides : Clashing on controversial issues in educational psychology*(pp.98-107). Guilford, CT : McGraw-Hill.

和田さゆり (1996). 性格特性用語を用いた Big Five 尺度の作成 心理学研究, **67**, 61-67.

Wechsler, D. 日本版 WISC-Ⅳ 刊行委員会（訳編）(2010). 日本版 WISC-Ⅳ 実施・採点マニュアル 日本文化科学社

第8章

阿久根 求 (1979). Positive focus の効果 大分大学教育学部紀要, **5**, 107-119.

Asch, S. E. (1951). Effects of group pressure upon the modification and distortion of judgments. In H. Guetzkow (Ed.), *Groups, leadership and men*(pp. 222-236). Carnegie Press.

Chemers, M. M. (1997). *An integrative theory of leadership*. Lawrence Erlbaum Associates.
（チェマーズ, M. M. 白樫三四郎（訳編）(1999). リーダーシップの統合理論 北大路書房）

浜名外喜男 (1986). 学級における生徒指導 河合井六・佐藤修策（編）生徒指導（pp.

引用文献

102-104) 北大路書房
橋口捷久 (2003). 小学校教師の PM リーダーシップ・スタイルとイメージ――好かれる教師と嫌われる教師との差異―― 福岡県立大学人間社会学部紀要, **11**, 51-62.
樋渡剛志 (2010). 自然教室での出し物を考えよう 杉田 洋 (編) 改訂対応 小学校学級活動のファックス資料集 高学年 明治図書出版
今泉 博 (2008). 学級経営と教育相談 (小学校) ――「いじめ」「不登校問題にどう対応するか―― 広木克行 (編) 教育相談 (pp. 51-67.) 学文社
伊藤亜矢子・松井 仁 (2001). 学級風土質問紙の作成 教育心理学研究, **49**, 449-457.
狩野素朗 (1979). 集団の大局的構造特性とソシオメトリック・コンデンスエイション 九州大学教育学部紀要 (教育心理学部門), **24**, 13-23.
狩野素朗 (1985). コンデンセーション法による大局的集団構造特性の集約 実験社会心理学研究, **24**, 111-119.
河村茂雄 (2006). 学級づくりのための Q-U 入門――楽しい学校生活を送るためのアンケート活用ガイド―― 図書文化社
児玉みどり (2010). 友だちのよいところ 杉田 洋 (編) 改訂対応 小学校学級活動のファックス資料集 低学年 明治図書出版
古城和敬 (1988). 教師の期待による影響 浜名外喜男・蘭 千壽・古城和敬 教師が変われば子どもも変わる――望ましいピグマリオン教育のポイント――(pp. 37-90) 北大路書房
国吉辰俊 (1998). 中学教育 (編) 中学校学級経営ファックス資料集 小学館
三隅二不二 (1984). リーダーシップ行動の科学 [改訂版] 有斐閣
三隅二不二・矢守克也 (1989). 中学校における学級担任教師のリーダーシップ行動測定尺度の作成その妥当性に関する研究 教育心理学研究, **37**, 46-54.
三隅二不二・吉崎静夫・篠崎しのぶ (1977). 教師のリーダーシップ測定尺度の作成とその妥当性の研究 教育心理学研究, **25**, 157-166.
Moos, R. H. (1979). *The human context : Environmental determinants of behaviour.* John Wiley & Sons.
(モース, R. H. 望月 衛 (訳) (1982). 環境の人間性――行動科学的アプローチ―― 朝倉書店)
森田洋司 (2010). いじめとは何か――教室の問題, 社会の問題―― 中央公論新社
小川 洋 (2000). なぜ公立高校はだめになったのか――教育崩壊の真実―― 亜紀書房
大西彩子・黒川雅幸・吉田俊和 (2009). 児童・生徒の教師認知がいじめの加害傾向に及ぼす影響――学級の集団規範およびいじめに対する罪悪感に着目して―― 教育心理学研究, **57**, 324-335.
Rosenthal, R., & Jacobson, L. (1968). *Pygmalion in the classroom : Teacher expectation and pupils'intellectual development.* New York, NY : Holt, Rinehart & Winston.
佐々木 彰 (2001). ソシオメトリーをもう一度
⟨http://www2.chokai.ne.jp/~assoonas/UC331.HTML⟩ (2017 年 6 月 10 日閲覧)
樽木靖夫 (1992). 中学生の自己評価に及ぼす担任教師によるフィードバックの効果 教育心理学研究, **40**, 130-137.
辻本秀樹 (2010). みんななかよく 杉田 洋 (編) 改訂対応 小学校学級活動のファックス資料集 中学年 明治図書出版
横浜市教育委員会 (2010). 個から育てる集団づくり 51――子どもの社会的スキル横浜プロ

グラム──── 学研プラス

第9章
【引用文献】
Ainsworth, M. D. S., Blehar, M. C., Waters, E., & Wall, S.（1978）. *Patterns of attachment : A psychological study of the strange situation*. Hillsdale, NJ : Erlbaum.
Bigelow, B. J.,（1977）. Children's friendship expectations : A cognitive-developmental study. *Child Development*, **48**, 246-253.
Bowlby, J.（1969）. *Attachment and loss*（vol.1）*: Attachment*（2nd ed., 1983）. Basic Books.
Bowlby, J.（1988）. *A secure base : Parent-child attachment and healthy human development*. Basic Books.
Bronfenbrenner, U.（1979）. *The ecology of human development*. Cambridge, MA : Harvard University Press.
Campos, J. J., Langer, A., & Klowitz, A.（1970）. Cardiac responses on the visual cliff in prelocomotor human infants. *Science*, **3954**, 196-197.
Colby, A., & Kohlberg, L.（1987）. *The measurement of moral judgement*（vol.1）*: Theoretical foundations and research validation*. Cambridge : Cambridge University Press.
Damon, W.（1983）. *Social and personality development*. New York, NY : W. W. Norton & Company.
　（デーモン，W. 山本多喜司（編訳）（1990）. 社会性と人格の発達心理学　北大路書房）
Donaldson, M.（1978）. *Children's minds*. William Collins.
Eisenberg, N.（1986）. *Altruistic emotion, cognition, and behavior*. Hilsdale, NJ : Lawrence Erlbaum Associates.
Eisenberg, N., Lennon, R., & Ross, K.（1983）. Prosocial development, a longitudinal study. *Developmental Psychology*, **19**（6）, 846-855.
Eisenberg, N., & Mussen, P. H.（1989）. *The roots of prosocial behavior in children*. New York, NY : Cambridge University Press.
　（アイゼンバーグ，N.・マッセン，P. H. 菊池章夫・二宮克美（訳）（1991）. 思いやり行動の発達心理　金子書房）
遠藤利彦（1998）. 乳幼児期の発達　下山晴彦（編）教育心理学Ⅱ　発達と臨床援助の心理学（pp. 43-68）東京大学出版会
遠藤利彦・田中亜希子（2005）. アタッチメントの個人差とそれを規定する要因　数井みゆき・遠藤利彦（編著）アタッチメント────生涯にわたる絆────（pp. 49-79）　ミネルヴァ書房
Erikson, E. H.（1959）. *Identity and the life cycle*. New York, NY : W. W. Norton.
　（エリクソン，E. H. 西平　直・中島由恵（訳）（2011）. アイデンティティとライフサイクル　誠信書房）
Fantz, R. L.（1963）. Pettern vision in newborn infants. *Science*, **3564**, 296-297.
Gibson, E. J., & Walk, R. D.（1960）. The "visual cliff". *Scientific American*, **202**, 64-71.
繁多　進・青柳　肇・田島信元・矢澤圭介（編）（1991）. 社会性の発達心理学　福村出版
Harlow, H. F.（1958）. The nature of love. *American Psychologist*, **13**, 673-685.
Hartup, W. W.（1996）. The company they keep : Friendships and their developmental significance. *Child Development*, **67**, 1-13.

Hoffman, M. L. (1984). Empathy, its limitations, and its role in a comprehensive moral theory. In W. M. Kurtines, & J. L. Gewirtz (Eds.), *Morality, moral behavior, and moral development* (pp.283-302). New York, NY : Wiley.
保坂　亨（1998）．児童期・思春期の発達　下山晴彦（編）教育心理学Ⅱ　発達と臨床援助の心理学（pp. 103-125）　東京大学出版会
保坂　亨（2016）．子どもの心理発達（仲間関係）と学校教育　千葉大学教育学部附属教員養成開発センター（編）新・教育の最新事情（pp. 35-45）　福村出版
柏木惠子・古澤頼雄・宮下孝広（1996）．発達心理学への招待——こころの世界を開く30の扉——　ミネルヴァ書房
川原誠司（2000）．小学生期の発達の諸側面　近藤邦夫・西林克彦・村瀬嘉代子・三浦香苗（編）児童期の課題と支援（pp. 10-15）　新曜社
木村允彦・伊藤恭子（1965）．空間の概念　波多野完治（編）ピアジェの認識心理（pp. 40-71）　国土社
Kohlberg, L. (1969). Stage and sequence : The cognitive developmental approach to socialization. In D. A. Goslin (Ed.), *Handbook of socialization theory and research* (pp.347-480). Chicago, IL : Rand McNally.
小嶋秀夫・森下正康（2004）．児童心理学への招待［改訂版］——学童期の発達と生活——　サイエンス社
子安増生（2000）．心の理論——心を読む心の科学——　岩波書店
子安増生（編著）（2016）．「心の理論」から学ぶ発達の基礎——教育・保育・自閉症理解への道——　ミネルヴァ書房
Melzoff, A. N., & Moore, M. K. (1977). Imitation of facial and manual gestures by human neonates. *Science*, **4312**, 75-78.
Perner, J., & Lang, B. (1999). Development of theory of mind and executive control. *Trends in Cognitive Sciences*, **3** (9), 337-344.
Piaget, J. (1932/1965). *The moral judgement of the child*. New York, NY : Free Press.
Piaget, J. (1948). *La naissance de l'intelligence chez l'enfant* (2e éd). Delachaux et Niestlé.
（ピアジェ，J．谷村　覚・浜田寿美男（訳）（1978）．知能の誕生　ミネルヴァ書房）
Premack, D., & Woodruff, G. (1978). Does a chimpanzee have a theory of mind? *The Behavioral and Brain Sciences*, **4**, 515-426.
Selman, R. L. (1981). The child as a friendship philosopher. In S. R. Asher, & J. M. Gottman (Eds.), *The development of children's friendships* (pp. 242-272). Cambridge : Cambridge University Press.
Selman, R. L. (2003). *The promotion of social awareness : Powerful lessons from the patrtnership of developmental theory and classroom practice*. New York, NY : Russel Sage Foundation.
Shaffer, D. R. (2005). *Social and personality development* (6th ed.). Belmont, CA : Wadsworth.
下山晴彦（編）（1998）．教育心理学Ⅱ　発達と臨床援助の心理学　東京大学出版会
Siegal, M. (1991). *Knowing children : Experiments in conversation and cognition*. Lawrence Erlbaum Associates.
（シーガル，M．鈴木敦子・外山紀子・鈴木宏昭（訳）（1993）．子どもは誤解されている——「発達」の神話に隠された能力——　新曜社）
Sorce, J. F., Emde, R. N., Campos, J. J., & Klinnert, M. D. (1985). Maternal emotional signaling : Its effect on the visual cliff behavior of 1-year-olds. *Developmental Psychology*, **21**, 195-200.

Thomas, R. M. (1979). *Comparing theories of child development*. Belmont, CA: Wadsworth Publishing.
（トーマス，R. M.　小川捷之・林　洋一・新倉涼子・岡本浩一（訳）(1985). ラーニングガイド児童発達の理論　新曜社）

Wimmer, H., & Perner, J. (1983). Beliefs about beliefs: Representation and constraining function of wrong beliefs in young children's understanding of deception. *Cognition*, **13**, 103-128.

山岸明子 (1985). 日本における道徳的判断の発達　永野重史（編）道徳性の発達と教育——コールバーグ理論の展開——(pp. 193-222)　新曜社

【参考文献】

子安増生 (1994). 認知の発達　大村彰道（編）教育心理学Ⅰ　発達と学習指導の心理学 (pp. 1-18)　東京大学出版会

無藤　隆・高橋惠子・田島信元（編）(1990). 発達心理学入門Ⅰ　乳児・幼児・児童　東京大学出版会

田島信元・岩立志津夫・長崎　勤（編）(2016). 新・発達心理学ハンドブック　福村出版

内山伊知郎・Campos, J. J. (2015). 乳児期における感情発達の機能的アプローチ　感情心理学研究，**22** (2)，70-74.

山本多喜司（監修）(1991). 発達心理学用語辞典　北大路書房

山本利和（編）(1999). 発達心理学　培風館

第10章

American Psychiatric Association (2000). *Diagnostic and statistical manual of mental disorders* (4th Text revision). Washington, D. C.: American Psychiatric Association.
（アメリカ精神医学会　高橋三郎・大野　裕・染矢俊幸（訳）(2003). DSM-Ⅳ-TR　精神疾患の診断・統計マニュアル［新訂版］　医学書院）

American Psychiatric Association (2013). *Diagnostic and statistical manual of mental disorders* (5th ed.). Arlington, VA: American Psychiatric Association.
（アメリカ精神医学会　高橋三郎・大野　裕（監訳）(2014). DSM-5　精神疾患の診断・統計マニュアル　医学書院）

Baron-Cohen, S., Leslie, A. M., & Frith, U. (1985). Does the autistic child have a "theory of mind"? *Cognition*, **21**, 37-46.

Brinton, B., & Fujiki, M. (1989). *Conversational management with language-impaired children: Pragmatic assessment and intervention*. Rockville, MD: Aspen Publishers.

藤井茂樹・齊藤由美子 (2010). 研究成果報告書　通常学級へのコンサルテーション——軽度発達障害児及び健常児への教育的効果——　国立特別支援教育総合研究所

藤田和弘・熊谷恵子・青山真二 (1998). 長所活用型指導法で子どもが変わる——認知処理様式を生かす国語・算数・作業学習の指導方略——　図書文化社

肥後祥治 (2008). 地域における特別支援教育体制の構築戦略の分析とその運用　情緒障害教育研究紀要，**27**，230-238.

干川　隆 (2005). 通常の学級にいる気になる子への支援——校内支援体制と支援の可能性——　明治図書出版

井上令一・四宮滋子（監訳）(1996). 注意欠陥障害　カプラン臨床精神医学テキスト　メディカル・サイエンス・インターナショナル

厚生労働省（2005）．発達障害者支援法
黒田洋一郎・木村純子（2014）．発達障害の原因と発症メカニズム──脳神経科学からみた予防，治療・療育の可能性── 河出書房新社
真鍋 健（2009）．幼稚園における機能的アセスメントの実施に関する実践的研究 幼年教育研究年報，**31**，37-45．
文部科学省（2003）．通常の学級に在籍する特別な教育的支援を必要とする児童生徒に関する全国実態調査
文部科学省（2007）．特別支援教育について──主な発達障害の定義──
⟨http://www.mext.go.jp/a_menu/shotou/tokubetu/004/008/001.htm⟩（2017年8月5日閲覧）
文部科学省（2016）．平成28年度特別支援教育体制整備状況調査結果について
⟨http://www.mext.go.jp/a_menu/shotou/tokubetu/material/__icsFiles/afieldfile/2017/04/07/1383567_02.pdf⟩（2017年8月5日閲覧）
O'Neill, R. E., Horner, R. H., Albin, R. W., Sprague, J. R., Storey, K., & Newton, J. S.（1997）．*Functional assessment and program development for problem behavior : A practical handbook*. Pacific Grove, GA : Brookes.
Sandall, S., & Schwartz, I.（2008）．*Building blocks for teaching preschoolers with special needs*（2nd）. Brookes Publishing.
上野一彦（2006）．軽度発達障害のある子どもとは 上野一彦・花熊 暁（編）軽度発達障害の教育──LD・ADHD・高機能PDD等への特別支援── 日本文化科学社
Wechsler, D. 日本版WISC-Ⅳ刊行委員会（訳編）（2010）．日本版WISC-Ⅳ 実施・採点マニュアル 日本文化科学社
吉井勘人・仲野真史・長崎 勤（2015）．自閉症児に対する会話の修復機能としての明確化要求の発達支援 特殊教育学研究，**53**（1），1-13．

第11章

【参考文献】

藤原忠雄（2010）．ストレスマネジメント教育 森 敏昭・青木多寿子・淵上克義（編）よくわかる学校教育心理学（p. 150-151） ミネルヴァ書房
福原眞知子（監修）（2007）．マイクロカウンセリング技法──事例場面から学ぶ── 風間書房
平木典子・中釜洋子（2006）．家族の心理──家族への理解を深めるために── サイエンス社
乾 吉佑・氏原 寛・亀口憲治・成田善弘・東山紘久・山中康裕（編）（2005）．心理療法ハンドブック 創元社
カーニー，C. A.・アルバーノ，A. M. 佐藤容子・佐藤 寛（監訳）（2014）．不登校の認知行動療法 セラピストマニュアル 岩崎学術出版社
Kearney, C. A., Persell, C., & Alvartz, K.（2001）. Treatment of school refusal behavior in children with mixed functional profiles. *Cognitive and Behavioral Practice*, **8**, 3-11.
文部科学省（2014）．不登校に関する実態調査──平成18年度不登校生徒に関する追跡調査報告書──
文部科学省（2017）．教育相談等に関する調査研究協力者会議
内閣府（2015）．平成27年版 子ども・若者白書

引用文献

内閣府（2016）．平成25年度　小学生・中学生の意識に関する調査
中釜洋子（2010）．個人療法と家族療法をつなぐ——関係系志向の実践的統合——　東京大学出版会
大芦　治（2008）．教育相談・学校精神保健の基礎知識［第2版］　ナカニシヤ出版
坂野雄二（監修）鈴木伸一・神村栄一（著）（2005）．実践家のための認知行動療法テクニックガイド——行動変容と認知変容のためのキーポイント——　北大路書房
下山晴彦（2000）．心理臨床の発想と実践　岩波書店
ウエストブルック，D.・ケナリー，H.・カーク，J.　下山晴彦（監訳）（2012）．認知行動療法臨床ガイド　金剛出版
吉川　悟（2013）．学校臨床　日本家族研究・家族療法学会（編）家族療法テキストブック（pp. 182-185）　金剛出版

人名索引

ア　行

アイゼンバーグ（Eisenberg, N.）　186
アイビィ（Ivey, A. E.）　213
アイルソン（Ireson, J.）　137
阿久根　求　152
アッシュ（Asch, S.）　157
アトキンソン（Atkinson, J. W.）　75
アロンソン（Aronson, E.）　91

板倉聖宣　27，93
市川伸一　25，94，95，139
伊藤亜矢子　145
今泉　博　161
岩下　修　87

ウィギンス（Wiggins, G.）　117
ヴィゴツキー（Vygotsky, L. S.）　19，164，180
ヴィマー（Wimmer, H.）　181
ウィルソン（Wilson, J.）　115
ウェクスラー（Wechsler, D.）　131，202

エインズワース（Ainsworth, M. D. S.）　172
エリクソン（Erikson, E. H.）　165

大芦　治　227
大西彩子　159
大西忠治　88
小川　洋　144
小野寺淑行　25

カ　行

ガードナー（Gardner, H.）　132
カーニー（Kearney, C. A.）　226
カウフマン（Kaufman, A. S.）　203

ギブソン（Gibson, E. J.）　170
キャッテル（Cattell, R. B.）　129

クレイク（Craik, F. I. M.）　15
クレッチマー（Kretschmer, E.）　124
クレメント（Clement, J.）　45

ケーラー（Köhler, W.）　11

コールバーグ（Kohlberg, L.）　185
小暮太一　88，89

サ　行

サーストン（Thurstone, L. L.）　129
佐々木　彰　155
サリヴァン（Sullivan, H.）　184
サロモン（Salomon, G.）　136

下山晴彦　212
シャンク（Shunk, D. H.）　9
進藤聡彦　30，31

スウィーニー（Sweeney, W.）　60
スキナー（Skinner, B. F.）　3，5，8
スタール（Stahl, S. A.）　137
スノー（Snow, R. E.）　135
スノーマン（Snowman, J.）　50
スピアマン（Spearman, C. E.）　129

瀬尾美紀子　54
セリグマン（Seligman, M.）　70
セルマン（Selman, R. L.）　183

ソース（Sorce, J. F.）　170

タ　行

ターマン（Terman, L. M.）　130
高橋金三郎　27
ダス（Das, J. P.）　203
辰野千寿　84
樽木靖夫　152
ダン（Dunn, R.）　135

チー（Chi, M. T. H.）　40
チェマーズ（Chemers, M.）　148

デシ（Deci, E. L.）　68

ドゥエック（Dweck, C. S.）　72
トールマン（Tolman, E. C.）　11
トス（Toth, E.）　20

ナ　行

中釜洋子　220
並川　努　126

西岡加名恵　112
西林克彦　24，88，89

ハ　行

ハーロウ（Harlow, H. F.）　170
バウマイスター（Baumeister, R. E.）　77
パブロフ（Pavlov, I.）　2
浜名外喜男　148
原　玲子　84
ハルバーソン（Halvorson, H. G.）　77
バンデューラ（Bandura, A.）　8

ピアジェ（Piaget, J.）　18，175，177，179，180，182，185
ビゲロウ（Bigelow, B. J.）　182
ビネー（Binet, A.）　130

ファンツ（Fantz, R. L.）　168
伏見陽児　29，39，43，45

藤原忠雄　222
プライス（Price, G.）　59
ブランスフォード（Bransford, J. D.）　16，88
ブルーナー（Bruner, J. S.）　92
ブレッダーマン（Bredderman, T.）　93
プレマック（Premack, D.）　181
ブローデン（Broden, M.）　54
ブロンフェンブレンナー（Bronfenbrenner, U.）　164

ヘイズ（Hayes, S. C.）　59
ベック（Beck, A. T.）　217

ボイル（Boyle, J. R.）　51
ボウルビィ（Bowlby, J.）　171
保坂　亨　184
ポスナー（Posner, G. J.）　40
細谷　純　28，36，42
ポルトマン（Portman, A.）　168

マ　行

麻柄啓一　28，33，37，38，40，41，44
マクタイ（McTighe, J.）　84
マクレランド（McClelland, D. C.）　74
マクロスキー（McClosky, M.）　27
マッキンゼー（McKenzie, T. L.）　60
マレー（Murray, H. A.）　127

三隅二不二　149
ミッシェル（Mischel, W.）　75

村山　航　56，58，119

メイヤー（Mayer, R. E.）　93
メルツォフ（Melzoff, A. N.）　168

モース（Moos, R. H.）　145
森田洋司　157，158，160
モレノ（Moreno, J. L.）　153

ヤ　行
湯澤正通　60，61

吉川　悟　221
吉永いずみ　34，35

ラ　行
ルソー（Rousseau, J-J.）　164

ローゼンソール（Rosenthal, R.）　150
ローゼンツァイク（Rosenzweig, S.）　127

ロジャーズ（Rogers, C. R.）　214
ロスティン（Rothstein, D.）　90
ロック（Locke, J.）　164
ロビンソン（Robinson, F. P.）　48，49，55

ワ　行
ワインスタイン（Weinstein, C. E.）　49，54
和田さゆり　126
ワトソン（Watson, J. B.）　9

事項索引

ア　行

愛着　172
アイデンティティ　78
アセスメント　226
アタッチメント　172
甘やかされ型　80

いじめに否定的な学級規範　158
いじめの四層構造　157
一般因子　129
意味記憶　13

ウェクスラー式知能検査　132
内田クレペリン検査　126

エクソシステム　165
エピソード記憶　13
援助要請　54

教えて考えさせる授業　95
オペラント条件づけ　3

カ　行

絵画統覚検査　127
カウンセリング・マインド　212
学習された無力感　71
学習障害　199
学習スタイル　135
学習方略　48
仮説実験授業　93
家族療法　220
学級風土質問紙　145
カリキュラム修正　207
観察学習　8
寛容効果　120

基準　111
規準　111
機能的アセスメント　204
逆向き設計のカリキュラム　117
ギャング・グループ　184
教育評価　102
共感　212
共感的理解　214
教師期待効果　150
教師のリーダーシップ　148
恐怖の条件づけ　9

くみかえ型方略　36
クライアント中心療法　214

形成的評価　103
傾聴　212
ゲス・フー・テスト　152
結晶性知能　129
減点主義　120

向社会的行動　186
構成主義　18
行動主義　11
光背効果　120
誤概念　31
心の理論　181
個人的構成主義　18
個人内評価　111
古典的条件づけ　3
コンデンセーション法　154

サ　行

作業検査法　126

シェマ　175

視覚的断崖　170
ジクソー学習法　91
自己調整学習　58
自己評価　104
自己ペースの原則　7
指示　86
自主性欠如型　81
質問紙法　125
質問生成の技術　90
指導と評価の一体化　116
自閉スペクトラム症　195
社会性の発達　182
社会性不足型　80
社会的構成主義　19
習熟度別学習　137
集団圧力　157
集団維持機能　149
受容　214
純粋性　214
状況的学習　19
情緒的方略　53
初頭効果　18
処理水準モデル　15
じわじわ型方略　42
新近性効果　18
診断的評価　103

スクールカウンセラー　228
ストレスマネジメント　222
スモールステップの原則　5

性格　124
精緻化方略　50
精緻化リハーサル　16
正の強化　4
絶対評価　110
説明　88
セルフ・コントロール　75
宣言的記憶　13
宣言的知識　24

先行オーガナイザー　17
前後のル・バー　33
潜在学習　11

総括的評価　103
相互評価　106
相対評価　109
即時フィードバックの原則　7
ソシオグラム　154
ソシオメトリック・テスト　153
素朴概念　31

タ　行

体制化　16
体制化方略　52
代理母　170
多因子説　129
他者評価　104
多重知能理論　132
多層モデル　208
達成動機づけ　74
短期記憶　12

知能　129
チャム・グループ　184
注意欠如多動性障害　198
長期記憶　12
長所活用型指導法　205
治療モデル　136

つみかさね型方略　36

適性処遇交互作用　136
手続き的記憶　13
手続き的知識　25

投影法　126
動機づけ　66
洞察学習　12
同調圧力　157

事項索引

道徳性　185
特殊因子　129
特性論　124
閉ざされた質問　213
特恵モデル　137

ナ　行

内発的動機づけ　69

2因子説　129
認知カウンセリング　138
認知行動療法　216
認知主義　12
認知スタイル　133
認知的コスト　55
認知的徒弟制　19

ハ　行

場依存型　133
バウムテスト　128
曝露療法　218
罰　4
発見学習　92
発生的認識論　175
発達　164
発達課題　165
発達障害　195
発達障害型　78
発達段階　165
発達の最近接領域　180
発問　85
場独立型　134
パフォーマンス評価　113
ハロー効果　120

ピア・グループ　184
ピグマリオン効果　151
微笑　169
ビッグファイブ尺度　125
ビネー式知能検査　131

開かれた質問　213

不登校　224
負の強化　4
プログラム学習　5
プロセス評価　113
文章完成法テスト　128

傍観者効果　157
ポートフォリオ評価　115
補償モデル　136
本質的な問い　86

マ　行

マイクロシステム　164
マインドセット　72
マクロシステム　165

メゾシステム　164
メタ認知　53

目標達成機能　149
モデリング　9
模倣　168

ヤ　行

有効性の認知　57
友情　182
ユニバーサルデザイン　207

養育環境不全型　79

ラ　行

理解監視方略　52
リハーサル方略　49
流動性知能　129

類型論　124
ルーブリック　113
ルーブリック表　113

ルーブリック評価　113
ル・バー　30
ル・バー懐柔型方略　42
ル・バー対決型方略　37

レディネス　103

ロールシャッハ・テスト　127

ワ　行
ワーキングメモリ　14
分からない　89

欧　字
ADHD　198
ASD　195
DN-CAS　203
FA　204
K-ABCⅡ　203
M機能　149
P-Fスタディ　128
PMリーダーシップ理論　149
P機能　149
SC　228
SQ3R法　48
WISC-Ⅳ　202
ZPD　180

執筆者紹介

小山義徳（おやま　よしのり）　【編著者；第1, 3, 5～7章】

2001年　国際基督教大学教養学部卒業
2009年　東京大学大学院教育学研究科博士課程単位取得退学
現　在　千葉大学教育学部准教授　博士（教育学）

主要著書・論文

"Promoting spontaneous use of learning and reasoning strategies : Theory, research, and practice for effective transfer."（分担執筆）（Routledge，2017）

「英単語学習方略が英語の文法・語法上のエラー生起に与える影響の検討」（単著）（『教育心理学研究』，2009）

「英文速読指導が日本人大学生の英語リスニング能力の伸長に与える影響の検討――ディクテーション訓練との比較」（単著）（『日本教育工学会論文誌』，2009）

岩田美保（いわた　みほ）　【第9章】

2001年　日本女子大学大学院人間社会研究科博士課程後期単位取得満期退学
現　在　千葉大学教育学部教授　博士（心理学）

主要著書

『幼児期初期の他者理解の発達プロセス――社会的文脈・関係性の中での幼児の心的な言及』（単著）（風間書房，2005）

『遊びの保育発達学――遊び研究の今、そして未来に向けて』（分担執筆）（川島書店，2014）

『新・発達心理学ハンドブック』（分担執筆）（福村出版，2016）

大芦　治（おおあし　おさむ）　【第4章】

1989年　早稲田大学第一文学部心理学専修卒業
1996年　上智大学大学院文学研究科博士後期課程単位取得退学
現　在　千葉大学教育学部教授　博士（心理学）

主要編著書

『心理学史』（単著）（ナカニシヤ出版，2016）
『無気力な青少年の心――無力感の心理』（共編著）（北大路書房，2005）
『無気力なのにはワケがある――心理学が導く克服のヒント』（単著）
（NHK出版，2013）

樽木靖夫（たるき　やすお）　【第8章】

1980年　東京理科大学工学部第一部機械工学科卒業
2010年　筑波大学大学院人間総合科学研究科生涯発達科学専攻博士後期課程
　　　　修了
現　在　千葉大学教育学部教授　博士（カウンセリング科学）

主要著書

『学校行事の学校心理学』（単著）（ナカニシヤ出版，2013）
『ネットワーク論からみる新しい学級経営』（分担執筆）（ナカニシヤ出版，2015）
『学校での効果的な援助を目指して――学校心理学の最前線』（分担執筆）
（ナカニシヤ出版，2009）

野中舞子（のなか　まいこ）　【第11章】

2009 年　東京大学教育学部教育心理学コース卒業
2011 年　東京大学大学院教育学研究科臨床心理学コース修士課程修了
2015 年　東京大学大学院教育学研究科臨床心理学コース博士課程修了
現　　在　東京大学大学院教育学研究科講師　博士（教育学）

主 要 論 文

'Preliminary study of behavioral therapy for Tourette Syndrome patients in Japan.'（共著）（'Children's Health Care', 2014）
「チックへの行動療法の現状と今後の展望」（単著）（「行動療法研究」，2015）
「トゥレット症候群の子どもを持つ母親の心理過程――体験理解に基づいた援助を目指して」（単著）（「臨床心理学」，2012）

伏見陽児（ふしみ　ようじ）　【第2章】

1975 年　東北大学教育学部教育心理学科卒業
1982 年　東北大学大学院教育学研究科博士後期課程単位取得退学
現　　在　千葉大学教育学部附属教員養成開発センター教授　博士（教育学）

主 要 著 書

『心理実験で語る授業づくりのヒント』（単著）（北大路書房，1999）
『続々教育学部教師の講義日記――小学校課程科目「教え方と子どもの理解2」の実践』（単著）（星の環会，2008）
『ルール学習と提示事例』（単著）（東北大学出版会，2013）

真鍋　健（まなべ　けん）　　　　　　　　　　　　　　【第 10 章】

2005 年　熊本大学教育学部卒業
2007 年　筑波大学大学院修士課程教育研究科修了
2015 年　広島大学大学院教育学研究科博士課程後期修了
現　　在　千葉大学教育学部准教授　博士（教育学）

主要著書・論文

『発達が気になる子どもの行動が変わる！　保育者のためのABI（活動に根ざした介入）実践事例集』（分担執筆）（福村出版, 2017）
「幼児期から学童期への移行を支える就学支援の考え方と具体的方法」（単著）（「発達障害研究」, 2016）

八木橋朋子（やぎはし　ともこ）　　　　　　　　　　　【第 1 章コラム】

現　　在　船橋市立小室小学校教頭

ライブラリ 基礎からまなぶ心理学 = 6
基礎からまなぶ教育心理学

2018年3月10日 ©	初 版 発 行
2022年2月10日	初版第3刷発行

編著者	小山義徳	発行者	森平敏孝
著 者	岩田美保	印刷者	山岡影光
	大芦 治	製本者	松島克幸
	樽木靖夫		
	野中舞子		
	伏見陽児		
	真鍋 健		

発行所　株式会社　サイエンス社
〒151-0051　東京都渋谷区千駄ヶ谷1丁目3番25号
営業　☎(03)5474-8500（代）　振替00170-7-2387
編集　☎(03)5474-8700（代）
FAX　☎(03)5474-8900

印刷　三美印刷　　　製本　松島製本

《検印省略》

本書の内容を無断で複写複製することは，著作者および出版者の権利を侵害することがありますので，その場合にはあらかじめ小社あて許諾をお求めください。

ISBN978-4-7819-1417-6

PRINTED IN JAPAN

サイエンス社のホームページのご案内
http://www.saiensu.co.jp
ご意見・ご要望は
jinbun@saiensu.co.jp まで．